भारतीय साहित्य और आदिवासी-विमर्श

भारतीय साहित्य और आदिवासी-विमर्श

सम्पादक

डॉ. माधव सोनटक्के

डॉ. संजय राठोड

वाणी प्रकाशन

वाणी प्रकाशन
4695, 21-ए, दरियागंज, नयी दिल्ली 110 002
फ़ोन : +91 11 23273167 फ़ैक्स : +91 11 23275710
शाखाएँ
अशोक राजपथ, पटना 800 004, बिहार
कॉफ़ी हाउस कैम्पस, महात्मा गांधी मार्ग, इलाहाबाद 211 001, उत्तर प्रदेश
महात्मा गांधी अन्तरराष्ट्रीय हिन्दी विश्वविद्यालय, वर्धा 442 001, महाराष्ट्र
www.vaniprakashan.in
marketing@vaniprakashan.in
sales@vaniprakashan.in

BHARTIYA SAHITYA AUR AADIWASI-VIMARSH
Edited by Dr. Madhav Sontakke, Dr. Sanjay Rathod

ISBN : 978-93-5000-855-3
Criticism

प्रथम संस्करण 2017
आवृत्ति 2018

मूल्य : ₹ 695

एम.एस. प्रिंटर्स, दिल्ली-110 095 में मुद्रित

वाणी प्रकाशन का लोगो मक़बूल फ़िदा हुसेन की कूची से

भूमिका

भारतीय इतिहास में आदिवासी समाज की अपनी एक अलग संस्कृति एवं पहचान रही है। लेकिन हमने उनका उपयोग केवल कला के रूप में ही अधिक किया है, बल्कि पहचान के रूप में कम। इसलिए आज बाजारीकरण के दौर में भारतीय आदिवासियों के जीवन और अस्मिता को बचाना आवश्यक हो गया है। मूलतः आदिवासी जंगल के दावेदार होकर भी उन्हें जंगलों से खदेड़ने का प्रयास किया जा रहा है। विकास के नाम पर शासन एवं उद्योगपतियों द्वारा भूमि अधिग्रहण करके उनकी जमींनें एवं कोयला खदानों पर जबरदस्ती से अधिकार जमाया जा रहा है। आज हम 21वीं सदी में पहुँचकर भी हमारे देश का आदिवासी समाज अपने विकास से कोसों दूर है। इसलिए आज आदिवासियों के सामने विस्थापन की भयंकर समस्या उत्पन्न हो रही हैं सरकार की उदासीन नीतियों के कारण आदिवासियों की स्थिति विकट बनी हुई है। विकास के नाम पर आदिवासियों पलायन और विस्थापन आदि समस्याओं पर आज विचार-विमर्श होना आवश्यक है।

प्रारम्भ में आदिवासी साहित्य और दलित साहित्य को एक ही माना गया। लेकिन बाद में आदिवासी की विशिष्टता और व्याप्ति के आधार पर उनका अलग महत्त्व रेखांकित किया गया। आज आदिवासी साहित्य के अन्तर्गत आदिवासियों द्वारा लिखित साहित्य और गैर-आदिवासियों द्वारा लिखा गया साहित्य केन्द्र में रहा है। लेकिन आदिवासी लेखकों द्वारा लिखित आदिवासी साहित्य, आदिवासी जीवन के प्रति अधिक प्रामाणिकता सिद्ध कर सकता हैं यह सच है। कि जो व्यक्ति जिस समाज में जन्म लेता है, उसके पास उस समाज की परम्पराएँ, मान्यताएँ एवं भाषाओं को पहचानने की अद्भुत क्षमता होती है। इसलिए आदिवासी लेखकों द्वारा लिखित साहित्य आदिवासी जीवन के गहरे अनुभव को व्यक्त कर सकता है। आज हिन्दी साहित्य के आदिवासी साहित्य का प्रारम्भिक दौर चल रहा है। जब हम आदिवासी साहित्य की बात करते है। तो उनका अधिकतर मौखिक साहित्य ही सामने आता है। इसमें गेय परम्परा महत्त्वपूर्ण रही है। इसलिए आज भारतीय लोक-साहित्य में आदिवासी घुमन्तू तथा हाशिये पर पड़े हुए समाज के मौखिक साहित्य को पाठ्यक्रम में स्थान देना आवश्यक है। उनकी अपनी एक अलग संस्कृति, कला एवं भाषा

होती है जो भारतीय इतिहास में अलग पहचान है। आधुनिक या समकालीन कविता की दृष्टि से आँचलित भाषाओं में अवश्य कविता के माध्यम से आदिवासी जीवन के विभिन्न पक्षों पर विचार किया गया लेकिन हिन्दी भाषा में आदिवासी कविता अभी शुरुआती दौर में प्रवेश कर रही है। वैसे तो निर्मला पुतुल, रोज केरकट्ट, रमणिका गुप्ता जैसों ने आदिवासी साहित्य की ओर आलोचकों का ध्यान आकर्षित किया है। विशेष रूप से रमणिका गुप्ता ने प्रादेशिक भाषाओं में लिखित साहित्य के अनुवाद के माध्यम से आदिवासी को प्रचारित और प्रसारित करने में महत्त्वपूर्ण योगदान दिया है। आज आदिवासी एवं गैर-आदिवासी लेखकों के द्वारा साहित्य में आदिवासी जीवन का गहन अनुभव, विषय के अनुरूप भाषा का मुहावरा, प्रकृति का ह्रास, मानवता के दुख-सुख, शोषण, विस्थापन आदि के सन्दर्भ आये हैं। विशेष रूप से आदिवासी अस्मिता के संकट को लेकर सभी साहित्यकार अपनी चिन्ता जाहिर करते हैं। आदिवासी तो भोले-भाले होते हैं। उन्हें यह भी पता नहीं कि उन पर यह अस्मिता का संकट क्यों निर्मित हुआ है? इसके पीछे कौन-सी साज़िश है। वे भौचक्का हैं, किन्तु मौन। लेकिन यह सच है कि आदिवासी कविता, उपन्यास, कहानी या अन्य विधाओं में आदिवासी साहित्य अपनी अलग पहचान रखते हुए भी व्यापक लोक के यथार्थ के निकट रहा है। अतः आज आदिवासी लेखन अपने प्रारम्भिक दौर से आगे बढ़ रहा है। वह साहित्य की अन्य विधाओं में भी अपनी उपस्थिति दर्ज करा रहा है। इसलिए भविष्य में आदिवासी साहित्य का कैनवास विस्तृत होने की सम्भावना है।

आज के दौर में अधिकांश भारतीय भाषाओं में आदिवासी पर लेखन हो रहा है। वर्तमान में आदिवासी साहित्य का दायरा बढ़ने की सम्भावना है। इन सम्भावनाओं को मद्देनजर रखते हुए डॉ. बाबासाहेब आम्बेडकर मराठवाडा विश्वविद्यालय के हिन्दी विभाग द्वारा भारतीय साहित्य और आदिवासी विमर्श विषय को लेकर राष्ट्रीय संगोष्ठी का आयोजन किया गया। संयोजक रहे डॉ. संजय राठोड। विभाग में पहली बार आदिवासी साहित्य को लेकर चर्चा हुई। इस चर्चा में हिन्दी दलित एवं आदिवासी साहित्य के प्रसिद्ध लेखकों में संजीव, हरिराम मीणा जैसे महानुभवों के विचार केन्द्र में रहे हैं। साथ ही संगोष्ठी में विद्वानों के साथ शोध आलेख वाचकों ने भारतीय आदिवासी-जीवन को साहित्य के माध्यम से समझाया। इन दो दिनों के चर्चासत्रों में आदिवासी समाज का इतिहास, संस्कृति, कला, भाषा पर मौलिक रूप से विचार-विनिमय हुआ। साथ ही उपन्यासों, कविताओं, नाटकों, कहानियों में उभरे आदिवासी समाज की दशा और दिशा को लेकर एक नया अनुभव सामने आया। संजीव और हरिराम मीणा ने आदिवासी-साहित्य के प्रति आलोचकों एवं लेखकों के दृष्टिकोण पर भी विचार व्यक्त किये। संगोष्ठी की सफलता और इस ग्रन्थ के सम्पादन में विभाग के

सहयोगी डॉ. संजय नवले, डॉ. हणमन्तराव पाटिल, डॉ. भारती गोरे, डॉ. सुधाकर शेंडगे, डॉ. भगवान गव्हाडे का सहयोग प्राप्त हुआ। उन सबके प्रति आभार।

प्रस्तुत पुस्तक में आदिवासी-विमर्श से जुड़े कई पहलुओं को स्थान दिया गया है। आशा है कि प्रस्तुत पुस्तक में संकलित सामग्री हिन्दी जगत को पसन्द आयेगी। विभाग के पूर्व सभी प्रकाशनों का हिन्दी जगत में हमेशा स्वागत हुआ है, हमें विश्वास है कि इस पुस्तक का भी होगा। वाणी प्रकाशन दिल्ली का आभारी जिन्होंने इस पुस्तक को प्रकाशित किया है।

–डॉ. माधव सोनटक्के, डॉ. संजय राठोड

अनुक्रम

संजीव की नजरों में आदिवासी समाज

संजीव

भारत के इतिहास में आदिवासियों का अपना इतिहास रहा है। उनकी संस्कृति, खान-पान, रहन-सहन, बोली-भाषा सब कुछ अजूबा है। आज आदिवासियों की स्थिति सोचनीय है। पेरु माचीग्रेंका हो, अफ्रीका के जूल, भारत के जारवा हो या पहाड़िया, ये लूट, प्रवंचना, बेदखली, संहार और शोषण के शिकार बन रहे हैं। अपने देश में एक ओर तो उन्हें अपनी सांस्कृतिक धरोहर के शो-पीस के रूप में गणतन्त्र दिवस या दूसरे उत्सवों में पेश किया जाता है या फिर दमन, अन्याय के शिकार के रूप में। जबकि ये पूरी दुनिया में साम्राज्यवादी खूनी पंजों की जकड़न में छटपटाते हुए दिखाई देते हैं। हिन्दी की कई पत्रिकाओं में आदिम जनजातियों पर लेखन हुआ है। प्रायः 40 वर्ष पहले वैश्विक आदिम जनजातियों पर 'धर्मयुग' अंक निकला था। इस अंक को देखकर मेरी आँखें फटी रहीं हैं; अरे! इतने ट्राइबल्स हैं अपने देश में। यदि हैं तो विकास की मुख्यधारा में उन्हें आने से कौन रोक रहा है?

आदिवासी समाज के प्रति मीडिया और साहित्य के दो तरह के दृष्टिकोण है, एक तो आँख मूँदकर आह-वाह करना और दूसरा उन्हें सुधारने का बीड़ा उठाने वाली स्वयं शक्तियों का। मेरे शोध और अकादमिक बहसें इस विषय पर महत्त्वपूर्ण रही हैं। मैं अपनी उम्र के पाँच साल से लेकर दो हजार पाँच तक किसी न किसी रूप में आदिवासियों के बीच रहा हूँ। जितना उन्हें समझ पाया हूँ उन्हीं विचारों को मैं अपने साहित्य में स्थान देता हूँ। कुछ विद्वान आदिवासी की संस्कृति में हस्तक्षेप के विरोधी हैं, तो कुछ उन्हें मुख्य धारा में ले आने के पक्षधर हैं। मेरा मानना है कि अरण्यमुखी व्यामोह त्यागकर मुख्यधारा में आये बगैर उनकी उन्नति सम्भव नहीं है, बेशक यह उन्हें विश्वास में लेकर किया जा सकता है। दक्षिण अफ्रीका में जूल या जूलू से लेकर दूसरे तमाम आदिवासी सन्दर्भों में यह बात कही जा सकती है। रंग-भेद, दैहिक बनावट, रुचि, बोध, संस्कार, भौगोलिक परिप्रेक्ष्य सब को ध्यान में रखते हुए आदिवासियों की उन्नति की बात करनी चाहिए। उनकी सरलता, सच्चाई को प्रणाम है, पर कुछ जलती हुई सच्चाइयों और अन्तर्विरोधों से भी हम आँख नहीं

मूँद सकते...मसलन आदिवासी कहने से सभी आदिवासी एक नहीं हो जाते हैं। उनमें भी स्तरीकरण है, परस्पर अविश्वास है, जैसे मुण्डा और हो—दोनों जनजातियाँ असूर नामक जनजाति से घृणा करती हैं, कारण वह लोहा बनाती है जो ईश्वरीय सत्ता में हस्तक्षेप है। आदिवासी जमात मूलतः शोषण का शिकार ही अधिक रही है। भंवरी देवी जो शिक्षा का प्रसार और अज्ञान, कुसंस्कारों का विरोध कर रही थी, उस पर सवर्णों ने बलात्कार किया। आदिवासियों ने भी वीरभूम में आदिवासी लड़की को 9 कि.मी. नंग घुमाया था। दूसरी ओर आदिवासी लड़की को गैर जाति के लड़के से प्रेम करने के कारण 25 हजार का जुर्माना लगाया जाता है। ग्राम पंचायत के 13 आदिवासियों द्वारा सामूहिक बलात्कार कराया जाता है। बस्तर के सोनी सोरी हों, लिंगाराम हों या अरुणाचल की इरोम श्यामली, सरकार दमन की एक-सी कहानी है। कभी उसका नाम सलवा जुडूम, कभी ग्रीनहंट, कभी कुछ और...।

मौजूदा दौर में असली संघर्ष आदिवासियों के गाँवों को छीनकर देशी-विदेशी पूँजीपतियों को देने के विरुद्ध है। कोयला खदानों, जंगलों, वनों को समाप्त करके आदिवासियों को खदेड़ने की योजना बनायी जा रही है। कल-बल-दल से इन आदिवासियों को खदेड़ने पर सरकार तुली हुई है, ताकि उस खनिज-वनज सम्पति को उद्योगपतियों को दिया जा सके। 640 गाँवों को खाली कराए जाने की खबर है। कुछ समय पहले हुए घोटालों में बड़ा घोटाला कोल-ब्लाक आबंटन और आड़िशा में बॉक्साइट आदि के कब्जे की नीति इन्हीं सब से सम्बद्ध है।

हमारे देश में खनिज सम्पत्ति के रूप में कई कानून बनाये गये हैं। सन् 1864 का वन कानून, सन् 1927 का वन कानून संशोधन, सन् 1932 की वन-नीति तो सन् 1957 में एक एक्ट बना कोल बीयरिंग, जिसके तहत कोयले के लिए किसी भी गाँव को खान मालिक खाली करवा सकते थे। प्रायः सभी बाँध और कल-कारखाने आदिवासी गाँवों को विस्थापित करके बने हैं। नीतियों और अनुशासनों को 1984 तक तोड़-मरोड़ कर मालिकों के हित के अनुसार ढाला जाता रहा। एक सर्वेक्षण के अनुसार ओडिशा, छत्तीसगढ़ को छोड़ भी दें तो मात्र झारखण्ड में विकास के नाम पर पचास हजार एकड़ जमीन पर बसे पन्द्रह लाख आदिवासियों को बेघर, बेजमीन किया गया। विकास के ध्वज वाहक टाटा, मित्तल, एस्सार आदि के द्वारा भूमि अधिग्रहण हो रहा है। इसके लिए सरकार की नीति जिम्मेदार है। दूसरी तरफ झारखण्ड आर्गनाइजेशन अगेन्स्ट टेडिशन नामक गैर-सरकारी संस्था के नायक घनश्याम विरुति पूरी ताकत के साथ यूरेनियम जनित संहारक प्रदूषण के खिलाफ संघर्ष कर रहे हैं। इसके बावजूद सरकार मनमानीकर अमेरिका से समझौता कर रही है। महाराष्ट्र में नर्मदा डूब क्षेत्र के विस्थापितों को न्याय मिले इस हेतु मेधा पाटकर कई वर्षों से आन्दोलन चला रही है। कहीं अरुंधती राय है, कहीं संदीप पांडेय तो कहीं कोई और विवेकशील मानवतावादी देशवासी। सबकी एक ही

गुहार है कि देश के विकास के नाम पर देशवासियों के विस्थापन, निर्वासन और बलि को बन्द करो। लेकिन बलि है कि वह बन्द होने का नाम नहीं लेती। अगर एस.एन. चौधरी की रिपोर्ट सही है तो देश के 155 थर्मल पावर प्लांट प्रस्तावित हैं, कुछ प्रोजेक्ट्स पाइपलाइन में हैं। प्रत्येक प्लांट के लिए तकरीबन एक हजार एकड़ जमीन चाहिए। इन प्लाटों की योजनाएँ आदिवासी क्षेत्रों में हैं। डेढ़ लाख आदिवासियों को महज इसी निमित्त विस्थापित होना पड़ सकता है। इतना ही नहीं बिजली के नाम पर कोयला खदानों को समाप्त करके आदिवासियों को खदेड़ दिया जा रहा है। प्रख्यात मानवविद् डॉ. श्रीनिवास की मानें तो ब्राह्मणवाद की कृपा से कुल 47 जातियाँ हैं मगर उनमें से एक तिहाई आदिवासी हैं। मध्यप्रदेश में 41 विधायक हैं, स्वयं मुख्यमन्त्री भी है। इन लोगों ने जन या क्षेत्र के विकास के लिए क्या किया? छत्तीसगढ़ के पूर्व मुख्यमन्त्री भी आदिवासी ही थे और झारखण्ड में मुख्यमन्त्री से लेकर प्रायः सभी सांसद-विधायक आदिवासी रहे हैं। मीणा, ओरांव आदि जनजातिया उच्च पदों पर आसीन हैं और इनकी संख्या बढ़ती ही जा रही है। छठी अनुसूची में उत्तर-पूर्वी आदिवासी बहुल प्रान्तों को कितने अधिकार मिले हैं, सूरत तो अब तक काफी हद तक बदल जानी चाहिए थी लेकिन बदली ही नहीं। मैंने स्वयं देखा है, अन्य जाति और लोगों को 'असूरों' से घृणा करते हुए। समाज में स्त्री को सम्पत्ति के अधिकार अभी भी नहीं मिले हैं। टोना, टोटका जनित समाज और पिछड़ापन आज भी फल-फूल रहा है। इसलिए माफ करें हमें 'आह' के लेखन की जगह, आत्मीयता भरा विश्लेषणवादी लेखन चाहिए।

लोग भूल जाते हैं कि आदिवासी भी एक इंसान ही है। उसमें भी मानवीय दुर्बलताएँ होनी स्वाभाविक हैं, जो दूसरों में होती हैं। पर आदिवासी लेखन एक बिकाऊ लेखन है, आज कई लेखकों की नजर में आदिवासी प्रेम बलबला उठा है। वे आदिवासियों को उपजीव्य बनाकर समय के मूल तथ्यों को नजरअन्दाज कर मात्र सहानुभूतिपरक आह-वाह लिया करते हैं। कई ट्रिप मारकर लिख लाते हैं आदिवासी साहित्य, लेकिन इतना सहज नहीं होता है कोई लेखन। और आदिवासी लेखन तो कतई नहीं। चूँकि इधर आदिवासी लेखन में भी बाढ़ जैसी आयी हुई है। पैसा जरूरी है, पर जरूरत से भी ज्यादा पैसा जहर है, लेखन में भी, शोध में भी। रणेन्द्र ने 'ग्लोबल गाँव के देवता' न लिखा होता तो आज भी लोग न जान पाते कि 'असूर' एक वैज्ञानिक जाति है। ज्ञान पर अज्ञान के फेंके गये कचरों को दरकिनार करते हुए तेजस्वी आदिवासी अस्मिता को मंच पर लाना हर लेखक का कर्तव्य होना चाहिए। पर ज्यादातर लोग हैं कि शॉर्ट कट अपना रहे हैं, नख काट कर या उँगली खून में डुबोकर शहीद होने का तमगा लटकाकर फिर रहे हैं। किसी भी चीज को सही ढंग से न देखना उतना ही बड़ा लेखकीय अपराध है, जितना तथ्यों को विरूपित करने का अपराध। मामला कौशल का भी है। मुझे तो लगता है, अगर आपको उपन्यास,

कविता, कहानी लिखना नहीं आता तो मत लिखिए, डाक्यूमेन्ट्री लिखिए। तसलीमा नसरीन का 'लज्जा' हो या महुआ माजी का आदिवासी केन्द्रित उपन्यास 'मरंग गोड़ा नीलकंठ हुआ', ये उपरोक्त सारी त्रुटियों के शिकार हैं। महाश्वेता देवी की तमाम निष्ठा के बावजूद लिखा गया 'जंगल के दावेदार' उपन्यास और कुमार सिंह का 'बिरसा मुण्डा' और 'उसका समाज' एक ही उपजीव्य पर हैं। कुमार सुरेश सिंह के लेखन में बिरसा मुण्डा आदिम संस्कारों, रूढ़ियों और आवेगों के साथ उपस्थित है, जबकि दूसरा उपन्यास 'उसका समाज' में लेखकीय आग्रह के हल्के आवरण हैं। 'अग्निगर्भ' में लेखक के त्रिपार्श्व से गुजरते ही तथ्य बिखरने लगते हैं। चरित्रों पर लेखकीय तराश और फेब्रिकेशन के खतरे मंडराने लगते हैं। यह दुविधा भी है कि सत्य क्या था और कालांतर में मिथ में ढले संघर्षों और उसके पात्रों को कैसे चित्रित किया जाये? अरण्यमुखी संस्कृति के अन्तर्विरोधों और व्यामोहों से आदिवासियों को निकलने का मौका न देकर क्या हम उन्हें जिन्दगी भर काल-कूप में बनाये रखने का अपराध नहीं कर रहे हैं?

सुखद है आदिवासी अस्मिता का उभार और दुखद है उनका विचलन। सन्तोष की बात यह है कि अश्विनी कुमार पंकज, रोज केरकेट्टा, हरिराम मीणा, रणेन्द्र, राकेश कुमार सिंह, निर्मला पुतुल, मधु कांकरिया, केदार मीणा, रामशरण जोशी, मिथिलेश प्रियदर्शी, रमणिका गुप्ता, वासुदेव जैसे देश के जागरूक लेखक अभी भी हमारे बीच में हैं।

आदिवासी साहित्य की अवधारणा

हरिराम मीणा

जब हम समाज के किसी वर्ग को केन्द्र में रखकर उससे सम्बन्धित साहित्य की बात करते हैं तो प्रथमदृष्ट्या यह है कि साहित्य साहित्य होता है और उसका घटकीय वर्गीकरण करना गलत होगा। इस दृष्टि से नारीवादी साहित्य, दलित या आदिवासी चेतना का साहित्य या इससे आगे अन्य पिछड़ा वर्ग या अल्पसंख्यकों के साहित्य की आवाज को यह कहकर नकारने की चेष्टा की जाती है कि इस कदर का बँटवारा साहित्यिक विखंडनवाद के सिवा कुछ नहीं। जब मुंशी प्रेमचन्द साहित्य को समाज का दर्पण कहते हैं तो इसका अर्थ है कि साहित्य समाज के विभिन्न पक्षों की अभिव्यक्ति का नाम है। विशेष रूप से भारतीय परिप्रेक्ष्य में, सवाल यह उठता है कि क्या साहित्य की परम्परा में जो कुछ अब तक सृजित किया जाता रहा है और वह भी लिपिबद्ध स्तर पर (चाहे बात हिन्दी, अंग्रेजी या संविधान में अनुसूचीबद्ध अन्य क्षेत्रीय भाषाओं की हो) उसमें समग्र राष्ट्र समाज की अभिव्यक्ति किस हद तक हुई है अर्थात् क्या समाज की सभी श्रेणियों को पर्याप्त और आधिकारिक स्थान दिया जाता रहा है? इस सवाल का जवाब कहीं न कहीं नकारात्मक रूप ग्रहण करता है। इसलिए स्त्री, दलित, आदिवासी व अन्य घटकों में साहित्यिक चेतना या आन्दोलन की पक्षधरता सामने आती है।

उक्त पृष्ठभूमि में जब सीधे आदिवासी साहित्य की अवधारणा को समझने का प्रयास किया जाता है तो साहित्यिक परम्परा में स्थान की पर्याप्तता और आधिकारिता की बात उठती है। आखिर आदिवासी साहित्य को तथाकथित मुख्यधारा के साहित्य के समानान्तर या पृथकत्व के स्तर पर किस तरह देखा और समझा जाये? आदिवासी साहित्य को समझने से पहले हमें आदिवासी समाज को समझना होगा कि वह तथाकथित मुख्यधारा के समाज से अलग क्या विशिष्टताएँ रखता है? यहाँ यह बात भली भाँति स्वीकार करनी चाहिए कि विश्व की समस्त मानवता आरम्भिक अवस्था में आदिम शैली का जीवन जिया करती थी। धीरे-धीरे विकास की यात्रा के साथ अधिकांश जन-समूह आदिम अवस्था से आगे निकलते चले गये। जो मानव

समुदाय अभी भी आदिम जीवन शैली की कुछ विशिष्टताएँ संजोए हुए हैं वे मिलकर आदिवासी समाज के रूप में हमारे सामने दिखाई देते हैं। इन विशिष्टताओं में सबसे प्रमुख हैं प्रकृति की गोद में जीवन यापन, मानवेतर प्राणी जगत के साथ सहअस्तित्व की भावना, सामूहिकता का महत्त्व तथा निजी सम्पत्ति की अवधारणा का विकसित नहीं होना या उसका शैशवकाल में होना आदि। यहाँ आदिवासी समाज शेष समाज से पृथक होता है और यह पृथकत्व सामाजिक, आर्थिक, राजनैतिक सांस्कृतिक तथा भौगोलिकता के स्तर पर स्पष्ट रूप से पहचाना जा सकता है। आदिवासी समाज के इस स्वरूप को साहित्य में कितना तथा कैसा स्थान दिया गया है, इस निकष पर ही आदिवासी साहित्य को परखा जा सकता है।

आदिवासी समाज को अब तक जिन नजरियों से देखा गया है उनमें से एक नजरिए ने उस समाज को जंगली-बर्बर मानव समुदाय के रूप में देखा है। यह नजरिया हमें भारतीय वर्चस्ववादी मिथकों व इतिहास से लेकर उपनिवेशवाद के दौर से गुजरते हुए वर्तमान भद्रवादी मानसिकता तक में दिखायी देता है। यही वजह है कि हम आदिवासी समाज को मिथकैतिहास में राक्षस, असुर व दानव के रूप में चित्रित होता हुआ पाते हैं, ब्रिटिशकाल में उनके क्षेत्र को एक्सक्लूडेड एरियाज के रूप में पहचाने जाने के लिए विवश किये जाते हैं और वर्तमानकाल में उन्हें वनवासी या गिरिजन के रूप में परिभाषित करते हैं। यही नहीं, हम उन्हें प्रत्युत विकास विरोधी नक्सलियों के साथ जोड़कर भी देखने की गलतफहमी कर देते हैं। दूसरा दृष्टिकोण आता है रोमांटिक अन्दाज का। इस नजरिए से हम आदिवासी समाज की छवि को गणतन्त्र दिवस की झाँकियों, ड्राइंगरूम सजावट, फिल्मों में आइटम दृश्यों के रूप में देखते हुए अन्ततः यह सामान्यीकृत प्रतिक्रिया व्यक्त करने की भूल कर बैठते हैं कि 'समृद्ध प्रकृति की गोद में आदिवासी मस्ती से नाचता-गाता रहता है', यह न समझते हुए कि आदिवासी की यह मस्ती उसका नैसर्गिक स्वभाव है न कि भौतिक दशा। बहरहाल, यह दोनों ही दृष्टिकोण आदिवासी समाज को समझने या समझाने में सफल नहीं होते।

जब हम साहित्य में आदिवासी अथवा आदिवासी साहित्य की बात करते हैं तो आदिवासी समाज के विभिन्न पक्षों की अभिव्यक्ति उपरोक्त दोनों ही दृष्टिकोणों से प्रभावित नजर आती है। मुख्यधारा के लिपिबद्ध साहित्य में आदिवासी समाज की अभिव्यक्ति स्पेस के स्तर पर बहुत कम और आधिकारिता के स्तर पर सतही नजर आती है। इसलिए कथाकार राजेन्द्र अवस्थी जैसे लोगों को 'जंगल के फूल' नजर आते हैं, जंगल के काँटे नहीं, ब्रिटिशकालीन मध्य प्रान्त के महान संघर्षनायक टंट्या भील (अंग्रेजों की दृष्टि में दा इंडियन रॉबिनहुड) पर उपन्यास लिखने वाले बाबा भांड को यह कहते हुए पाते हैं कि 'टंट्या का बाप शराब पीकर जब टंट्या की माँ को पीटता था तो टंट्या की माँ को अनान्द की अनुभूति होती थी', तरुण भटनागर जैसे

कहानीकारों को घोटुल मात्र और मात्र 'खुला रतिक्रीड़ा केन्द्र' से आगे नहीं दिखाई देता जिसकी सम्भोग-गंध सूंघ कर वन्यजीव एकत्रित हो जाते हैं (यह न जानते हुए कि भाई, वन्यपशु दो चीजों से सर्वाधिक बिदकते हैं एक आग, और दूसरी, किसी भी तरह की मानव-गंध) तथा कविता में आदिवासी यौवना के 'गोल-गोल गाल, उन्नत उरोज, पुष्ट जंघाएँ और न जाने क्या-क्या' से बाहर आदिवासी समाज नदारद मिलता है। यहाँ सहानुभूति बनाम स्वानुभूति की बहस से अलग रहते हुए अनुभव की आधिकारिता का प्रश्न हमारे सामने है। इस आधार पर यह निष्कर्ष निकलता है कि जिन साहित्यिक रचनाओं में आदिवासी जीवन की गहन अनुभूति है वहाँ आदिवासी समाज की अभिव्यक्ति साहित्य में हुई है और जहाँ अनुभव की गहनता नहीं या कम रही वहाँ यह अभिव्यक्ति सतही अथवा भ्रान्ति पैदा करने वाली दिखती है।

आदिवासी समाज की साहित्यिक अभिव्यक्ति को परखने के लिए विषयवस्तु के स्तर पर जो विशिष्टताएँ पहचानी जानी चाहिए उनमें सबसे महत्त्वपूर्ण हैं प्राकृतिक तत्त्वों में जंगल, पहाड़, नदी-नाले, वन्य जीवों में पशु-पक्षी, सरीसृप, मानवीय जीवन के आदिम सरोकार यथा सामूहिकता, कृषिकर्म के साथ आखेट व वनोत्पाद पर निर्भरता, अपने में खुलापन लेकिन बाहरी लोगों से झिझक, नैसर्गिक भोलापन, समृद्ध संस्कृति के विभिन्न उपांग आदि। वहाँ महानगरीय दृश्य, स्वार्थ लोलुपता, गलघोंटू स्पर्धा, पूँजी, बाजार-तकनीक-विज्ञापन, मीडिया का नटी खेल, राजनीतिक-प्रशासनिक षड्यन्त्र, मध्यवर्गीय मानसिकता के परिवर्तनकामी बौद्धिक विमर्श व नारेबाजी, ग्लोबलाइजेशन के तिलिस्म वगैरह-वगैरह नहीं दिखाई देंगे।

संविधान की आठवीं अनुसूची में शामिल भाषाओं में रचे गये लिपिबद्ध साहित्य में आदिवासी जीवन की अभिव्यक्ति के दायरे में रहकर जब इस विषय पर चर्चा की जाती है तो यह प्रतीत होता है कि आदिवासी साहित्य बहुत कम मात्रा में उपलब्ध है। स्त्री मुक्ति व दलित चेतना के साहित्य की तुलना में यह बात काफी सीमा तक सही हो सकती है, लेकिन आदिवासी साहित्य को समझने के लिए हमें इस दायरे से बाहर निकलकर मौखिक परम्परा के साहित्य की जाँच-पड़ताल करनी होगी। आज किसी भी भाषा में जो लिपिबद्ध साहित्य मौजूद है उस सबका आधार साहित्य की मौखिक परम्परा रही है जिसे हम प्रायः लोक की साहित्यिक परम्परा के नाम से चिह्नित करते रहे हैं।

मौखिक साहित्य के बारे में निम्न बिन्दुओं पर गहराई से विचार किया जाना चाहिए।

1. हिन्दी, अंग्रेजी, अन्य प्रान्तीय भाषाओं की बजाय आदिवासी भाषाओं में यह साहित्य प्रचुर मात्रा में उपलब्ध है।
2. आदिवासी बोलियों को आदिवासी भाषा के रूप में जब तक स्वीकार नहीं किया जाएगा तब तक आदिवासी साहित्य को उचित स्थान नहीं मिल सकेगा।

3. इस साहित्य की विषयवस्तु में प्रकृति, मनुष्य एवं मानवेतर प्राणी जगत से सम्बन्धित जीवन की समग्रता शामिल है।
4. आदिवासी साहित्य संविधान की पाँचवीं एवं छठी अनुसूची में सम्मिलित आदिवासी समुदायों तक ही सीमित नहीं है, प्रत्युत इसमें घुमन्तू एवं अन्य कबीले भी शामिल माने जाने चाहिए।
5. प्रायः आदिवासी साहित्य को दलित साहित्य के वृहद् दायरे में ही माना जाता है। आदिवासी समाज भारतीय मुख्य समाज का हिस्सा नहीं रहा जबकि दलित जातियाँ मुख्य समाज का हिस्सा रही हैं जहाँ उनका स्थान निम्न स्तर का रहा है। ऐसे सामाजिक परिप्रेक्ष्य में आदिवासी साहित्य को पृथक रूप से देखा जाना चाहिए।
6. इस साहित्य में स्त्री का स्थान किसी भी स्तर पर पुरुष से कम नहीं पाया जाता है। बाहरी तत्त्वों द्वारा आदिवासी स्त्रियों का शोषण पृथक विषय होता है।
7. आदिवासी मौखिक साहित्य में आदिवासी मिथक, किंवदन्तियाँ व लोकोक्तियाँ पायी जाती हैं जिनके मूल अर्थ को समझने के लिए अतीत एवं गहराई में जाना पड़ता है। इस सन्दर्भ में सृष्टि की उत्पत्ति सम्बन्धी आदिवासी मिथकों को देखा जा सकता है।
8. यह साहित्य प्रमुख रूप से करीब 100 आदिवासी भाषाओं में उपलब्ध है, जिनमें भीली, गोंडी, मिजो, गारो, सन्थाली, किन्नोरी, गढ़वाली, बारली, खासी, बन्जारी प्रमुख हैं।

लोकसाहित्य की मौखिक परम्परा का मौलिक स्वरूप अभी भी आदिवासी वाचिक परम्परा के साहित्य में देखा जा सकता है जो लोकगीतों के विभिन्न रूपों, गल्प, कथावाचन, किंवदन्तियाँ, पहेलियाँ, नाटक की विभिन्न विधाओं यथा लीला, स्वांग, बहुरूपिया कला आदि के रूप में उपलब्ध मिलता है।

आदिवासी लिपिबद्ध साहित्य का इतिहास पुराना नहीं है। यह अभी शैशव अवस्था में है जिसे गत करीब दो दशकों में देखा जा सकता है। इससे जुड़े प्रमुख मुद्दे निम्न प्रकार हैं–

1. हिन्दी में व्यवस्थित लिपिबद्ध साहित्य का संकलन 'युद्धरत आम आदमी' के आदिवासी विशेषांकों में वर्ष 2002 में प्रथम बार किया गया।
2. इसके बाद अन्य पत्रिकाओं ने सहयोग दिया जिनमें दस्तक, अकार, कथाक्रम, इस्पातिका, सबलोग आदि प्रमुख हैं।
3. गत करीब 25 वर्ष से निकल रही त्रैमासिक पत्रिका 'अरावली उद्घोष' केवल आदिवासियों को समर्पित रही है, जिसका आरम्भ उदयपुर, राजस्थान से स्वर्गीय श्री वी.पी. वर्मा पथिक ने किया।

4. इस साहित्य की दृष्टि से आदिवासी साहित्य सम्मेलनों की भूमिका महत्त्वपूर्ण रही है। दो राष्ट्रीय सम्मेलन अब तक दिल्ली एवं राँची में हो चुके हैं।
5. इसी क्रम में अखिल भारतीय आदिवासी लेखक मंच की स्थापना के महत्त्व को देखा जा सकता है।
6. इस साहित्य में परम्परागत विषयवस्तुओं से पृथक नये विषयों का समावेश हो रहा है जिसकी वजह आदिवासी क्षेत्रों पर बाहरी दबाव, विकास बनाम विस्थापन, वैश्वीकरण, राष्ट्र की मुख्य धारा में लाने के तथाकथित प्रयास एवं आधुनिकरण आदि शामिल हैं।
7. चौतरफा दबावों के चलते सहज, सरल व स्वाभाविक साहित्य के स्थान पर दबाव, अन्तर्विरोध, आशंका, चिन्ता, भय जैसी मनोदशा की अभिव्यक्ति प्रमुखता से सामने आ रही है।

आदिवासी साहित्य के सौन्दर्यशास्त्र का जहाँ तक प्रश्न है तो यह कहना उचित होगा कि लिपिबद्ध आदिवासी साहित्य अभी नया नया है इसलिए इसका मूल्यांकन, प्रतिमान-विश्लेषण, प्रवृत्तियों की पहचान, शिल्प एवं सौन्दर्यशास्त्र सम्बन्धी अन्य विषयों पर शोध कार्य एवं चिन्तन किया जाना शेष है, फिर भी कुछ प्रवृत्तियों पर चर्चा की जानी चाहिए।

1. अभिव्यक्ति की भाषा एवं मुहावरा आदिवासी परम्परा की मौलिकता से जुड़ा हुआ है। बाहरी प्रभाव कम मात्रा में है। यह स्थिति आदिवासी लेखकों के सन्दर्भ में विशेष रूप से स्पष्टतः देखी जा सकती है।
2. जहाँ तक आदिवासी विषयों पर गैर-आदिवासी साहित्यकारों के लेखन का प्रश्न है तो उनके यहाँ परिष्कृत भाषा व मुहावरा है जो राष्ट्रीय मुख्य धारा से सम्बन्ध रखता है चाहे वह लेखन हिन्दी, अंग्रेजी या अन्य भाषाओं में किया जा रहा हो। उदाहरण के तौर पर इस तरह की परिष्कृत भाषा व मुहावरा महाश्वेता देवी, अरुंधति राय, सुदीप बनर्जी, चन्द्रकान्त देवताले आदि के लेखन में देखा जा सकता है।
3. आदिवासी साहित्य के शिल्प व सौन्दर्य बोध को समझने के लिए मुख्य धारा के प्रचलित प्रतिमान काम नहीं आयेंगे। इस साहित्य को समझने के लिए आदिवासी समाज के अतीत, लम्बी परम्परा, संस्कृति, समग्र जीवन भविष्य की अपेक्षाओं एवं आकांक्षाओं आदि को समझना होगा।
4. आदिवासी साहित्य अपने शिल्प व भाषिक मुहावरे के साथ सामने आयेगा। इसे समझने के लिए जापानी कविता के प्रेरणा पुरुष इशिकावा ताकुबोके के इन शब्दों को यहाँ उद्धृत किया जाना ठीक होगा—"शिल्प और भाषा, वस्तु और जीवन-दृष्टि के अनुरूप स्वयं बदलते चलते हैं, उन्हें अलग से बदलने की जरूरत नहीं पड़ती।"

दरअसल, होता यह है कि जब हम चीजों को गहरायी में नहीं देखते तो कई भ्रान्तियों के शिकार हो जाते हैं। ऐसा ही कुछ आदिवासियों के जीवन और उस पर लिखे गये साहित्य के साथ होता आया है। उदाहरणार्थ, आदिवासी कुम्भ के रूप में विख्यात बेणेश्वर धाम के सालाना मेले में लाखों आदिवासी इकट्ठा होते हैं तो सैलानी वहाँ जाकर अर्द्धनग्न नहाती हुईं युवतियों की फोटो खींचने का मानस बनाते हैं। गैर-आदिवासियों की यह पूर्वाग्रही सोच होती है कि 'समृद्ध प्रकृति की गोद में आदिवासीजन उन्मुक्त व मस्त जीवन जीते हैं।' आदिवासी युवतियों की देह में उन्हें गोल-गोल गाल, उन्नत उरोज, पुष्ट जंघाएँ, मदमाता यौवन और न जाने क्या-क्या नजर आने लगता है। ऐसे लोग भूल जाते हैं कि आदिवासी लोगों का असल जीवन कैसा है। वहाँ सौ तरह के अभाव हैं—अशिक्षा, बेरोजगारी, बीमारी, दुर्गम रास्ते, अपर्याप्त आवास, दिनभर की थकान और रातों का अँधेरा...। कितनी तकलीफें हैं उनके जीवन में, यह कोई नहीं देख पाता। ऐसे ही पूर्वाग्रहों और भ्रमों से युक्त अभिव्यक्ति आदिवासियों पर लिखे गये साहित्य में हुई।

इसका तात्पर्य यह नहीं कि आदिवासी जीवन पर गैर-आदिवासी रचनाकारों ने अब तक जो लिखा है वह सब खारिज करने लायक है।

आदिवासी मौखिक साहित्य को मुख्यधारा के साहित्य में शामिल करने के लिए हमें दो चुनौतियों का सामना करना पड़ता है। प्रथम, विभिन्न आदिवासी भाषाओं में रचे हुए साहित्य का संकलन अपने आप में एक बड़ा कार्य है। इसके लिए सम्बन्धित आदिवासी भाषा की आधिकारिक जानकारी आवश्यक होगी ताकि मौखिक साहित्य से जुड़े हुए लोगों से जानकारी प्राप्त की जा सके। यहाँ यह उल्लेखनीय है कि आदिवासी वाचिक परम्परा में जो साहित्यिक रचना सृजित की गयी है वह सब सामूहिक स्वरूप में दिखायी देती है। यह पता लगाना मुश्किल है कि किस रचना या उसके किसी अंश का सृजन किस व्यक्ति द्वारा किया गया। इस परम्परा में रचनाकर्म के स्तर पर व्यक्ति विशेष महत्त्वपूर्ण नहीं होता और न ही उसकी पहचान आसानी से की जा सकती है। रचना निश्चित रूप से व्यक्ति के स्तर की भावभूमि से पैदा होने की सम्भावना रखती है, लेकिन वह सामूहिक कर्म में शामिल होती जाती है। इस सामूहिक सृजनात्मकता के साथ रचनाकर्म की गत्यात्मकता अन्य महत्त्वपूर्ण तत्त्व है और यही तत्त्व मौखिक साहित्य को नैरंतर्य देता हुआ परम्परावादी बनाता है जो स्वतः ही समय के साथ नित नया बनने की सम्भावना और क्षमता रखता है। इस दृष्टि से विषयवस्तु, शिल्प, भाव व मुहावरा आदि के साथ इस मौखिक साहित्य को समझते हुए संकलित करना या संकलन की प्रक्रिया समझते हुए रचना सामने लाना अपने आप में महत्त्वपूर्ण हो जाता है।

दूसरा, आदिवासी मौखिक साहित्य को मूल भाषा में संकलित करने के बाद उसका हिन्दी, अंग्रेजी या अन्य आँचलिक (संविधान में अनुसूचीबद्ध) भाषाओं में

अनुवाद करना दूसरी बड़ी चुनौती हमारे सामने होती है। आदिवासी 'स्वयं में खुले' हैं। लेकिन बाहरी दुनिया के लिए 'बन्द समाजों' की तरह हैं। उनकी भाषा में रचे वाचिक परम्परा की साहित्यिक रचनाओं को दिगर भाषाओं में अनूदित करना अनुवाद की चुनौती को और पेचीदा बना देता है। यहाँ द्विभाषिक ज्ञान के साथ-साथ साहित्य से उस समाज की अधिक जानकारी भी अपेक्षित हो जाती है। इसलिए अनुवाद केवल साहित्यिक कर्म तक सीमित नहीं रहता, प्रत्युत वह रचनाकर्म की परम्परा-भाव-पृष्टभूमि की गहरायी में उतरने की माँग भी करता है। आदिवासी साहित्य चाहे वह वाचिक परम्परा से सम्बन्ध रखता है या सीधा-सीधा लिपिबद्ध रूप में हमें उपलब्ध हो रहा है, दोनों ही दशाओं में उसकी परख का सवाल एक बड़े सवाल के रूप में हमारे सामने उपस्थित होता है। यहाँ आलोचना के स्थापित प्रतिमान शायद निकष के रूप में ज्यादा उपयोगी सिद्ध न हो। साहित्यिक मूल्यांकन के लिए स्थापित प्रतिमानों के कुछ स्थायी जैसे सूत्र काम में आ सकते हैं जिसे हम 'आलोचना की समझ' कह सकते हैं, अन्यथा विषयवस्तु, शिल्प, भाव पक्ष व मुहावरा इन सभी स्तरों पर आदिवासी साहित्य तथाकथित मुख्यधारा के साहित्य के इतर अपनी विशिष्टताएँ रखता है। उसे समझने के लिए एक सही दृष्टि की दरकार रहेगी जो जरूरी नहीं कि साहित्य के हर किसी प्रतिष्ठित समीक्षक के पास हो। यह दिक्कत स्त्री व दलित साहित्य की परख के क्षेत्र में भी पैदा होती रही है पर हमें यह ध्यान रखना चाहिए कि स्त्री व दलित चेतना का साहित्य समाज के उन वर्गों का साहित्य है जो मुख्य समाज का हिस्सा रहे चाहे सामाजिक स्तर पर हाशिए या दोयम दर्जे पर ही क्यों न रखे गये। आदिवासी समाज उस रूप में शेष समाज का हिस्सा न रहकर वह संस्कृति, परम्परा व भौगोलिकता के स्तर पर पूरी तरह अलग-थलग रहता आया, इसलिए उसकी तल्खी, तासीर व तेवरों को समझने के लिए 'आलोचना की समझ' की दृष्टि के साथ आदिवासी नजरिए का चश्मा भी जरूरी होगा।

यहाँ मैं एक उदाहरण देना समीचीन समझता हूँ। आदिवासी साहित्यिक विषयों पर शोध के इच्छुक छात्रों के साथ मुझे विमर्श करने का मौका पिछले दिनों केन्द्रीय विश्वविद्यालयों हैदराबाद, गुजरात, अमरकंटक व राज्य विश्वविद्यालयों राजस्थान व इन्द्रप्रस्थ दिल्ली में मिला। पाँचों ही जगह जब मैंने छात्रों से आदिवासी समाज की छवि के बारे में पूछा और प्रारम्भिक जानकारी प्राप्त की तो मुझे बताया गया कि 'आदिवासी अँचलों में शोध के लिए फील्ड सर्वेक्षण हमारे लिए कठिन होगा, चूँकि 1. आदिवासी लोग बाहरी लोगों पर अकारण हमला कर देते हैं, 2. आदिवासी लोग मांसाहारी होते हैं जो हमें मांस खाने के लिए विवश करेंगे, 3. आदिवासी लोग शराबी होते हैं, वे हमारे साथ कुछ भी अप्रिय घटित कर सकते हैं।' मैं ये सब धैर्य से सुनता रहा और अन्त में मैंने यह जोड़ा कि 'आपने यह भी तो सुना होगा कि आदिवासी लोग नरभक्षी भी होते हैं।' विशेष रूप से अंडमान के आदिवासियों के

बारे में नरभक्षण की भ्रान्तियाँ पैदा की जाती रही हैं, जबकि वहाँ का यथार्थ यह रहा है कि वे अपने क्षेत्र में घुसने वाले बाहरी लोगों पर यदा-कदा हमला करते रहे हैं, यहाँ तक कि एकाध दृष्टान्त मारकर जलाने के भी बातये जाते हैं। नरभक्षण का कोई उदाहरण अभी तक हमारे सामने नहीं है। हमला करने, मारने या जलाने की घटनाओं की पृष्ठभूमि को समझना जरूरी होगा। यह समझ तब होगी जब हमें अंडमान में हुई अबेर्दीन की उस लड़ाई का ज्ञान होगा जब अंग्रेजी फौजों ने सन् 1859 में अंडमान के आदिवासियों को अपनी आजादी की लड़ाई लड़ते हुए गोलियों से करीब ढाई हजार की संख्या में भूना था। तभी से अंडमान के आदिवासी बाहर के लोगों से घोर घृणा करते रहे हैं। तो विमर्श के दौरान छात्रों द्वारा मुझे वो बताया गया जो उन्होंने अब तक सुन रखा था और जो सही नहीं था। जब आदिवासी समाज के बारे में इस तरह की भ्रान्तियाँ फैली हुई हैं तो आदिवासी साहित्य को समझने का सवाल उठेगा।

इसी क्रम में साहित्य में आदिवासी जीवन की अभिव्यक्ति के सिलसिले में कुछ और उदाहरण मैं यहाँ दे रहा हूँ—

आत्मसम्मान एवं शौर्य के लिए विख्यात झारखण्ड में निवास करने वाले 'हो' नामक आदिवासी समुदाय के व्यक्ति से फिरंगी अफसर ने पूछा—"तुम्हारा नाम क्या है?"

"अगर तू प्यासा है तो पानी पिलाऊँगा, यदि भूखा है तो रोटी का इन्तजाम करूँगा और अगर थका हुआ है तो मेरी यह चारपायी आराम करने के लिए दूँगा, लेकिन पहले यह बता कि मेरी जमीन पर खड़ा होकर मुझसे मेरा नाम पूछने वाला तू कौन है?" प्रतिक्रिया व्यक्त करते वक्त आदिवासी के चेहरे पर क्रोध, घृणा एवं स्वाभिमान के मिश्रित भाव स्पष्ट दिखायी दे रहे थे। जमीन के मुकद्दमे से सम्बन्धित एक और किस्सा—

"जंगल की जिस जगह पर तू रह रहा है, वह तेरे परिवार की जमीन है, इसका तुम्हारे पास क्या सबूत है?" जज ने आदिवासी बुजुर्ग से पूछा।

वह व्यक्ति कुछ नहीं बोला और सिर्फ इतना कहा कि "हुजूर एक तारीखपेशी और दे दो। मैं अगली बार सबूत लेकर आ जाऊँगा।"

अगली तारीखपेशी पर आदिवासी अदालत में हाजिर हुआ।

"अब बोल क्या सबूत लाया है?"—जज ने पूछा।

"हुजूर मेरे पास सबूत है"—आदिवासी ने जवाब दिया।

"तो अदालत के सामने पेश करो"—जज ने आदेश दिया।

आदिवासी ने अपनी पोटली खोली और उसमें से चट्टान का एक टुकड़ा और सकुआ पेड़ की एक टहनी पेश करते हुए कहा—"हुजूर पत्थर का यह टुकड़ा उस चट्टान का है जो मेरी झोंपड़ी के सामने आँगन का हिस्सा रहा है और यह टहनी

वाला दरख्त मेरे पूर्वजों ने लगाया था। चट्टान व पेड़ वंशानुगत मेरी पूजनीय धरोहर रही हैं। जहाँ मेरा परिवार रह रहा है उस जगह के मेरा वंशानुगत होने का मेरे पास ये ही सबूत हैं।''

जज समझ गया कि असल सबूत बोलते नहीं केवल भेद खोलते हैं।

राजस्थान के माउंट आबू अँचल में गरासिया आदिवासी रहते हैं। साँझ ढलते ही बच्चे, जवान यहाँ तक कि बुजुर्ग भी उनके अँचल से गुजरने वाले वाहनों पर पत्थर फेंकते हैं। मैंने जब इस बारे में जानकारी जुटाई तो मुझे पता चला कि वे परम्परा के स्तर पर ये सब कुछ करते आये हैं। गहराई में जाने पर यह पता चला कि यह उनका प्रतीकात्मक प्रतिरोध है जिसकी पृष्ठभूमि में बाहरी घुसपैठ रही है, करीब-करीब उसी तरह जिस तरह ऊपर अंडमान का सन्दर्भ आया।

एक कहानी है 'शिकार'। ब्रिटिशकाल में एक अंग्रेज वन अधिकारी जंगलाद के रेस्ट हाउस में अपनी पदस्थापन अवधि के दौरान ठहरा हुआ था। उसे शिकार का शौक था और उसकी रुचि थी जंगली जानवरों के सिर एकत्रित कर रेस्ट हाउस की दीवारों पर टाँगने की। एक आदिवासी युवक उसकी आखेट-सेवा में रखा हुआ था। वह युवक अलग से रोजाना जंगल से एक जानवर को मारकर उसका सिर अंग्रेज अफसर को भेंट किया करता था। उसकी एवज में अंग्रेज अफसर उसे कुछ न कुछ ईनाम देता था। अंग्रेज अफसर प्रायः उसे प्रोत्साहित करता रहता था कि वह खतरनाक से खतरनाक वन्य जीव का सिर लाता रहे। एक दिन आदिवासी युवक शिकार करके लाया और अंग्रेज अफसर के सामने बड़े उत्साह से बोला—'हुजूर, आज मैंने सबसे खतरनाक जानवर का शिकार किया है। यह रहा उसका सिर'—कहते हुए उसने एक मनुष्य का कटा हुआ मुण्ड अंग्रेज अफसर को दिखाया। अंग्रेज अफसर को चौंकना ही था। उसने त्वरित प्रतिक्रिया की कि 'यह तुमने क्या कर दिया?' युवक ने जवाब दिया—'माई बाप मैंने जिन्दगी में ऐसा खतरनाक जानवर नहीं देखा जिसने ऐसी हरकत की हो जो इस कटे हुए सिर वाले वहशी ने की। इसने मेरी मासूम बहन के साथ बलात्कार कर उसकी हत्या की है।' आगे जो होना था वह हुआ आदिवासी युवक पर मानव-वध का मुकद्दमा चला। अंग्रेज अफसर की ही गवाही पर उसे फाँसी की सजा दी गयी। ये सब अपनी जगह था जो भी ठीक या गलत। सवाल यह उठता है कि तथाकथित सभ्य समाज के जो लोग आदिवासी लोगों को जंगली-बर्बर कहते रहे हैं, वे लोग इस कहानी को किस तरह समझेंगे? आदिवासी जीवन के इस तरह के बहुत सारे पक्ष हैं जो साहित्य में किस तरह की अभिव्यक्ति चाहते हैं या उन्हें किस तरह की भ्रांतिपूर्ण अभिव्यक्ति दी जाती रही है? यह सवाल साहित्य में आदिवासी जीवन की अभिव्यक्ति, आदिवासी साहित्य और आदिवासी साहित्य की परख आदि के सन्दर्भ में उठता है।

भूमंडलीकरण और आदिवासी

डॉ. संजय नवले

सामाजिक, आर्थिक और साहित्यिक क्षेत्र में आज काफी चर्चा का विषय रहा है, भूमंडलीकरण। जिन पर इसकी मार पड़ी है उनके ध्यान में यह विषय जल्दी आ गया है। फिर भी अनेक प्रश्न, उपप्रश्न अनुत्तरित हैं। जिन इकाइयों के फायदे हैं वे पूरा जोर लगाकर इसकी वकालत कर रहे हैं। यह विषय और इसके परिणाम जिनकी समझ में आये हैं, वे बोल रहे हैं लेकिन उनकी आवाज व्यवस्था तक पहुँचती नहीं है। अगर इनकी आवाज पहुँचती तो भी अनसुना किया जाता है। सामाजिक एकता न होना इसके पीछे का एक कारण होगा। इस विषय के बारे में मराठी के प्रसिद्ध चिन्तक श्री उत्तम कांबळे का कथन देखने लायक है। वे कहते हैं कि "बहुतों को वह इकाई अथवा वह आयाम समझ में आया है, जिस कारण उनका अपना व्यक्तिगत रूप से कुछ नुकसान हुआ है। मतलब कामगारों को स्वेच्छा निवृत्ति (वी.आर.एस.) जल्दी समझ में आ गयी। मजदूरों को छँटनी समझ में आ गयी। विदेशों से आने वाले फल, दूध से सम्बन्धित पदार्थ तथा अन्य चीजें आने से बाजार पर उसका कैसे प्रभाव हुआ—इसे किसान जल्दी समझ गये। मतलब जिसका जहाँ नुकसान हुआ, जिसको जहाँ आघात पहुँचा, उतना हिस्सा उनकी समझ में आ गया। भूमंडलीकरण की प्रक्रिया व्यक्ति मन से लेकर भौतिकता तक, पसन्द, न पसन्दी से लेकर विभिन्न वस्तुओं तक विविध अंगों से फैली हुई है।"[1] मेरा प्रश्न यह है कि जिनको पढ़ना लिखना आता है, जिनको इन चालाकियों के बारे में समझ है उनका ठीक है। परन्तु जो गिरि पर्वतों में रहते हैं, जिनके लिए शिक्षा की सुविधा नसीब नहीं है, जिनको व्यापार और उसके हथकंडों के बारे में कुछ भी जानकारी नहीं है, उनको। पर्वत बेचे जाते हैं, पानी बेचा जाता है यह मालूम नहीं है। गिरि पर्वतों में रहने वाले ये गिरिजन पहले से ही नंगे हैं। भूमंडलीकरण के कारण आदमी नंगा होता है, यह भी उनको मालूम नहीं है। मुझे ऐसा लगता है कि किसी भी राष्ट्र की शिक्षा, आरोग्य, व्यवहार, व्यापार आदमी के हित के लिए होने चाहिए। यहाँ वर्ग और वर्ण के आधार पर बहुत पहले से भेद किये गये हैं। जिसकी सजा हम भोग रहे हैं। अब नवीन

पद्धति से मानव-मानव में भेद करने का षड्यन्त्र भूमंडलीकरण के कारण निर्माण किया गया है। यह बहुत बड़ी साजिश है। विश्वग्राम के नाम पर बहुत ऊपरी हिस्से की लोगों का कल्याण हो रहा है। लेकिन व्यापार से पैसा और पैसों से व्यापार और उससे मुनाफा इस दौड़ में गरीब आदमी बहिष्कृत हो रहा है। चमकीली दुनिया और शाईनिंग यह इनका उद्देश्य है। इस देश में करीबन पाँच लाख पच्चहत्तर हजार गाँव हैं। देश की सारी समृद्धि और सम्पत्ति वहाँ है। इन्हें मुख्य धारा में लेना आवश्यक है। आम आदमी जितना सशक्त होगा उनका गाँव, राज्य, राष्ट्र शक्तिशाली बनेगा। आज भूमंडलीकरण के कारण लगभग अस्सी प्रतिशत लोग मुख्य धारा में नहीं आते। सही बात तो यह है कि इनको आम आदमी को सशक्त, गतिशील, आनन्दी नहीं देखना है। ऐसे नव-नवीन हथकंडे निकाले जा रहे हैं कि आम आदमी कुछ करके इन तक पहुँचे तो तुरन्त नवीन आविष्कार खोज निकालते हैं, परिणाम यह होता है कि आम आदमी वहाँ तक पहुँचता ही नहीं। भूमंडलीकरण के कारण शिक्षा बेची जा रही है। जिनके पास पैसा है उनकी अलग शिक्षा व्यवस्था की जा रही है। जो गरीब झोंपड़पट्टी में रहते हैं, उनको नगरपालिका, महानगरपालिका के स्कूलों में जाना पड़ता है। जिनके पास पैसा है उनके बच्चे, नवीन तकनीक के आधार पर शिक्षा ग्रहण कर रहे हैं। ट्यूशन, नवीन उपकरण की सुविधा उनके लिए होती है। आगे यही युवा अच्छे पदों पर विराजमान होते हैं। जंगलों में, पर्वतों में, गाँवों में रहने वाले बच्चे, पारम्परिक शिक्षा के कारण वहीं के वहीं रह जाते हैं। उनके नसीब में चपरासी की नौकरी होती है। हाँ, इन गरीब बच्चों के पास मेहनत, बुद्धि होती है परन्तु पैसों के कारण वहाँ तक वे पहुँच नहीं पाते। भूमंडलीकरण के कारण बनी व्यवस्था के कारण कुछ लोग, जमीन जायदाद बेचते हैं और अपने बच्चों की पढ़ाई के लिए पैसा खर्च करते हैं। भूमंडलीकरण के ठेकेदारों को यही तो चाहिए कि आम-आदमी के पास जो है वह बेचता रहे जिसे कम कीमत में ये लोग खरीदते हैं। आगे यह गरीब बच्चों की नौकरी के लिए परेशान रहता है। उस वक्त उसके पास बेचने के लिए कुछ नहीं रहता। वह बेकार घूमता-फिरता रहता है। भूमंडलीकरण गरीब और अमीरों की दूरियाँ बढ़ाकर जातियाँ निर्माण कर रहा है। समाज कभी एकत्र नहीं होना चाहिए, यह उनकी चालबाजी है। नव धनाढ्य वर्ग के बाकी सारे गुलाम, यह इनकी साजिश है। भारतीय संस्कृति में सुदामा और कृष्ण एक ही जगह पढ़ाई करते थे। इस कारण भारत विश्वसुन्दर था। इन्हें यह होने नहीं देना है। आर्थिक कारणों से गुलाम बनाकर, अपने इशारों पर नचाना इनका उद्देश्य रहा है। अब महत्त्व यन्त्रों को है, मनुष्य को नहीं। हर बात का विभाजन करना इनकी नीति है। पहले मनुष्य की जातियाँ निर्मित कीं। अब पानी की जातियाँ निर्मित की जा रही हैं। अमीरों के लिए अलग पानी, आम आदमी के लिए अलग पानी। पानी के व्यवसाय-व्यापार से लोग धनी बन रहे हैं। प्रेमचन्द ने एक जगह कहा है कि जो प्रकृतिप्रदत्त होता है

उस पर सभी का समान अधिकार होता है। बुद्धिमान व्यवसायियों के ध्यान में आया है कि प्रकृति के गर्भ में बहुत कुछ है जिससे हम मालामाल हो सकते हैं। पानी, पत्थर, पेड़, खनिज बेचकर नवधनाढ्य वर्ग बन रहा है और यही लोग व्यवस्था के आस-पास हैं। व्यवस्था भी गुंगी बनकर मौन है। क्योंकि व्यापार-व्यवसाय करने वाले अधिकतर लोग राजनीतिक हैं अथवा उनसे सम्बन्धित हैं। मेरे लिए हैरानी की बात यह है कि भूमंडलीकरण का समर्थन करने वाला बहुत बड़ा वर्ग नहीं है, लेकिन एक वर्ग यहाँ बन रहा है। मराठी के एक प्रसिद्ध लेखक से इसी विषय पर मेरी चर्चा हो रही थी। मैं हैरान, परेशान रहा—वे कहने लगे भूमंडलीकरण आवश्यक है, फायदे का है। इससे मनुष्य, समाज अपडेट होता है, अपने आपको सुधारने का उसे मौका मिलता है। अपने गुण कॅश करने आने चाहिए। जो गुण कॅश नहीं करेगा, वह पिछड़ा रहेगा। मेरी हैरानी यह है कि आप कुश्ती किसके साथ लगा रहे हो। प्रतियोगिता में सब बराबरी के होने चाहिए। बात गुण कॅश करने की है तो यहाँ जंगलों में रहने वाले, पहाड़ों के बीच जिन्दगी गुजारने वाले, गाँव के बाहर झोंपड़पट्टी में रहने वाले, गाँव में स्कूल है लेकिन चार कक्षाओं के लिए एक ही शिक्षक है, गाँव में समय पर बिजली नहीं है, जंगलों में तो सुविधाओं का सवाल ही नहीं आता, मोबाइल, कम्प्यूटर खरीदने के लिए इनके पास पैसे नहीं हैं, बुआई आने के बाद बीज खरीदने के लिए साहूकारों से कर्ज लेना पड़ता है, कम्प्यूटर कहाँ से वे अपने बच्चों को देंगे, ये बच्चे कैसे तो इधर-उधर काम करके अपनी पढ़ाई पूरी करते हैं और नौकरी के लिए प्रयत्न करते हैं, तकनीकी दुनिया की दौड़ में आदिवासी बच्चे पीछे रहते हैं आदि कारणों से। ये कैसे अपने गुण कॅश करेंगे। इस पद्धति से जानबूझकर अमीर-गरीबों की खाई निर्मित की जा रही है।

यह साजिश बहुत पहले से चल रही है, समय-समय पर उसके रूप और चेहरे बदले रहते हैं। सर्वसाधारण आदमी उसे समझता नहीं। जब समझता है तब समय हाथ से निकल गया होता है। आज के अधिकांश राजनेता उस क्षेत्र से चुनाव लड़ना चाहते हैं, जो क्षेत्र सर्वार्थ से अधिक पिछड़ा है। पिछड़े लोगों के अपने विचार नहीं होते। दुनिया से दूर रहते हैं। इनके पास चालबाजी नहीं होती। ये धोखा नहीं देते। इनको दूसरों पर आसानी से राज करने आता। इनकी माँगें नहीं होती। बेजुबाँ होते हैं। गरीबी, मजदूरी के कारण ये गरीब परेशान रहते हैं। थोड़ा बहुत अनाज, कपड़े देने के बाद वे खुश रहते हैं। उपकार के बोझ तले जीते हैं। देने वाले को भगवान मानते हैं। ये राजनैतिक लोग चाहते हैं कि पूरा देश इस पद्धति से हो, ताकि आराम से इन पर राज किया जा सके। यही लोग विश्वग्राम के पक्षधर हैं। यो लोग पूरी दुनिया को मन्डी बनाना चाहते हैं। जो अच्छा माल है उस पर पैसा कमाना। सड़ा, गला फेंक देना। यह सड़ा, गला यानी यह गरीब जनता है। मन्डी में मात्र व्यापार होता है। वहाँ भावना शून्य होती है। वहाँ रिश्ते नहीं होते। अगर रिश्ते होते हैं तो

वे पैसों के हिसाब से होते हैं। फिर जाति कोई-सी भी हो, अधिक पैसा है तो वहाँ रिश्ते बनते हैं। मन्डी को चेहरा नहीं होता। वहाँ गति होती है। वह यन्त्रों की होती है। इसमें हिसाब किताब अधिक होता है। इस दुनिया में आम आदमी दूर रखा जाता है। आम आदमी दूर से ही इस दुनिया को देखता है। उसे लगता है कि इस दुनिया से उसकी बात नहीं बनेगी, फिर भी मन्डी की दुनिया उसे अपनी ओर खींचकर नंगा बना देती है। बहुत पहले से यह यहाँ चल रहा है। हिन्दी में एक गीत काफी प्रसिद्ध है—''एक बादशाह हुआ तो यहाँ सौ फकीर होते हैं।'' अब यही है—एक धनवान होता है तो हजारों गरीब होते हैं। ऐसी ही इनको दुनिया बनानी है। मनुष्य की जगह यन्त्र रखकर मनुष्य को सत्त्वहीन, तत्त्वहीन बनाना इनकी साजिश है। गरीब मनुष्य इनके व्यापार का कच्चा माल है।

संगणक संस्कृति मनुष्य को पराजित कर रही है। वैश्विक महासत्ता लोगों को उच्चतम जीवन देने के लिए शोषण को आधार मानकर नवीन व्यवस्था निर्मित कर रही है। मनुष्य को अस्तित्वहीन, निराधार करना इस संस्कृति का काम है। आम आदमी को कर्ज लेकर जन्म लेना चाहिए, जीना चाहिए, कर्ज लेकर ही मरना चाहिए—ऐसी यह संस्कृति है। मन्डी को आपकी वेदना, संवेदना से कुछ लेना देना नहीं है। वह मात्र पैसा देखती है। पाँच सितारा औद्योगिक संस्कृति का विकास करना यही इनका उद्देश्य है। यह संस्कृति रोबोट की पूजा करना सिखा रही है और मनुष्य का तिरस्कार करना भी। अर्थात् भूमंडलीकरण से विश्व नजदीक आया है लेकिन मनुष्य दूर जाता नजर आ रहा है। मनुष्य गाँव छोड़कर शहर की ओर भाग रहा है। गाँव निरमनुष्य हो रहे हैं। शहर की चमकीली दुनिया गाँव के लोगों को आकर्षित कर रही है। गाँव में उदासी छायी है। कहा जाता था भारत गाँवों में है। वहीं गाँव शापित बन रहे हैं। गाँवों की यह अवस्था है तो जंगलों में, पहाड़ों के बीच रहने वाले आदिवासी की जिन्दगी भूमंडलीकरण के कारण कैसी होगी, इसका विचार भी नहीं कर सकते।

कोई आदिवासी को मूल निवासी कहते हैं तो कोई गिरिजन कहते हैं। दुनिया से दूर जंगलों में, पहाड़ों में इनका बसेरा होता है। आज के शब्दों में ये सभ्यता से कोसों दूर रहते हैं। इनकी अपनी एक संस्कृति है। इनकी अपनी एक जिन्दगी है। लेकिन प्रगति का एक भी सोपान इनके पास पहुँचा नहीं है। रोटी, कपड़ा, मकान, शिक्षा, आरोग्य बुनियादी जरूरतें भी इनके नसीब में नहीं हैं। ये जंगलों में प्राणियों जैसे रहते हैं। प्रकृति ही इनकी माँ, बाप, ईश्वर है। प्रकृति को ही वे अपना सब कुछ मानते हैं। प्रकृति इनके लिए वरदायनी है। ये कबीले बनाकर रहते हैं। उन्होंने अपने कुछ नियम बनाये हैं। यही उनकी संस्कृति है। भले ही वे प्राणियों जैसे रहते हैं परन्तु वे प्राणी जैसे हिंसक नहीं हैं। अपने गीत, नृत्य, विवाह पद्धति सँभालकर जीते हैं। मेरा मानना है, इनके जैसी चित्रकला, नृत्य, विवाह पद्धति दुनिया में

नहीं है। ये मुझे सर्वश्रेष्ठ लगती हैं। गोटुल में रहकर अपना जीवनसाथी चुनने का अधिकार उन्हें है। ये अनपढ़ लोग बुद्धिमान कहने पड़ेंगे। हमारी सभ्य संस्कृति में ऐसा नहीं है। वारली चित्रकला आज भी सर्वश्रेष्ठ मानी जाती है। किसी भी संगीत विद्यालय, महाविद्यालय, विश्वविद्यालय में न जाते हुए, किसी पद्धति का भी प्रशिक्षण न लेते हुए इनके सुर, ताल देखने लायक हैं। प्रकृति में जो फल, फूल मिलते हैं, उन्हें बेचकर वे गुजारा करते हैं। अब विदेशों से फल, फूल आ रहे हैं, तो इनकी हालत क्या होगी। यह सब भूमंडलीकरण के कारण हो रहा है। प्रत्यक्ष और अप्रत्यक्ष मार इनके जीवन पर पड़ रही है। भूमंडलीकरण के कारण वे परास्त हो रहे हैं। प्रसिद्ध विचारक आनन्द तेलतुम्बडे का कथन काफी महत्त्वपूर्ण है। वह इस प्रकार है—"वैश्वीकरण का जो बुनियादी दर्शन है—नवउदारवाद, आत्मान्तिक व्यक्तिवाद, खुला मुकाबला और आजाद बाजार, वे सब के सब किसी भी जनतन्त्र के विरोध में हैं। निजी सम्पत्ति पर मालिकाना हक को ऐतिहासिक रूप से प्राकृतिक अधिकार मानने वाले लोगों का व्यक्तिवाद की जड़ें शक्तिशाली पथ रहा है। यह उस सामाजिक सामूहिकता के ठीक उलटा है, जिसमें सम्पत्ति के बरक्स इंसान को बचाते हैं। अलग-अलग व्यक्तियों की पूजा करना तो जनतन्त्र के खिलाफ है। इसका दूसरा मन्त्र खुला मुकाबला तो और भी खतरनाक है। यह डार्विन के प्राकृतिक विकासवाद को सामाजिक विकासवाद में बदलने की साजिश है। जिसमें कमजोर लोगों को जीने का अधिकार भी नहीं है। इस मुक्त बाजार में व्यक्तियों को एक-दूसरे से मुकाबला करने की जगह है। इसमें धनवान को ज्यादा महत्त्व दिया जाता है। जबकि जनतन्त्र का बुनियादी सिद्धान्त यह है कि सब लोग बराबर हैं। प्रजातन्त्र में समुदायों और समूहों को भी तरजीह मिलती है, जबकि नवउदारवाद, इनको खारिज करता है और लोगों को आत्मलीन निहित स्वार्थ वाले इंसानों में बदल देता है। इस ख़्याल से तो व्यापार को ही बढ़ावा मिलता है। क्योंकि व्यापार सामूहिकता को खत्म करके मजदूरों को बधिया करना चाहता है। प्रजातन्त्र का आधार ही राज्य और राष्ट्र है। वैश्वीकरण राष्ट्र, राज्य को सत्ता से हराना चाहता है और इसे दुनिया में अकेले छोड़ना चाहता है ताकि राष्ट्र, राज्य, पंगु करके जनता की जनतान्त्रिक इच्छाओं को पूरा करने में असमर्थ बना दिया जाये। भूमंडलीकरण से बेहिसाब असमानता बढ़ने लगी है।"[2] ऐसी अवस्था में आदिवासियों की हालत क्या होगी। बड़ी समस्या यह है कि दलित, आदिवासी व्यवस्था के सामने हाथ फैलाकर रोटी माँग रहा है और व्यवस्था पूछ रही है कम्प्यूटर आता है क्या?

आदिवासियों के बारे में सबसे दुखद बात यह है कि न कभी नियमानुसार इनकी जनगणना हुई है न इनके लिए चुनाव कार्ड है, न आधार कार्ड। कभी जनगणना हुई तो सब अन्दाज से आँकड़े डालकर जनगणना के ग्राफ बनाये गये हैं। अर्थात् इनकी दुनिया को पहचान ही नहीं है। सरकार को भी इससे लेना-देना नहीं है। जंगल,

पर्वत के बीच सरकारी लोग पहुँचते ही नहीं। अगर पहुँच भी गये तो किसी एक को पकड़कर सारी जानकारी ली जाती है। यही उनकी पहचान बनायी जाती है। प्रसिद्ध चिन्तक श्री उत्तम कांबळे इस बारे में लिखते हैं कि "विश्वग्राम जब तैयार करने जा रहे हैं तब इस पर भी सोचना होगा कि ये जनजातियाँ कैसे जी रही हैं और भविष्य में जी सकेंगी या नहीं? इस नये विश्वग्राम में इनके हिस्से क्या आने वाला है—यह प्रश्न महत्त्वपूर्ण है। इन अजनबी जनजातियों की प्राप्त जानकारी सुनते-पढ़ते समय आपको भी ताज्जुब लगेगा, थोड़ी-सी मनोरंजक भी और अधिकांश पीड़ादायक भी। क्योंकि आज तक आपने ऐसा न सुना है और न पढ़ा है। इस देश की जनसंख्या सौ करोड़ है। और उसमें इन जनजातियों की संख्या है पाँच करोड़। इनमें से कई जनजातियों का अभी अध्ययन तक नहीं हुआ है। मुझे कई बार ऐसा लगता है कि इस देश की जनसंख्या सौ करोड़ से भी अधिक होगी। क्योंकि सौ करोड़ यह आँकड़ा सरकार ने दिया है और सरकार को कभी सत्य कहने नहीं आता। जब सरकार कहेगी कि वर्षा आयेगी तो समझ जाइए कि अकाल की सम्भावना है। इस कारण सौ करोड़ की यह जानकारी विश्वास योग्य नहीं है। अब इन पाँच करोड़ में से शहर के आस-पास केवल 6 प्रतिशत रहते हैं। इनमें सर्वाधिक संख्या जिनकी है, वे हैं गोंड—जिनकी संख्या 94 लाख है। और सबसे छोटी जनजातियाँ हैं—हैसा, तांकसा, बोमड़ो, गाबों, कोनबो। इनकी संख्या एक से दस तक है। जो जाखात, पैमक जनजाति की संख्या अठारह से तीस है। पाँच जनजातियों में एक ही व्यक्ति शेष है। यह 1981 की जनगणना की जानकारी है। अब इस एकमात्र मनुष्य की क्या स्थिति हुई होगी यह प्रश्न है। ये जनजातियाँ और उनसे सम्बन्धित ननुष्य क्यों खत्म होते जा रहे हैं और उनके लिए जिम्मेदार कौन है? यहाँ की व्यवस्था? सरकार? संस्कृति? जीने की स्पर्धा या भूमंडलीकरण?"[3] यह अवस्था है आदिवासी की। कैसे ये यन्त्र के साथ भाग सकेंगे? कैसे ये कम्प्यूटर चलायेंगे? कहाँ से अंग्रेजी सिखेंगे? दुनिया के बाजार में इन्हें कहाँ जगह होगी? अगर ये स्पर्धा में उतरे तो भी हार निश्चित है। दुर्भाग्य की बात है कि इस देश में हारने वाले लोगों का इतिहास लिखा नहीं जाता।

विकास के नाम पर सामाजिक और मानवीय जीवन बरबाद करने का जो सिलसिला चल रहा है, वह थम नहीं रहा है। एक बात समझ में नहीं आती कि विकास किसका? और किस लिए? अगर विकास की धारा वहाँ की जनता के लिए होगा तो ठीक है लेकिन विकास के नाम पर उनके जन्म-मरण के प्रश्न निर्मित हो रहे हैं तो वह किस काम का? एक स्वयंसेवी संस्था के सर्वेक्षण से यह बात स्पष्ट हुई है कि देश में जितने भी कल-कारखाने हैं, उससे निलकने वाला प्रदूषित पानी और वायु से जो मानवीय और प्राकृतिक नुकसान होता है वह किसी युद्ध अथवा आपत्ति से भी काफी भयानक है। महाराष्ट्र में कोंकण विभाग में जैतापुर प्रकल्प के

विरुद्ध लोगों का विरोध इसी कारण है। इस प्रकल्प से निकलनी वाली किरणों और समुद्र में छोड़े जाने वाले पानी से हजारों टन मछलियाँ और अन्य प्राणी रोज मरेंगे ऐसा अनुमान है। धनवान बनेंगे कारखानेदार, अधिकारी, कर्मचारी, परन्तु जमीन का मूल मालिक भिखारी बनेगा। शुरुआत में विकास के नाम पर लोगों को समझाया, धमकाया जाता है। उन्हें बहकाया जाता है कि युवा पीढ़ी के हाथों को काम मिलेगा। उनका नसीब बनेगा। लोगों को हिप्नोटाइज़ किया जाता है। आगे बरबादी ही बरबादी होती है। हैरानी की बात यह है कि इन सबके लिए सरकार कारणीभूत है। ऐसे प्रकल्पों को यह मान्यता देती है। लोगों के भविष्य, उज्ज्वल जिन्दगी के बारे में कोई विचार यहाँ यह होता नहीं है। यहाँ हो रहा है कि अब तक हम झोंपड़ी तक पहुँचे नहीं हैं और चाँद पर पहुँचने की बात की जा रही है।

हिन्दी साहित्य में इस विषय पर काफी लिखा गया है। और लिखा जा रहा है। संजीव, रणेन्द्र, महुआ माजी, मधुकर सिंह, रामनाथ शिवेन्द्र, रमणिका गुप्ता, निर्मला पुत्तल ने आदिवासी के विस्थापन का दर्द शब्दों में व्यक्त किया है। और इनका माध्यम कविता, कहानी, उपन्यास है। मूलतः सरकार की योजनाएँ यह होनी चाहिए कि आदिवासियों को पहले शिक्षित करने के लिए अनेक प्रयोग करने चाहिए। शिक्षा से उन्हें दृष्टि आयेगी, समझ बढ़ेगी, भला, बुरा समझ में आयेगा। उनके जो कुटीर उद्योग हैं, उनके विकास के लिए प्रयत्न होने चाहिए। प्रयत्न कागजों पर नहीं, बुनियादी होने चाहिए। इस देश में कभी शिक्षक शिक्षा मन्त्री नहीं होता और खिलाड़ी खेल मन्त्री नहीं होता। जो आदिवासी नहीं हैं, आदिवासियों का जिन्हें दर्द मालूम नहीं हैं वे उनके विकास के ग्राफ बनाते हैं। जो ग्राफ निकाले जाते हैं, वे वहीं रह जाते हैं। स्वतन्त्र झारखण्ड के निर्मिति के समय जल, जंगल, जमीन की पवित्रता कायम रखकर, आदिवासियों की संस्कृति कायम रखते हुए, धीरे-धीरे उन्हें विकास के पथ पर लाते हुए, शिक्षा के माध्यम से उन्हें दृष्टि देकर उनकी प्रगति करनी चाहिए थी। हम शुरुआत ही ऐसी कर रहे हैं कि सीधे उन पर सभ्य संस्कृति थोप रहे हैं। झारखण्ड की जमीन में लोहे और कोयले का स्रोत अधिक हैं। आदिवासी लोहे के छोटे-छोटे उद्योग करते, कोयला बेचते। उस पर उनका गुजारा होता रहता था। अब नगर बसाने के नाम पर जमीनें हड़प की गयीं, जंगल तोड़े गये। परिणाम बेरोजगारी बढ़ी। सरकारी हिसाब से पैसे देने का वादा किया गया। पैसे दिये नहीं, कागजों पर अँगूठे के निशान लिए। उन्हें पढ़ना-लिखना कुछ भी नहीं आता। कुछ तो नवीन आशादायक होगा इस हिसाब से वे खुश थे। हुआ यह कि वे बेघर तो हुए साथ ही साथ जमीन चली गयी, जंगल नष्ट हुए। कारखानों से पानी प्रदूषित हुआ। टाटा जैसी अनेक कम्पनियाँ आयीं जो लोहे से औजार बनाती हैं। आदिवासी के कुटीर उद्योग बन्द हुए। बेकारी नसीब आयी। दिशाहीन आदिवासी विकास के पथ पर कहो या नक्शे पर कहीं दिखा ही नहीं। मालामाल हुए नेता, उद्योगपति।

आज दस वर्ष होने के बाद भी झारखण्ड में आदिवासी के लिए जो सपना देखा था वह प्रत्यक्ष नहीं आया। समस्या वहीं की वहीं है। राज्य आदिवासी के लिए निर्माण किया गया। लेकिन उस राज्य के केन्द्र में वह कहीं भी नहीं है। कथाकार संजीव ने 'पाँव तले की दूब' उपन्यास में आदिवासी जीवन का सही चित्रण प्रस्तुत किया है। उपन्यास में बेरोजगारी, विस्थापन का दर्द प्रमुख समस्या रही है। विकास के नाम पर शोषण की परम्परा यहाँ काम करती है। उपन्यास में सुदिप्त नाम का पात्र है जो आदिवासी के विकास के लिए जूझता रहता है। जंगल के साथ-साथ आदिवासी को उद्‌वस्त होते हुए देखकर वह बेचैन होता है। वह व्यवस्था के विरोध में लड़ता है। गुंगी व्यवस्था चुप रहती है। सुदिप्त टकराकर हार जाता है। आदिवासियों का दर्द उससे सहा नहीं जाता, आखिर में वह आत्महत्या करता है। उसकी आत्महत्या का शासन व्यवस्थापन पर कुछ फर्क नहीं पड़ता। जंगल नष्ट किये जाने के कारण जैसे पशु-पंछी नष्ट हो रहे हैं, वैसी आदिवासी की हालत हो रही है। संजीव उपन्यास के माध्यम से भूमंडलीकरण से निर्मित हुई भयावह स्थितियों का मात्र चित्रण ही नहीं करते बल्कि आगे आने वाली विपत्ति की ओर इशारा भी करते हैं, लोगों को जगाते हैं और परिणामों की गस्त लगाते हैं।

धोखा यह है कि मानवीय मूल्यों की जगह पर वस्तु मूल्य आ रहा है। उत्तम कांबळे लिखते हैं कि ''भूमंडलीकरण की प्रक्रिया में पूँजीपति को केन्द्र में रखने का प्रयत्न गेट (जनरल एग्रीमेंट ऑन ट्रेड एंड टेरिफ), डब्ल्यू.टी.ओ. (वर्ड ट्रेड ऑर्गेनाइजेशन) जागतिक बैंक, अन्तर्राष्ट्रीय नाणे निधी, उत्तर अमेरिका, व्यापार करार आदि संस्थाएँ कर रही हैं। ये लोग रोज नया-नया तत्त्वज्ञान तैयार करके सामने ला रहे हैं। अर्थात् अमेरिका इसमें सबसे आगे है। विश्व के साहूकार की भूमिका उसे निभानी है। रूस और अन्य देश की साम्यवादी राजसभा नष्ट होने के बाद एण्ड ऑफ हिस्ट्री, एण्ड ऑफ आयडोलॉजी की घोषणा की जा रही है। विश्व में अब बाकी है पूँजी। बाकी रहने वाली है पूँजी। पृथ्वी स्वयं के अथवा सूर्य के गोल घूमती नहीं है। पूँजीपतियों के आस-पास गोल-गोल घूमने का यह प्रयत्न है।''[4] यही चित्रण हिन्दी उपन्यासों में उपन्यासकारों ने किया है। 'ग्लोबल गाँव के देवता' रणेन्द्र का प्रसिद्ध उपन्यास है। यह झारखण्ड की जिन्दगी पर आधारित है अर्थात् आदिवासी के जीवन पर। झारखण्ड में आसूर, अगरियाँ जाति, लोहा जलाकर औजार बनाकर बेचती हैं। भूमंडलीकरण के कारण जमीन में लोहे का शोध लेने विदेशी कम्पनियाँ, टाटा जैसी कम्पनियाँ, वेदांग जैसी कम्पनियाँ वहाँ आयीं। उन्होंने कारखाने खोले। मशीन के सामने आदिवासी हार गये। उनके औजारों का बाजार में स्थान नहीं रहा। कारखाने में जो लोहा जलाया जा रहा है, उसके धुएँ से आदिवासी के आरोग्य पर प्रभाव पड़ रहा है। बेरोजगारी बढ़ गयी। परम्परागत व्यवसाय नष्ट हुए। भूमि के स्वामी भिखारी बन गये। विकास के नारे लगाकर यह सब किया जा रहा है। मनुष्य

की बरबादी करके विकास कभी किया नहीं जाता। मनुष्य के उत्कर्ष के लिए विकास होना चाहिए। यहाँ विकास मिल मालिकों का है।

इन दिनों महुआ माजी का उपन्यास 'मरंग गोड़ा निलकंठ हुंआ' काफी चर्चा में है। यह उपन्यास भी झारखण्ड के आदिवासियों के जीवन पर आधारित है। अणु ऊर्जा बनाने के लिए जो कच्चा माल (रॉ मटेरियल) झारखण्ड इलाके में मिलता है, अर्थात् वहाँ की जमीन में यूरेनियम मिलता है। वहाँ यूरेनियम खोजने के लिए खदानें खोदी जा रही हैं। खदानें खोदने के लिए जंगल काटे जा रहे हैं। अणुभट्टियाँ लगायी जा रही हैं। इसका परिणाम जो होना था वह हुआ। जीवन जीने के परम्परागत साधन नष्ट हुए। शहद, गोंद, तेंदूपत्ते पर आदिवासियों की उपजीविका थी। विकास होगा, काम मिलेगा, पैसा मिलेगा, आदिवासियों को कहा गया। कम कीमत पर उनकी जमीन खरीदी गयी। उन्हें नौकरी का लालच दिखाया। लेकिन सबको नौकरी नहीं मिली। वे लोग बेरोजगार हुए। भयानक बात यह है कि यूरेनियम से जो विकिरण निकलती हैं उन्हें नष्ट होने के लिए हजारों वर्ष लगते हैं। उन विकिरणों के परिणामों से बच्चे विकलांग जन्मते हैं। लोगों को केंसर होता है। भोपाल वायु दुर्घटना की मार वहाँ के लोग आज भी भोग रहे हैं। विकिरणों से स्वास्थ्य बिगड़ता है। सबसे अधिक प्रभाव गर्भ में पलने वाले बच्चे पर होता है। इस पर न शासन व्यवस्था विचार कर रही है और न देश का आरोग्य विभाग। हवा दूषित बनती है। पानी गंदा बनता है। आस-पास की जमीन बंजर बनती है। सब तबाह होता है। बचता है कारखाना। कमाया जाता है पैसा।

बाँध परियोजना निश्चित ही आवश्यक है। लेकिन बड़े बाँध नहीं। छोटे-छोटे बाँध बनाकर काम चल सकता है। लेकिन आज बड़े-बड़े बाँध बनवाकर आदिवासियों को विस्थापित किया जा रहा है। सबसे महत्त्वपूर्ण बात यह है कि बड़े बाँध से क्षारता अधिक बढ़ती है। यह पानी किसी काम का नहीं होता। उसकी बजाय अगर छोटे-छोटे बाँध अगर बनायें तो क्षारता निर्मित नहीं होती। इससे सबके लिए पानी उपयोग में लाया जा सकता है। लोगों का विस्थापन भी नहीं होता। प्रदेश सुजलाम, सुफलाम बनता है। रामनाथ शिवेन्द्र का 'तीसरा रास्ता' नामक उपन्यास इसी विषय पर है। उनका कहना है कि जमीन, जंगल बचे रहेंगे तो क्षारता नहीं बढ़ेगी। छोटे बाँधों का फायदा है। बढ़े बाँध बनायेंगे तो पानी अधिक है देखकर वहाँ कारखाने खाले जाएँगे। वायु और पानी प्रदूषित बनेंगे। सबसे महत्त्वपूर्ण बात यह है कि आदिवासियों का विस्थापन होगा। मध्यप्रदेश के सोनपुर जनपथ को केन्द्र में रखकर उपन्यास लिखा गया है।

पैसे के पीछे भागते, चमकीली दुनिया के निर्माण की होड़ में आदिवासियों की स्थिति कीड़े मकोड़े जैसी बन गयी है। इसके लिए व्यवस्था और उसकी नीति कारणीभूत है। भूमंडलीकरण के परिणाम भयानक हैं। इसके लिए आन्दोलन होंगे,

सभाएँ आयोजित की जायेंगी, संगोष्ठी का आयोजन किया जायेगा, लेख लिखे जाएँगे। अकेली मेधा पाटकर, सुन्दरलाल बहुगुणा बड़े बाँध और जंगल बचाने के लिए जिन्दगी दाँव पर लगाकर काम कर रहे हैं। निद्रित सरकार जाग नही रही है।

सन्दर्भ

1. भूमंडलीकरण और दलित, उत्तम कांबळे
2. साम्राज्यवादी वैश्वीकरण का भारत के दलितों पर असर, अनन्त तेलतुंबडे
3. भूमंडलीकरण और दलित, उत्तम कांबळे
4. वही

आदिवासी केन्द्रित हिन्दी कविता

डॉ. संजय राठोड

भारत बहुभाषिक देश है। यहाँ भिन्न-भिन्न प्रकार के समाज के लोग रहते हैं। उनकी अपनी-अपनी संस्कृतियाँ एवं रीति-रिवाज हैं। अनेक जनजातियाँ जंगलों या पहाड़ों में निवास करती हैं। इनमें प्रमुखता से हम आदिवासी जनजाति को ले सकते हैं। साहित्य की दृष्टि से देखा जाये तो, वैदिक साहित्य में आदिवासियों के संकेत मिलते हैं। ''वैदिक साहित्य में भी इस तरह के लोगों का उल्लेख मिलता है जो देखने में तनिक अलग-से थे और विचित्र देवी-देवताओं की पूजा करते थे।'' आदिवासी जीवन को लेकर जब कविता की बात की जाती है तो उनकी मौखिक परम्परा ही सामने आती है। यह गेय परम्परा रही है। आधुनिक या समकालीन कविता की दृष्टि से आँचलिक भाषा में अवश्य कविताएँ लिखी गयी हैं। लेकिन हिन्दी में आदिवासी कविता अभी शुरुआती दौर में चल रही है। इस दौर में कई आदिवासी और गैर-आदिवासी कवियों द्वारा आदिवासियों के जीवन पर कविताएँ लिखी जा रही हैं। विशेष रूप से आदिवासियों का संघर्ष, अस्मिता, संकट, घुसपैठ, नायक बिरसा, आदिवासी स्त्री, संस्कृति, भाषा आदि को लेकर कविताएँ लिखने की कोशिश की जा रही हैं। इस दृष्टि से निर्मला पुतुल, रमणिका गुप्ता, हरिराम मीणा, चन्द्रकान्त देवताले, रोज केरकट्टा, हरिशंकर अग्रवाल, ग्रेस कुजर, अनुज लगुन, मंजु ज्योत्स्ना, सरिता सिंह बडाईक, ऋतुराज, लीलाधर मंडलोई, हरिशंकर अग्रवाल, वाहरू सोनवणे आदि कवियों ने अपने लेखन के केन्द्र में आदिवासी समाज को रखा है। ''ये आदिवासी स्वर की कविताएँ केवल आदिवासी जीवन के अनुभव में सीमित रचनाएँ ही नहीं हैं, प्रत्युत अन्ततः सम्पूर्ण मानवीय सरोकारों की अभिव्यक्ति हैं।''[1] लेकिन आज आदिवासी पर लिखा जा रहा साहित्य अपने इतिहास का नेतृत्व कर पा रहा है या नहीं, यह सोचने की बात है। ''आदिवासी साहित्य में यदि प्रकृति, सामूहिक जीवन-शैली, जंगल, जमीन से लगाव, आदिवासी विद्रोह, शौर्य, विस्थापन, पलायन और दमन शोषण का दंश और अपने इतिहास पर गर्व वर्णित न हो, तो वह अधूरा ही माना जाएगा। आज तो स्त्री अधिकारों पर भी आदिवासी साहित्य

में रचनाएँ आ रही हैं और बाजारवाद पर भी।"[2] वैसे तो आदिवासी लोग जंगल के दावेदार होकर भी आज जंगल से बाहर हैं। भारतीय सामाजिक व्यवस्था में उनकी अपनी एक अलग संस्कृति, रीति-रिवाज एवं बोली है, जो अन्य जातियों से अलग है। "जिन मानव वैज्ञानिकों ने इन आदिवासियों के बीच कार्य किया है उनका विचार है कि ये आदिवासी अपनी सामाजिक-व्यवस्था में अन्य जातियों से अलग हैं।"[3] स्पष्ट है कि भारतीय इतिहास के पन्नों पर आदिवासियों का अपना एक अलग इतिहास लिखा जा सकता है।

साहित्य की अन्य विधा की तरह आज कविता में भी आदिवासी जीवन पर कविताएँ लिखी जा रही हैं। कुछ लोग आदिवासी और दलित को एक ही समझते हैं। लेकिन तत्त्वों को लेकर इनमें भिन्नता है। आदिवासी की अपनी एक अलग संस्कृति है, जो मानवीय सभ्यता में अपनी अलग पहचान बनाती है। प्राचीन काल से ही आदिवासी समाज प्रकृति के सान्निध्य में अपना जीवनयापन करता आया है। आदिवासियों के लिए प्रकृति ही देवता है। इसलिए वे 'जंगल के दावेदार' कहे जाते हैं। लेकिन आज परिस्थिति बदल गयी है। जंगलों का ह्रास करके बड़ी-बड़ी इमारतें बनायी जा रही हैं। सड़कों, बाँधों एवं शासन की परियोजनाओं के नाम पर उनका पुनर्वास किया जा रहा है। विस्थापन के नाम पर आदिवासियों का शोषण किया जा रहा है। इस प्रकार एक ओर आदिवासियों की अपनी सभ्यता के और दूसरी ओर अस्मिता के संकट पैदा हो रहे हैं। इसके संकेत आज की कविता में मिल रहे हैं। रमणिका फाउंडेशन, दिल्ली के द्वारा विभिन्न भाषाओं में लिखित आदिवासी कविता संग्रहों का हिन्दी में अनुवाद किया जा रहा है, ताकि आदिवासी जीवन को सही ढंग से समझाया जाये। सदियों से भारतीय भूमि में स्थित आदिवासियों पर न लेखकों, कवियों की दृष्टि गयी, न आलोचकों की। इसलिए रमणिका फाउंडेशन के द्वारा मराठी के प्रसिद्ध आदिवासी कवि डॉ. वाहरू सोनवणे का 'गोधड' (1987), काव्य-संग्रह का हिन्दी में 'पहाड़ हिलने लगा है' नाम से अनुवाद किया गया। आज के आदिवासियों की स्थिति का जिक्र उनकी कविताओं में हुआ है। वैसे तो मूल आदिवासी और गैर दलित आदिवासियों द्वारा भी आदिवासी पर लेखन किया जा रहा है। आज समकालीन हिन्दी कविता में आदिवासी के जीवन पर कविताएँ लिखी जा रही हैं। जिनमें हरिराम मीणा, निर्मला पुतुल, वंदना टंटे, ग्रेस कुजुर, शंकर लाल मीणा, सहदेव सोरी, डॉ. राम दयाल मुण्डा, महादेव टोप्पो, सरिता सिंह, बडाईक, लक्ष्मण सिंह कवड़े, हजारी लाल मीणा 'राही', भवन लाल सोरी, मोती लाल, रामविलास, निविश उरांव, महिपाल भूरिया, रमणिका गुप्ता, लीलाधर मंडलोई, नेमिश्यराय, चन्द्रकान्त देवताले, वाहरू सोनवणे आदि कवियों के नाम लिए जा सकते हैं। इन्होंने अपनी कविता में आदिवासी जीवन के विभिन्न पक्षों को स्पर्श करने की कोशिश की है।

21वीं सदी के श्रेष्ठ आदिवासी लेखकों में हरिराम मीणा का नाम लिया जा

सकता है। उनके अब तक तीन काव्य-संग्रह—'हाँ चाँद मेरा है', 'रोया नहीं था यक्ष' तथा 'सुबह के इन्तजार में' प्रकाशित हो चुके हैं। इन काव्य-संग्रहों में कवि ने आदिवासी सभ्य समाज को पहचानने की कोशिश की है। हरिराम मीणा आदिवासी समाज से हैं। इसलिए उनकी कविताएँ आदिवासियों के जीवन को बहुत ही बारीकी से चित्रित करती हैं। 'हाँ चाँद मेरा है' संग्रह में हरिराम मीणा ने मेवाड़ के अँचल में रहने वाली 'भीलणी' जनजाति के लोगों की संवेदनाओं को महत्त्व दिया हैं प्रबन्धात्मक लम्बी कविता की दृष्टि से उनका 'रोया नहीं था यक्ष' संग्रह महत्त्वपूर्ण है। इसमें कवि ने सामन्तवादी व्यवस्था के विरुद्ध आवाज उठायी है। कुबेर के माध्यम से सामान्य जनता के शोषण को उजागर किया है। अतः हरिराम मीणा ने इस संग्रह में सामन्तवादी व्यवस्था का पर्दाफाश किया है। 'सुबह के इंतजार में' काव्य-संग्रह में कवि ने आदिवासी और उनके आस-पास के परिवेश का चित्रण किया है। कवि ने आदिवासियों के जननायक के रूप में बिरसा मुण्डा की भी पहचान करायी है। इसलिए इस संग्रह की अनेक कविताएँ आदिवासी के विद्रोह को प्रकट करती हैं। इसमें कवि ने स्थापित जमींदार, सरदार एवं ब्रिटिश की नीति को खत्म कर दिया है। इसलिए इस संग्रह की कविताएँ हमें तत्कालीन व्यवस्था के विरुद्ध विद्रोह करती हुई नजर आती हैं। मीणा मूलतः आदिवासियों के शोषण के साथ उनके संघर्ष के भयंकर रूप को चित्रित करते हैं। कई कविताएँ नर्मदा नदी पर बनाये जा रहे सरदार सरोवर बाँध पर भी भाष्य करती हैं। मेधा पाटकर ने 'नर्मदा बचाओ आन्दोलन' का नारा लगाकर आदिवासियों के विस्थापन एवं पुनर्वास की समस्याओं को उजागर किया है। कई कविताएँ इन समस्याओं को लेकर लिखी गयी हैं। हरिराम मीणा की 'सरदार सरोवर में डूबा आदिवासी भविष्य', 'आदिवासी लड़की', 'खत्म होती हुई एक नस्ल', 'राजस्थान में भीषण अकाल' आदि कविताएँ आदिवासी जीवन के साथ विस्थापन की समस्याओं पर भाष्य करती हैं। हरिराम मीणा लिखते हैं—

"ग्लोबल विकास के पैकेज पर
प्रहार करने का स्वांग करते
प्रकृति-पुत्रों की आवाज निकालते
नेपथ्य में सुरक्षित शैतानों का समूह
विकास-घुसपैठ, आदिम चेतना-आतंक
सब गड्डमड्ड करती यात्रा
बाल्को, हिंदाल्को, नेतरहाट
नन्दीग्राम, सिंगरुर, लालगढ़
राजधानी एक्सप्रेस से ग्रीन हंट-वाया दंतेवाड।"[14]

समकालीन कविता में आदिवासी स्त्रियों पर निर्मला पुतुल ने अधिक कविताएँ लिखी हैं। अब तक उनके तीन काव्य संग्रह 'नगाडे की तरह बजते शब्द', 'अपने

घर की तलाश में', फूटेगा एक नया विद्रोह' प्रकाशित हो चुके हैं। ये तीनों ही कविता-संग्रह आदिवासी के जीवन पर प्रकाश डालते हैं। उनमें पुरुषवादी सोच की चिन्ता और नारी की अस्मिता आदि पर प्रकाश डाला गया है। दूसरी ओर वाहरू सोनवणे का 'पहाड़ हिलने लगा है' काव्य-संग्रह में आदिवासी के दर्द, उनकी पीड़ा, समस्याएँ, त्रासदियाँ आदि बेचैनी के साथ उजागर हुई हैं। किन्तु इस बेचैनी में एक संयम का स्वर है जो कवि को क्रोध में आकर चिल्लाने के लिए मना करता है। केदार प्रसाद मीणा लिखते हैं, "वाहरू सोनवणे का स्वर निर्मला पुतुल से थोड़ा भिन्न है। यह महिपाल भूरिया की कविताओं से अधिक साम्य रखता है। शायद इसलिए भी कि ये दोनों कवि पुरुष हैं और निर्मला पुतुल एक स्त्री। आदिवासी समाज में भी पुरुषवादी सोच घर करती जा रही है और यह निर्मला पुतुल की वाजिब चिन्ता है जो उनकी कविताओं में झलकती है। पर आदिवासी पुरुष की समस्याओं का दायरा भी कम बड़ा नहीं है। वह समाज में हर जगह आता-जाता है, हरेक का सामना करता है। अगर वह समस्याओं के सम्मुख हमेशा इतना आक्रोशित व मुखर होगा जितना कि एक महिला होती है, तो वह जल्द ही टूट जायेगा। अपना, अपने परिवार का अस्तित्व बचा नहीं पायेगा। इसलिए वाहरू सोनवणे की कविताओं में सभी दर्द, सभी समस्याएँ, सारी त्रासदियाँ बहुत ही सयंमभरी बेचैनी के साथ दर्ज होती हैं। वह बार-बार आदिवासी-आदिवासी भी नहीं चिल्लाता है।"[5] वाहरू सोनवणे की 'स्टेज' नाम की कविता दलितों के शोषकों की नीति का पर्दाफाश करती है। कवि कहते हैं—

"हम स्टेज पर गये ही नहीं और हमें बुलाया भी नहीं
उँगली के इशारे से हमारी जगह हमें दिखाई गयी
हम वहीं बैठे हमें शबाशी मिली
और वे स्टेज पर खड़े हो हमारा दुख
हमें ही बताते रहे हमारा दुख
अपना ही रहा कभी उनका हुआ ही नहीं।"[6]

यह कविता उन लोगों पर तीखा प्रहार करती है जो दलित एवं आदिवासी की पीड़ा को अभिव्यक्त करते हैं लेकिन उनके अस्तित्व को जगह नहीं छोड़ते। आदिवासियों एवं पिछड़े समाज को व्यवस्था की मुख्य धारा में लाने की घोषणा स्टेज पर करते हैं, वास्तव में ऐसा नहीं होता। यह आज के समाज की विडम्बना है। कवि केवल कवि ही नहीं बल्कि समाज का अध्येता भी होता है। इसलिए समकालीन आदिवासी कवियों ने अपने समाज के भोगे हुए यथार्थ को परखा है। आज की कविता में प्रकृति और प्रेम की जगह आम आदमी की शंका, शोक, विद्रोह, शोषण, असमंजस, आन्दोलन आदि को महत्त्व दिया जा रहा है। निर्मला पुतुल की कविताओं में आदिवासी सभ्यता, अस्मिता, आदिवासी स्त्री की व्यथा, शोषण आदि का महत्त्व रहा है। दलित लेखकों के समान निर्मला पुतुल पर आम्बेडकरवादी विचारधारा का प्रभाव दिखाई देता है।

इसलिए उनकी कविता में दलित और गैर दलित अर्थात् आदिवासी समाज का चित्रण आया है। प्रो. ऋषभदेव शर्मा ने लिखा है, "आम्बेडकरवादी कविता के उन्नायकों में निर्मला पुतुल का महत्त्वपूर्ण स्थान है। उन्होंने केवल दलित जीवन को ही नहीं बल्कि दलितों में भी दलित अर्थात् आदिवासियों और स्त्रियों के जीवन संघर्ष को अपनी कविता का विषय बनाया है।"[7] आदिवासी समाज की अपनी संस्कृति एवं सभ्यता होती है। प्रकृति की सुन्दरता में वे अपना जीवन बिताते हैं। लेकिन सड़कों, बाँधों का निर्माण तथा शासन की परियोजना के नाम पर उनका पुनर्वास किया जा रहा है। गाँव के परिवेश को छोड़कर ये लोग शहरों की दुनिया में आकर बसना चाहते हैं। लेकिन यहाँ उन्हें झुग्गी-झोंपड़ियों में ही जीवनयापन करना पड़ता है। निर्मला पुतुल दलितों एवं आदिवासियों की स्थिति पर प्रकाश डालती है।

"और उन जगमगाती रोशनियों से दूर
शहर के आखिरी छोर पर झुग्गी-झोंपड़ियाँ हैं
जहाँ टिमटिमाते हुए कुछ दिए जल रहे हैं
दिए की लौ लगातार लड़ रही है अँधेरों से
और अँधेरा है कि भागने का नाम नहीं ले रहा है।
अँधेरों से घिरी झोंपड़ियों में बैठा आदमी
देख रहा है दिए अँधेरे से लड़ते।"[8]

निर्मला पुतुल की कविता में पुरुष की सोच की विडम्बना है। दूसरी ओर अपनी जमीन को तलाशती हुई बेचैन स्त्री है। 'आदिवासी लड़कियों के बारे में' कविता में कवयित्री ने आदिवासी लड़कियों के उल्लासमय जीवन को इस प्रकार व्यक्त किया है—

"ऊपर से काली
भीतर से अपने चमकते दाँतों
की तरह शान्त धवल होती हैं वे
......वे जब खेतों में
फसलों को रोपती काटती हुई
गाती हैं गीत
भूल जाती हैं जिन्दगी के दर्द
ऐसा कहा गया है।"[9]

उनकी कविता में आदिवासी स्त्रियों की दुनिया अलग है, जो महानगर की दुनिया से अपरिचित हैं। निर्मला पुतुल सभ्य समाज की भोगवादी मानसिकता की निन्दा करती है। यह समाज आदिवासियों के रहन-सहन, पोशाक, भाषा आदि का मजाक उड़ाता है। निर्मला पुतुल पुरुष के शरीर की अपेक्षा स्त्री के अलग मन को समझना चाहती हैं वह कहती है—

"तन के भूगोल से परे

एक स्त्री के मन की गाँठ खोलकर
कभी पढ़ा है तुमने
उसके भीतर का खौलता इतिहास।''[10]

''क्या हूँ मैं तुम्हारे लिए'' कविता में कवयित्री पुरुषवादी सोच को नकारते हुए कहती है,

''क्या हूँ मैं तुम्हारे लिए...?
एक तकिया
कि कहीं से थका-माँदा आया और सिर टिका दिया।''[11]

पुतुल ने आदिवासी पुरुषों की नीति का भी पर्दाफाश किया है। इसलिए उनकी कविताएँ बार-बार आदिवासी स्त्रियों की चुप्पी तोड़ने का काम करती हैं। इस प्रकार निर्मला पुतुल की कविताओं में दलित, आदिवासी और स्त्री के अधिकारों का चित्रण हुआ है।

आज की कविता आदिवासी के जीवन की समस्याओं से सम्बन्धित है। आदिवासी समाज सदियों से विपरीत स्थितियों से संघर्ष करता आया है। वह अपनी अस्मिता, संस्कृति, भाषा एवं जीवन शैली को बरकरार रखे हुए है। आदिवासी जीवन को लेकर जब कविता की बात की जाती है तो मौखिक परम्परा ही सामने आती है। आधुनिक या समकालीन दौर में आँचलिक भाषाओं में कविता के माध्यम से जीवन के विभिन्न पक्षों की अभिव्यक्ति होती रही है लेकिन हिन्दी भाषा में आदिवासी कविता अभी शुरुआती दौर में चल रही है। आदिवासी इलाकों में बाहरी तत्त्वों की घुसपैठ सबसे बड़ी समस्या रही है। यहीं से आदिवासी जीवन की पवित्रता में प्रदूषण शुरू होता है और अन्त में आदिवासी अस्तित्व का संकट भी। इस दृष्टि से कवि ग्रेस कुजुर, हरिराम मीणा, निर्मला पुतुल की कविताएँ महत्त्वपूर्ण हैं। हरिराम मीणा आदिवासी और प्रकृति का गहरा सम्बन्ध मानते हैं। इसलिए उनकी कविता में आदिवासी जीवन में प्रकृति का महत्त्व रहा है। ग्रेस कुजुर की कविताएँ मनुष्य को प्रकृति को न छेड़ने की बात करती हैं। निर्मला पुतुल कविता के माध्यम से बाहरी लोगों की साजिशों को पहचानती है। गैर-आदिवासी समाज की स्त्रियों ने पुरुष के वर्चस्व को सहा है। दलितों ने सदियों से अस्पृश्य जीवन की त्रासदियों को भोगा है। समाज में उन्हें सम्मान एवं मान नहीं मिला है। केवल अपमान सहकर ही अपना जीवन बिताया है। जबकि आदिवासियों की मूल समस्या अपने अस्तित्व को टिकाने की है। इसलिए आदिवासी साहित्य की दिशा अलग होगी। हरिराम मीणा की 'आदिवासी और यह दौर' कविता में विकास के नाम पर आदिवासी का शोषण होता हुआ दिखाई देता है। आज आदिवासी लोग बड़े संकट से जूझ रहे हैं। इस दौर में जमीन से विस्थापन की समस्या बहुत तेजी से बढ़ रही है। बाँध परियोजना, राष्ट्रीय उच्च मार्ग, रेलवे लाईन, खनन-व्यवसाय, औद्योगीकरण, अभयारण्य एवं अन्य

कारणों से आदिवासियों का अनिवार्य विस्थापन होता है। एक तरह से उन्हें अपनी पारम्परिक जमीन व परिवेश से खदेड़ने को विवश किया जाता है। इसकी वजह से उनकी जीविका के आधार भी समाप्त होते जा रहे हैं। अतः इस दौर में आदिवासी के जीवन की स्थिति विकट बनती जा रही है। दूसरी ओर जंगलों का ह्रास किया जा रहा है। कवि सूर्यभानु गुप्त की 'पेड़ अब भी आदिवासी है' कविता आदिवासी और प्रकृति के गहरे सम्बन्ध को दर्शाती है। साथ ही कवि समय के अनुरूप आदिवासी के जीवन में बदलाव चाहता है। वे सदियों से पीड़ित आदिवासी समाज की स्थिति को प्रकट करते हैं। कवि कहते हैं कि–

"हो गयी सदियाँ मगर फिर भी
है अजूबा पेड़ अब भी आदिवासी है
पत्तियाँ अब तक पहनते हैं,
मुड हो, नंगे ही रहते हैं
घुट रहा है जिन्दगी का दम
पेड़ इतने हो गये हैं कम
खो चुकी अपनी हरापन जो
उन अभागी जर्द नस्लों की उदासी है
पेड़ अब भी आदिवासी है।"[12]

आदिवासी कवियों ने शोषकों की साजिशों के खिलाफ आवाज उठायी है। अब वे ओढ़ी हुई सभ्यता को नहीं चाहते। इसलिए उन्होंने बिरसा मुण्डा को फिर से धरती पर आने की कामना की है। एक आदिवासी कवि ने कहा है–

"......उठो कि अपने अँधेरे के खिलाफ उठो
उठो अपने पीछे चल रही साजिशों के खिलाफ
अब उन्हें पता लग गया है।
आज ना घने बीहड़ हैं
ना तू है
है केवल बीहड़ों में फैलता असन्तोष।
सच बताऊँ अब हमें जल्दी है
नहीं चाहते अब हम ओढ़ी हुई सभ्यता
....बिरसा तुम्हें कहीं से भी आना होगा।"

समकालीन कुछेक कवियों ने हाशिये पर पड़े हुए गरीब, उपेक्षित, वंचित लोगों का चित्रण किया है। साथ ही आदिवासी के जीवन-संघर्ष को भी स्पर्श किया है। इन्होंने स्वतन्त्र रूप से आदिवासी जीवन पर कविता संग्रह नहीं लिखे हैं। संग्रह की कुछ कविताओं में आदिवासी और दलित जीवन के सन्दर्भ मिलते हैं। इस दृष्टि से रमणिका गुप्ता, ऋतुराज, लीलाधर मंडलोई आदि की कविताएँ उल्लेखनीय हैं। ऋतुराज

ने आदिवासी, गरीब, उपेक्षित एवं हाशिये पर पड़े हुए सामान्य लोगों के जीवन को ताकत के साथ रेखांकित किया है। कवि मंगलेश डबराल ने 'कवि ने कहा' संग्रह के फ्लैप पृष्ठ पर लिखा है कि "आदिवासी जीवन की सरलता, मासूमियत और अच्छाइयां ऋतुराज की कविता के प्राणतत्त्व हैं। लेकिन वह आदिवासियों के मन की तरह जटिल और सांकेतिक भी हैं। एक आदिवासी व्यक्ति जितना व्यक्त होता है उससे कहीं अधिक अव्यक्त रहता है। शायद ऋतुराज की कविता भी इसी तरह है, शब्दों के शिल्प के पीछे एक जटिल संरचना है।"[13] ऋतुराज बाजार विरोधी हैं। क्योंकि साम्राज्यवादी बाजार में गरीब, आदिवासियों एवं सामान्य आदमी कहाँ टिक पा रहे हैं। इसलिए उनकी कविताएँ आम आदमी एवं गरीब आदिवासियों के भीतर निवास करती हैं। ऋतुराज की संवेदना पर समकालीनता का दबाव बहुत कम दिखाई देता है। "ऋतुराज की संवेदना पर समकालीनता और उसके साथ अनायास आ जाने वाले विषयों का बहुत कम दबाव दिखता है। इसीलिए उनकी कविताएँ प्रचलित, स्वीकृत और तयशुदा मुहावरे से अलग हैं। वे मुख्य भूमि से दूर किन्हीं हाशियों पर रहने वाले साधारण आदिवासी संसार से आधुनिक शहराती सभ्यता को देखते हैं और उनकी अमानुषिकता, अश्लीलता, विसंगति और उनके विरूप के खिलाफ एक प्रति संसार की रचना करते हैं। अगर कभी उनकी कोई कविता किसी आदिवासी के धनुष-बाण की तरह दिखने लगती है तो इसमें कोई आश्चर्य नहीं है। इसलिए कवि ऋतुराज आदिवासी सभ्यता के कवि हैं।...क्योंकि ऋतुराज का ज्यादातर जीवन राजस्थान के आदिवासियों, भीलों के क्षेत्र में बीता है। और दूसरा शायद यह कि उनकी संवेदना शहरी तनावों के प्रति सजगता के बावजूद देशज और स्थानिक है।"[14]

कवि ऋतुराज की कविता में हाशिये पर पड़े हुए साधारण आदिवासी का संसार है। 'जंगल के दावेदार' कविता में आदिवासियों की जंगलों के प्रति आस्था है। दूसरी ओर शहरों की अमानुष दुनिया भी है। इस बदलती हुई दुनिया में आदिवासी एवं सामान्य लोगों की स्थिति क्या है? इसका समाधान ऋतुराज की कविताएँ ढूँढ़ती हैं। आदिवासी शहरीकरण की विसंगतियों में नहीं रह पाते। वे अपने परिवेश में जाकर 'जंगल के दावेदार' बनना चाहते हैं। शहरों की आधुनिक सभ्यता को वे इस प्रकार व्यक्त करते हैं–

"उन्हें घर नहीं चाहिए
घर में अँधेरा होता है
अकेले व्यक्तियों का
वे घर की बजाय पेड़ चाहते हैं
जिस पर तरह-तरह की चिड़ियाँ बैठेंगी
और उड़ जाएँगी
एक राशन कार्ड मेले में खोए हुए

किसी बच्चे का आर्त्तनाद होता है
वह उसका फोटो है जो कहीं गायब हो चुका है
उन्हें चाहिए जंगल में साथ-साथ चलता बच्चा
जो लोटने तक यह नहीं कहे कि भूख लगी है।''[15]

इस प्रकार कवि महानगरीय सभ्यता की विसंगतियों पर प्रहार करता है। शहरी परिवेश में सामान्य लोगों का अधिकतर शोषण ही किया जाता है। 'जंगल के दावेदार' कविता में गरीब, दरिद्रय आदिवासियों का कर्ज के नाम पर शोषण किया जाता है। कवि कहते हैं–

''दया अथवा ममता से बदलती नहीं है दुनिया
दया अथवा आशीष से बदलते नहीं है दरिद्र लोग
वे खूब समझते हैं उसे जो भीख दे रहा है
वे जानते हैं उसे जो हाथ मिला रहा है और कर्ज उठा रहा है
वे सुन रहें हैं उनकी मुक्ति किधर से आ रही है।''[16]

दूसरी ओर लीलाधर मंडलोई की कविता में सातपुडा की घाटियों के छिदवाड़ा जिले के मूल आदिवासियों के जीवन-संघर्ष को दर्शाया गया है। इसमें गौंड और भारिया आदिवासी की स्थिति उभरी है। आदिवासी लोग जंगल के सहारे अपना जीवन बिताते रहे हैं। कवि ने जंगलों का ह्रास और खदान से कोयला बेचने की छूट को आदिवासियों के लिए खतरा बताया है। क्योंकि जंगल कटने के कारण आदिवासी धीरे-धीरे विस्थापित हुए। दूसरी ओर कोयला खदानों के मजदूरों को काम की तुलना में मुआवजा कम मिलने की वजह से उनमें गहरा आक्रोश व्यक्त हुआ है। अतः मंडलोई की कविताएँ सामान्य मनुष्य का पक्ष लेती हैं। स्वयं कवि कहते हैं कि ''मैं अन्तिम उपेक्षित, वंचित और शोषित मनुष्य को अपनी भाषा में रचने को प्रतिबद्ध हूँ।''[17]

समकालीन कविता में अब तक आदिवासी, दलित, घुमन्तू जनजाति पर बहुत कम लिखा गया है। परन्तु आज के वैश्वीकरण के युग में ये लोग अपने अस्तित्व को बाजार में टिकाने के लिए संघर्ष कर रहे हैं। इसलिए आज के लेखकों एवं आलोचकों की नजर उपेक्षित, वंचित एवं गरीब समाज पर जानी चाहिए ताकि वे भी समाज की मुख्य धारा में आ सकें। लीलाघर मंडलोई पर समकालीन परिवेश का प्रभाव रहा है। लेकिन कवि स्वयं कहते हैं, ''मेरे पाठ में धीरे-धीरे निराला, शमशेर, नागार्जुन, त्रिलोचन, केदारनाथ अग्रवाल, मुक्तिबोध, रघुवीर सहाय, धूमिल, चन्द्रकान्त देवताले, कुँवर नारायण, विष्णु खरे, ऋतुराज आदि आये और पाठ के दौरान मुझे अपनी कविता के लिए जैसे रास्ता मिला। लेकिन वहाँ आदिवासी और उपेक्षित-वंचित समाज कुछ कम था या वैसा नहीं था और प्रकृति और पशु-पक्षियों का समाज भी वैसा कम था जैसा मैं सचमुच पाना चाहता था।''[18] सही है कि हिन्दी साहित्य में दलित,

आदिवासी एवं घुमन्तू जनजातियों पर बहुत कम साहित्य लिखा गया है। जब तक इन लोगों के असली जीवन पर लेखन नहीं किया जाएगा, तब तक हमारे साहित्य के भविष्य का निर्माण कैसे हो सकता है? क्या साहित्य सचमुच सभी वर्गों का दर्पण बन पा रहा है? ऐसे सवालों का उत्तर आने वाला समय ही देगा। लीलाधर मंडलोई की कविता में सातपुड़ा के जंगलों में रहने वाले आदिवासियों की स्थिति का चित्रण है। 'मेरी उम्र बयालीस के आगे की परछाईं है' कविता में आदिवासियों की परम्परा, मूल निवासी एवं वंशज का परिचय मिलता है। कवि कहते हैं—

''सातपुड़ा के कन्धे हैं मेरे पास
इसी पहाड़ से गुजर पैदल आये थे माँ-बाप
कोसों का फासला अपनी पिंडलियों के भरोसे कलॉगने।''[19]

'नानगिरू' कविता में आदिवासियों के जवानों की वीरता की सफलता पर आयोजित समारोह का चिन्तन है। आदिवासी अपनी सभ्यता में परम्परा, वीरता, संस्कार को महत्त्व देता है। दूसरी ओर मंडलोई ने आदिवासियों के विस्थापितों की उभरती बस्ती में साजिशों की ताकत को चित्रित किया है। 'एक अबुझ बंदिश कविता' में गाँव के सामान्य लोगों की विस्थापितों की उभरती बस्ती है। साम्राज्यवाद एवं शासन विभिन्न परियोजनाओं के नाम पर आदिवासियों के गाँव को खाली करने के लिए कहता है। सड़कों, बाँध निर्माण, रेलवे लाईन जैसी परियोजनाओं के नाम पर दूसरी जगह उनका पुनर्वास किया जाता है। ऐसे कारनामें कवि व्यक्त करता है—

''गाँव भी तब उसे बमुश्किल शुमार किया जाता था
विस्थापितों की एक उभरती बस्ती थी जिसमें कुछ
घरनुमा-सी हो सकने वाली झुपड़ियाँ थी जिन पर
नजीक से मुहार से यत्नपूर्वक काटकर जुटाई गयी
लेंडी की हरी कच्च टहनियाँ थीं
जो किसी जुगत बिछी थी।''[20]

आज भी दलितों एवं आदिवासियों के विस्थापन के समय ठेकेदारों एवं अधिकारी वर्ग के माध्यम से शोषण किया जाता है। इस प्रकार मंडलोई ने अपनी कविता में गरीब, वंचित, उपेक्षित, साधारण जन को महत्त्व दिया है। साथ ही कवि आदिवासियों की परम्परा, रूढ़ि, संस्कार, लोकगीत आदि को भी नजरअन्दाज नहीं करते हैं। इसलिए मंडलोई की कविता में सामान्य लोगों के प्रति प्रतिबद्धता दिखाई देती है।

समकालीन कविता में निर्मला पुतुल की कविताओं में आदिवासी नारी की स्थिति सुन्दर ढंग से व्यक्त हुई है। उन्होंने आदिवासी स्त्री के सुख-दुख, शोषण, अत्याचार तथा वर्चस्ववादी पुरुषों का खंडन किया है। 'नगाड़े की तरह बजते शब्द' काव्य संग्रह की अपनी जमीन तलाशती बेचैन स्त्री, आदिवासी स्त्रियाँ, बिटिया मुर्म के लिए, आदिवासी लड़कियों के बारे में, पहाड़ी स्त्री, माँ के लिए, ससुराल जाने

से पहले, उतनी दूर मत ब्याहना, ये वे लोग हैं, जो मैं वो नहीं हूँ जो तुम समझते हो, मैं चाहती हूँ आदि कविताएँ आदिवासी स्त्रियों के जीवन का परदा खोलती हैं। साथ ही उच्चवर्गीय पुरुषों की मानसिकता का खंडन करती हैं। इसलिए उनकी अनेक कविताएँ पुरुष के अत्याचार एवं वर्चस्व से नारी को अलग करती हैं। उनकी कविताएँ अधिकतर आदिवासी के वर्णभेद अर्थात् कालेपन पर अधिक भाष्य करती हैं। इसलिए वह पुरुष से भिन्न एक आदिवासी स्त्री के एकान्त जीवन को समझना चाहती है। 'अपनी जमीन तलाशती बेचैन स्त्री' तथा 'क्या तुम जानते हो' कविता में कवयित्री एक स्त्रीत्व की परिभाषा को समझना चाहती है। वह कहती है–

''क्या तुम जानती हो
एक स्त्री के समस्त रिश्ते का व्याकरण?
बता सकते हो तुम
एक स्त्री को स्त्री-दृष्टि से देखते
उसके स्त्रीत्व की परिभाषा
अगर नहीं!
तो फिर जानते क्या हो तुम
रसोई और बिस्तर के गमिम से परे
एक स्त्री के बारे में......?''[21]

इस प्रकार निर्मला पुतुल की कविताएँ आज भी आदिवासी नारी की स्थिति और पुरुषों की सोच पर प्रकार डालती हैं। सुशील कुमार की कविता आदिवासियों की अस्मिता, संघर्ष, जंगल का ह्रास तथा शोषण की ओर इशारा करती है–

''आदिम सभ्यता की आखिरी निशानी जो रही हो
पर बचा नहीं पा रही अपनी अस्मिता तुम अब
सारे पत्ते गिर कर जंगल नंगे हो रहे हैं, दम तोड़ रहे हैं
पंछी अपने नीड छोड़ रहे हैं
नित तुम्हारा सर्वांग हरण हो रहा है
और मानवीय पशुता के बीच
गहरी उसाँसे भरती हुई नित मैली हो रही हो तुम।''[22]

अनुज लुगुल भी आदिवासी की स्थिति पर प्रकाश डालते हुए अपनी चिन्ता जाहिर करते हैं–

''खेतों के आसमान के साथ
हमने चाहा कि जंगल बचा रहे
अपने कुल-गोत्र के साथ
पृथ्वी को हम पृथ्वी की तरह ही देखें
पेड़ की जगह पेड़ ही देखें

नदी की जगह नदी
समुद्र की जगह समुद्र और
पहाड़ की जगह पहाड़।"[23]

संक्षेप में कहा जा सकता है कि आदिवासी इस देश के मूल निवासी कह जाते हैं। लेकिन व्यवस्था से बाहर रहकर इन्होंने अपना जीवन बिताया है। ये प्रारम्भ से ही उपेक्षित, शोषित एवं नक्सलवाद के शिकार रहे हैं। मूलतः भारत के स्वतन्त्रता संग्राम के इतिहास में आदिवासियों की महत्त्वपूर्ण भूमिका रही है। बिरसा मुण्डा जैसे क्रान्तिकारी आदिवासी युवक ने अंग्रेजों की गुलामी और अत्याचार को नामंजूर करके अपना बलिदान दिया। इसलिए समकालीन हिन्दी कवियों की कविताओं पर बिरसा मुण्डा, टंट्या भील जैसे जननायकों का प्रभाव रहा है। मूलतः आदिवासी लेखकों एवं कवियों ने अपने जननायकों बिरसा मुण्डा, टंट्याभील आदि से प्रेरणा लेकर कविताएँ लिखी हैं। निर्मला पुतुल, हरिराम मीणा, ग्रेस कुंजुर, सरिता सिंह, महादेव टोप्पो आदि कवियों ने आदिवासी जननायकों के प्रति गुणगान की भावना व्यक्त की है। आदिवासी कविता में विस्थापन एवं पुनर्वास के नाम पर आदिवासियों का शोषण होता हुआ दिखाई दे रहा है। आज हम इक्कीसवीं सदी में भारत के प्रगतिशील होने की बात कर रहे हैं, लेकिन आदिवासी एवं पिछड़ी हुई जनजातियों के अधिकार एवं अस्मिता की पहचान पर प्रश्नचिह्न निर्मित हो रहे हैं। वाम शलाके कवि ने ठीक ही कहा है—

सच्चा आदिवासी
कटी पतंग की तरह भटक रहा है।
कहते हैं हमारा देश
इक्कीसवीं सदी की ओर बढ़ रहा है।

सन्दर्भ

1. हरिराम मीणा (सम्पा.), समकालीन आदिवासी कविता, पृ. 14
2. एकान्त श्रीवास्तव, कुसुम खेमानी (सम्पा.), वागार्थ, पृ. 56
3. श्याम परमार (सम्पा.), भारतीय आदिवासी जीवन, पृ. 11
4. हरिराम मीणा (सम्पा.), समकालीन आदिवासी कविता, पृ. 105-106
5. रमणिका गुप्ता (सम्पा.) (युद्धरत आम आदमी पत्रिका), केदार प्रसाद मीणा का लेख, पृ. 101
6. htt/ramanikafoundation.orgaayojan
7. प्रो. ऋषभदेव शर्मा, साहित्य कुंज
8. http/www.kavitakosh.org/index.php
9. http/www.kavitakosh.org/index.php
10. http/www.kavitakosh.org/index.php
11. http/www.kavitakosh.org/index.php
12. http/www.geet-kavita.org/index.php

13. ऋतुराज, कवि ने कहा, संग्रह के फ्लैप से उद्धृत
14. वही
15. ऋतुराज, कवि ने कहा, जंगल के दावेदार, पृ. 43
16. वही, पृ. 43, 44
17. लीलाधर मंडलोई, कवि ने कहा, लीलाधर मंडलोई के विचार, पृ. 10
18. लीलाधर मंडलोई, कवि ने कहा, संग्रह के फ्लैप से उद्धृत, पृ. 10
19. लीलाधर मंडलोई, कवि ने कहा, पृ. 13
20. लीलाधर मंडलोई, कवि ने कहा, एक अबुझ बंदिश, पृ. 20
21. निर्मला पुतुल, नगाड़े की तरह बजते शब्द, पृ. 8
22. सुशील कुमार, समकालीन आदिवासी कविता (बांसलोय में बहत्तर), पृ. 85
23. अनुज लुगुन, समकालीन आदिवासी कविता, (हमारी अर्थी शाही हो नहीं सकती), पृ. 16

विस्थापन से जूझते आदिवासियों की महागाथा मरंग गोड़ा नीलकंठ हुआ

डॉ. भगवान गव्हाडे

भारतीय परम्परा और साहित्य के क्षेत्र में आज तक जिन मिथकों और पौराणिक घटनाओं का सन्दर्भ लिया जाता है, उनमें से निश्चित रूप में पौराणिक सन्दर्भों की एक शृंखला, बिम्ब, प्रतीक को चुनकर ही लेखकों ने अपनी साहित्यिक सृजना की है। महुआ माजी का उपन्यास 'मरंग गोड़ा नीलकंठ हुआ' एक विवादास्पद कृति है क्योंकि कुछ आलोचकों को लगता है कि यह एक सन्दर्भ ग्रन्थ है और कुछ लोगों को लगता है कि यह उपन्यास है। ये लोग विवाद में ही फँसे हुए हैं। यदि इस चर्चा को थोड़ा-सा बाजू में रखकर लेखिका की सृजन क्षमता, कल्पनाशीलता, निजी यथार्थ ज्वलन्त प्रश्नों को लेकर जो उपस्थित सामाजिक सरोकार दिखाया गया है, वह नजरअन्दाज करने जैसा नहीं है क्योंकि आज के दौर में वैश्वीकरण, बाजारीकरण, निजीकरण की बात हो रही है या फिर इस सूचना के महाविस्फोट में इन सबकी चर्चा चल रही है। जबकि हम एक ऐसे दौर से गुजर रहे है, जहाँ पृथ्वी का अस्तित्व नष्ट होने की कगार पर है। साथ ही यह जो पर्यावरण है, वह भी आज संकट में है। उसका सन्तुलन स्थापित करना जरूरी है इसलिए साहित्यकारों का उत्तरदायित्व यह है कि हम पर्यावरण का सन्तुलन स्थापित करें। ऐसे प्राकृतिक पर्यावरण के विमर्श के दिनों में यह रचना अपनी उपलब्धि स्वयं सिद्ध करती है। ऐसे में कहना चाहता हूँ कि इस सदी के दूसरे दशक का यह अत्यन्त मौलिक ग्रन्थ है जिसमें पहली बार ऐसा हुआ है कि जो सन्दर्भ इस उपन्यास में प्रस्तुत किये गये हैं उन्हें न केवल आदिवासी बल्कि सम्पूर्ण भारतीय साहित्य में 'मील का पत्थर' कहा जा सकता है। इस सन्दर्भ में प्रसिद्ध बांग्ला लेखिका महाश्वेता देवी का कहना है कि ''आदिवासियों को लेकर शोध, संवेदना और प्रेम के साथ लिखी गयी पुस्तक। ...इस पुस्तक को हर स्कूल और कॉलेज तक जाना चाहिए। यह आदिवासियों पर लिखा गया सबसे महत्त्वपूर्ण उपन्यास है।''[1] लेखिका ने इस उपन्यास को केवल विकिरण, प्रदूषण और विस्थापन से जूझते आदिवासियों की गाथा कहा है। लेकिन इस उपन्यास का दायरा

इससे कहीं अधिक व्यापक है। जिस तरह कमलेश्वर ने अपने 'कितने पाकिस्तान' उपन्यास के माध्यम से हमारे सामने कुछ जरूरी सवाल उपस्थित किये बिलकुल उसी ढंग से लेखिका महुआ माजी ने द्वितीय विश्व युद्ध में हुए विध्वंस से लेकर आज प्रायः सम्पूर्ण विश्व में रेडियोधर्मी विकिरण, विकास के नाम पर भूमि अधिग्रहण द्वारा निरन्तर विस्थापित होते आदिवासियों की करुण कथा कही है। इस सन्दर्भ में विजयमोहन सिंह का कहना है कि–

"यह उपन्यास केवल भारत के सिंहभूम के आदिवासियों तक ही सीमित नहीं है, बल्कि इसकी व्याप्ति जापान, अमेरिका, ऑस्ट्रेलिया तथा विभिन्न द्वीपों पर रहने वाले आदिवासियों के जीवन तक है। इस अर्थ में यह अपने ढंग का पहला अन्तर्राष्ट्रीय उपन्यास है।"[2] साहित्यिक क्षेत्र में महुआ माजी ने शोध, सर्वेक्षण और समाजशास्त्रीय दृष्टि का सहारा लेकर एक जरूरी सवाल हमारे सम्मुख उपस्थित किया है जो अत्यन्त सराहनीय है। अब रही बात शीर्षक के सन्दर्भ में तो आप सभी जानते हैं कि नीलकंठ का तात्पर्य क्या है? नीलकंठ उसको कहा जाता है जिसका कंठ नीला है। पुराणों में लिखा है शिवजी ने सागर-मंथन के पश्चात् जो विष निकला था वह सारा विष स्वयं उन्होंने प्राशन कर लिया था। और उन्होंने इसलिए प्राशन किया क्योंकि इस दुनिया में जो भी दुख, पीड़ा, बुरी चीजें हैं वे अन्य जगह पर चली जायें या छोड़ दी जायें तो वातावरण दूषित हो सकता है और मानवता की हानि हो सकती है। सृष्टि की हानि हो सकती है।

इस उपन्यास में मरंग गोड़ा नामक गाँव एक काल्पनिक नाम है। इस मरंग गोड़ा गाँव को हम प्रतीक के रूप में ले सकते हैं। हमारे आदिवासी बहुल इलाके में जो विदेशी कम्पनियों के आक्रमण हो रहे हैं उससे वहाँ का जनजीवन, जनजातियाँ, वृक्ष, लता-वेलियाँ और पशु-पक्षी आदि जबरदस्त चपेट में आ रहे हैं। मरंग गोड़ा की तरह का भारत में कोई भी गाँव हो सकता है जहाँ यह शोषण विद्यमान है। हालाँकि मरंग गोड़ा सृष्टि और प्रकृति का उपहार है। वहाँ सम्पूर्ण प्रकृति सन्तुलित है लेकिन बहुर्राष्ट्रीय कम्पनियों के आने से इस गाँव में विकिरण, रेडियोधर्मी प्रदूषण आदि से वहाँ का पर्यावरण दूषित या कहें प्रभावित हो चुका है। यहाँ के जनजीवन और प्रकृति खतरे में आ गये हैं। इसके कारण वहाँ की सभी नस्लें, फिर चाहे वह प्रकृति, फूल-पौधे, जीव-जन्तु, प्राणी, पंछी या व्यक्ति हों उन सभी का विकास उससे बाधित होने लगा है। परिणाम यह होने लगा कि यहाँ बच्चे विकलांग और विद्रुप पैदा होने के साथ पेड़-पौधे भी नष्ट होने लगे हैं और तालाब व नदी की मछलियाँ भी मरने लगी हैं। कह सकते हैं कि मरंग गोड़ा नामक आदिवासी गाँव ने इस विष को प्राशन कर लिया है ताकि पुरी दुनिया आबाद रहे। हालाँकि उपन्यास की संरचना बताती है कि उस गाँव ने स्वयं विष प्राशन नहीं किया बल्कि उसे करा दिया गया। उपन्यास की मूल संकल्पना में उपर्युक्त परिस्थितियाँ ही विद्यमान हैं।

कुछ मूर्धन्य और स्वनामधन्य आलोचकों ने अपना नाम रोशन करने के लिए, अपनी ख्याति अर्जित करने के लिए इस पर सवालियाँ निशान भी उठाये हैं। लेकिन मैं समझता हूँ ये सारे सवाल उपन्यास की आलोचना के लिए जरूरी भी हैं। लेकिन यह आलोचना इस हद तक नहीं होनी चाहिए कि उसकी मौलिकता ही नष्ट हो जाये।

उपन्यास की लेखिका ने इन्हीं तथाकथित आलोचकों की टीका-टिप्पणी का जहर स्वयं पिया इसीलिए उसका मन या हृदय भी नीलकंठ की तरह हुआ है। इस पर भी वह हारी नहीं है और न ही टूटी है। इस सबके बावजूद भी उन्होंने अपनी सारी रचनाधर्मिता और सामाजिक सरोकारों को इस उपन्यास में प्रस्तुत किया है। रही बात उपन्यास की कथावस्तु के सन्दर्भ में तो उसकी शुरुआत बहुत ही साधारण व सादगीपूर्ण ढंग से हुई है। इसमें ग्रामीण परिवेश और वहाँ की परिस्थिति को संजीदगी से दर्शाया गया है। इसमें आदिवासी जीवन को बेहतर ढंग से दर्शाया गया है। इसमें धीरे-धीरे संघर्ष विकसित होता है। कई तरह की बाहरी शक्तियाँ वहाँ अपनी दखल अन्दाजी करती हैं। इससे उनका जीवन खतरे में आ जाता है। ये तमाम सन्दर्भ कथावस्तु के साथ जुड़े हुए हैं। इन्हें साध ले जाने का हुनर केवल महुआ माजी जैसी उपन्यासकार के ही पास है।

महुआ माजी का यह उपन्यास शिल्प की दृष्टि से अत्यन्त अनन्य साबित होता है। इसका कारण यह है कि इसमें अलग-अलग अध्यायों के माध्यम से आदिवासी जीवन के जटिल यथार्थ को सहज ढंग से प्रस्तुत किया गया है। इसके पूर्व के उपन्यासों में उच्छवासों की बात हुई है। साथ ही कई उपन्यासकारों ने अपने उपन्यासों के सर्गों और प्रकरणों के आधार पर ही शिल्प को गढ़ा था। सम्भवतः यह पहला उपन्यास है जिसके अन्तर्गत अलग-अलग सर्गों में इसे विभाजित किया गया है। इस उपन्यास में 'पत्थरों का डॉक्टर', 'जंगल का शोकगीत', 'उबड़ खाबड़ खुदरी जमीन', 'लाल पाणी लाल खून' आदि अध्याय हैं। इसके अन्तर्गत कथावस्तु के विभिन्न महत्त्वपूर्ण बिन्दु उभरे हैं। कथाकार ने इन बिन्दुओं पर ज्यादा फोकस किया है। इससे उपन्यास में एक ओर रोचकता आती है तो वहीं दूसरी ओर उसकी बोझिलता नष्ट होने में मदद भी मिलती है।

शुरुआती अध्याय में उपन्यास जाम्बिरा नामक पात्र नजर आता है जो आदिवासी समाज से जुड़ा है। उपन्यास में कुछ अंग्रेज मरंग गोड़ा के क्षेत्र में आकर यूरेनियम की खोज कर रहे हैं। जाम्बिरा अंग्रेजों की सेवा-सुश्रूषा करता है। उसकी शादी नहीं हुई थी इसीलिए वह बहुत मेहनत करता है और हर काम में उनकी मदद करता है। इसी वजह से अंग्रेज अफसर उसे लाड़-प्यार करते हैं। इसीलिए उसका कम शोषण होता है। अंग्रेज उसको अपने जैसा बनाना चाहते थे, लेकिन उसके पढ़े-लिखे न होने की वजह से वह पत्थरों का डॉक्टर न बन सका। हालाँकि उसका सपना था

कि उसका अपना पोता संगेन पत्थरों का डॉक्टर बने लेकिन वह (अबुज जाम्बिरा) न जानता था कि वे उनकी जिन्दगियाँ ऐसे ही तबाह कर देंगे।

कितनी आश्चर्य की बात है कि जाम्बिरा ने अपने पोते का नाम संगेन रखा। संगेन शब्द का अर्थ बताते हुए लेखिका ने लिखा है कि "संगेन के ततंग (दादाजी) यानी जाम्बिरा को पता था कि फुनगियाँ अपने आप आसानी से नहीं टूटती। हरियाली लाती है जंगल में, जंगलवासियों के जीवन में...तभी तो उन्होंने अपने प्यारे पोते का नाम रखा था संगेन। यानी कि फनगी।"[3] एक तरफ जाम्बिरा ने अपने पोते का इतना अर्थपूर्ण नाम रखा वहीं दूसरी ओर वह उसको उन अंग्रेजों की तरह बनाना चाहता था जो ऐशो आराम का जीवन जीते थे।

उपन्यास के द्वितीय अध्याय में महुआ माजी ने अपने उपन्यास में आदिवासियों में आक्रोश के अंकुर फूटते हुए दिखाए हैं। यहाँ उसने उल्लेख किया है कि अंग्रेज शासन उनके मुर्गे की लड़ाई पर भी प्रतिबन्ध लगाना चाहता है। क्योंकि उन्हें इस बात का डर है कि मुर्गों से सीख लेकर वे आदिवासी उनके खिलाफ जंग छेड़ दें। इस सन्दर्भ में उपन्यास की ये पंक्तियाँ द्रष्टव्य हैं, "मुर्गा लड़ाई क्रमशः आदिम से सभ्य होते मानव के अन्दर दमित आक्रोश का व्यक्त रूप है। सेफ्टी वॉल्व मेकैनिज्म।"[4]

इस उपन्यास में हमको जाम्बिरा और मेन्जारी के प्रेम के भी दर्शन होते हैं। जाम्बिरा जो हाट में दुकान लगाता है, का परिचय मेन्जारी से होता है और उनका प्रेम बढ़ते हुए शादी तक पहुँचता है। वे शादी करने की सोचते हैं। परन्तु मेन्जारी कहती है कि उनके पिताजी ने बहुत दहेज रखा है। आखिर जाम्बिरा अपनी कमाई से सब दहेज देने की सोचता है। इसीलिए वह मजदूरी करने की ठानता है। वह उससे कहता है हमारे वीर पुरखों ने कभी जंगल की ठेकेदारी नहीं की। कितने ही लोग हमसे हमारी सरजमीन छीनने आये लेकिन हमारे पुरखों ने उनको मुँह तोड़ जवाब दिया। इन सब बातों को सुनकर मेन्जारी कहती है—"दुन्दु बित्र नागु जना, सिंह कला बिलाय जना।"[5] यानी के दोन्डा साँप जो है, वह नाग बन गया और जंगल का राजा सिंह बिल्ली बन गया। मतलब असली हकदार आदिवासी हैं जो बरसों से ही यहाँ रहते आये हैं, उनको जबरदस्ती यहाँ से खदेड़ा गया। उपन्यास में लेखिका ने जुगनू का प्रसंग दिया है। किस तरह जाम्बिरा उस प्रकाशपुन्ज को देखकर उस पर लपक पड़ता है और काट डालता है। इन बेचारे आदिवासियों की जिन्दगी ही घने अन्धकार जैसी है। उनको प्रकाश या आशा की कोई किरण नजर नहीं आती है। उनके चारों तरफ सिर्फ घना अन्धकार है। इस समय वे जिन्दा हैं परन्तु उन्हें पता नहीं कि अगले समय वे होंगे या नहीं, इसकी कोई गारन्टी नहीं दे सकता। जीने से ज्यादा इनके मरने की घड़ी जल्दी चली आती है। उपन्यास के अध्याय 'जंगल का शोकगीत' में लेखिका ने मेन्जारी और उसके बच्चे की मौत का प्रसंग दिखाया है। यह प्रसंग सचमुच दिल दहला देने वाला है। ऐसा भी हो सकता

है कि हँसती-खेलती जिन्दगियाँ लाशों में तब्दील हो जायें? इसमें आदिवासियों की अन्धश्रद्धा अपने चरम पर हमको दिखाई देती है। जाम्बिरा की पत्नी और बच्चे की अस्वाभाविक मौत पर लोग कहते हैं कि यह डायन बनेगी। जो एक बार जन्म लेकर सिर्फ यातनाओं का सफर करके यहाँ तक आयी थी, वह फिर यहाँ क्यों आयेगी, यह कोई नहीं सोचता।

हम यह भी कह सकते हैं कि उपन्यास में आदिवासियों की अन्धश्रद्धा तो है ही, साथ ही उनका भोला स्वभाव, अबुझपन का चित्र भी है। उनका कहना है कि जिन्होंने हमको जन्म दिया, हम उनको छोड़ नहीं सकते। उनके प्रति अपने उत्तरदायित्त्व का निर्वहन करना जरूरी है। इस प्रसंग में उपन्यास की निम्न पंक्तियाँ द्रष्टव्य हैं—"जोम सराह लोग अपने बूढ़े अशक्त बुजुर्गों को अपने परिवार के लोगों के साथ मिलकर मारकर-पकाकर खा लेते हैं ताकि मरने के बाद भी वे उनके अन्दर उनके करीब रह सकें। जन्म देने वाली माँ ने नौ महीनों तक पेट में लेकर जंगल-जंगल, पहाड़-पहाड़ उन्हें ढोया। पिता ने उनका साथ दिया और अब जब उनके बेटे नाती पोते बड़े हो गये हैं तो क्या यह उनका फर्ज नहीं बनता कि वे भी उन्हें पेट में लेकर इधर-उधर घुमाएँ? तभी तो वे अपने परिवार के अशक्त बूढ़ा-बूढ़ी को उठाकर झोंपड़ी के ऊपर बैठा देते हैं। यदि गिर गये तो हिरन मारकर काट डालते हैं। उनका मांस जब पेट में जाता है तो जंगल, पहाड़ में घुमा-घुमाकर उतार देते हैं, अपना कर्ज।"[6] लेखिका यहाँ दिखना चाहती है कि कितने मासूम हैं ये लोग जो अपने घरवालों पर श्रद्धा रखते हैं और उसको अन्धश्रद्धा में तब्दील कर देते हैं।

लेखिका ने हमको पूरे आदिवासी समाज, उनकी संस्कृति और उनके रस्म-रिवाज से परिचित कराया है। उन्होंने कई छोटे-छोटे किस्सों के माध्यम से हमें आदिवासियों के देवताओं के दर्शन कराये हैं। कोई भी शुभ कार्य करने से पहले उनको खुश किया जाता। वे प्रकृति को ही अपना सब कुछ मानते हैं। वे शिकार भी अन्धश्रद्धावश अपने भगवान को खुश करने के लिए करते थे। हालाँकि उनकी इस अन्धश्रद्धा के पीछे उनकी श्रद्धा ही विद्यमान थी।

शिकार के वक्त ही जाम्बिरा को खून की उल्टियाँ शुरू हो जाती हैं क्योंकि वह खनन क्षेत्र में कार्य करता है। वहाँ यूरेनियम का खनन कार्य होता है। उसे अपने खुले हाथों से उस यूरेनियम का पाउडर भरना पड़ता है। अन्य आदिवासियों द्वारा भी वहाँ काम करने से वही पाउडर उनके कपड़ों के साथ उनके घर तक आता है। वही उनके बीमार होने का रहस्य है। वे मानते हैं कि यही उनकी रोजी-रोटी का एकमात्र जरिया है इसीलिए वे खुश थे। लेकिन अनजाने ही वे अपनी जिन्दगी खुद ही कम कर रहे थे क्योंकि उस खदान में काम करने से उनमें केन्सर जैसी घातक बीमारियाँ नजर आने लगी थीं।

लेखिका ने अपने उपन्यास में न केवल विकिरण, प्रदूषण व विस्थापन से जूझते

आदिवासियों की गाथा लिखी है, बल्कि इस उपन्यास का फलक बहुत ही व्यापक है। जैसे कमलेश्वर ने अपने उपन्यास 'कितने पाकिस्तान' के अन्तर्गत इतिहास को उकेरा है बिलकुल उसी तरह महुआ माजी ने भी हमको परमाणु हमलों से घायल हुए जापान के हिरोशिमा और नागासाकी की याद दिलायी है। एक परमाणु से बने बम ने किस तरह पूरे शहर को राख बना दिया। बल्कि हमेशा के लिए दर्द और पीड़ा को झेलने पर मजबूर बना दिया। वहाँ के बच्चे आज तक विकलांग पैदा हो रहे हैं। न मिटने वाला यह दाग हमको दिखाई दे रहा है। हिरोशिमा और नागासाकी के लोगों की त्रासदी बयान करती उपन्यास की ये पंक्तियाँ द्रष्टव्य हैं—"माँ तुमने मुझे मर क्यों नहीं जाने दिया? मौत के मुँह से क्यों बचाया? मुझसे ये सब बर्दाश्त नहीं होता...तो उसकी हिबाकुशा माँ उसे कलेजे से लगाकर कहा करती—उस विस्फोट में सबको खो चुकी थी मैं। तुझे कैसे मर जाने देती? तेरे बगैर कैसे ज़िन्दा रहती मैं, बोल?"[7] इस परमाणु हमला का खामियाजा ये बेकसुर लोग भुगत रहे हैं। उनका दर्द लेखिका इस उपन्यास में बयान करती हैं। बिलकुल उसी तरह लेखिका उपन्यास में विकिरण प्रदूषण व विस्थापन से जूझते आदिवासियों का त्रासदीपूर्ण जीवन हमारे सम्मुख उपस्थित करती हैं। वे यह कहना चाहती हैं कि आदिवासियों के जीवन को सबसे बड़ा खतरा इसी रेडियोधर्मी प्रदूषण से है। जिस तरह अमेरिका ने अपने शक्ति-प्रदर्शन के लिए जापान के हिरोशिमा और नागासाकी पर परमाणु बम गिराए थे, उससे कहीं ज्यादा खतरनाक प्रभाव यूरेनियम खनन का कार्य करने वाले आदिवासियों पर पड़ रहा है।

वहाँ कम्पनियों ने खनन कार्य तो आरम्भ कर दिया लेकिन टेलिंग डैम्प के लिए उनको वहाँ के आदिवासियों को हटाना पड़ा। इससे वहाँ विस्थापन का सवाल आदिवासियों के सामने खड़ा हो गया। वे बेचारे वहीं खनन क्षेत्र में रोजगार करते हुए आस-पास रहने लगे। लेकिन उन लोगों को स्वास्थ्य सम्बन्धी कोई जानकारी नहीं थी। उनको नहीं पता था कि वे कितना खतरनाक काम कर रहे हैं। उन्हें सिर्फ अपने भूखे बच्चों के लिए ये सब करना पड़ रहा था। वे न चाहते हुए भी अपने घरवालों की भूख मिटाने के लिए अपनी इच्छा के विरुद्ध यह काम कर रहे थे। इस सन्दर्भ में उपन्यास की ये पंक्तियाँ द्रष्टव्य हैं—"हम विकिरण को पचा सकते हैं पर अपनी और अपने बच्चों की भूख बर्दाश्त नहीं कर सकते...।" उनका तर्क है, "विकिरण तो हमें बाद में मारेगा। मगर भूख तो हमें कुछ ही दिनों में मार डालेगी। अपने बाल-बच्चों को कब तक भूख से तड़पते देखा जा सकता है?..."[8] इस प्रकार लेखिका ने आदिवासी मजदूर की मजबूरी हमारे सामने एक निरूत्तरित सवाल बनाकर उपस्थित की है।

टेलिंग डैम्प के सन्दर्भ में लेखिका कहती है—वहाँ जो टेलिंग डैम्प बनाया जिसमें यूरेनियम खनन क्षेत्र से कचरा आकर गिरता था, वह बिल्कुल चारों तरफ से खुला

था। वहाँ केवल डैम्प भरने के बाद उस पर मिट्टी की परत डाली जाती थी। इसी वजह से एक सफेद मैदान तैयार हो गया था। यहाँ इन लोगों को पता तक नहीं था कि यह कितना जानलेवा हो सकता है। क्योंकि एक बीटा किरण 30 मीटर तक दीवार में छेद कर सकती है तो मनुष्य की क्या दशा होगी। लेकिन उन लोगों को कुछ समझ नहीं आ रहा था। भले ही दलदल रहता मगर ऊपर का हिस्सा देखते ही देखते सूखकर कड़ा हो जाता। बच्चों के लिए खेलने के लिए आदर्श स्थल हो जाता। इस सन्दर्भ में लेखिका ने राजनेता पर करारा व्यंग्य करते हुए कहा है—"इसके बाहरी रूप पर मत जाइये। मैडम इसके रूप और गुण में जमीन आसमान का फर्क है। ठीक हमारे देश के उन रहनुमाओं जैसा, जो सफेद वस्त्र पहनकर अपने काले धन्धों से इस देश को अन्दर ही अन्दर खोखला किये जा रहे हैं। यह टेलिंग डैम्प पिछले तीस सालों से भी ज्यादा समय से न जाने हमारे कितने प्रियजनों के जीवन को नर्क बना चुका है।"[9]

लेखिका हमको यह भी बताना चाहती है कि शोधार्थी का शोध के प्रति उत्तरदायित्त्व होना चाहिए। सिर्फ डिग्री लेकर या नौकरी के लिए शोधकार्य सीमित नहीं होना चाहिए। यहाँ प्रज्ञा नामक काल्पनिक पात्र के द्वारा हमको लेखिका ने यह समझाया है।

हम पहले भी कह चुके हैं कि कमलेश्वर का उपन्यास 'कितने पाकिस्तान' हिन्दी साहित्य में मील का पत्थर साबित हुआ है। जिस तरह दिशादर्शक बनने का काम कितने पाकिस्तान द्वारा कमलेश्वर ने किया, उसके करीब दस-बारह वर्ष के बाद यह पहली बार महुआ माजी ने किया है। लेखिका ने आदिवासी विमर्श, स्त्री विमर्श और प्रकृति विमर्श को छेड़ने और उसके समाधान ढूँढ़ने का पहली बार अत्यन्त सराहनीय प्रयास किया है। इसलिए यह रचना अत्यन्त सराहनीय है और इस रचना को मैं तो समझता हूँ कि पाठशालाओं, विद्यालयों में तथा विश्वविद्यालयों के पाठ्यक्रम में रखना चाहिए। हमारा जो विज्ञान है उसे भी इस रचना को अनदेखा नहीं करना चाहिए, बल्कि उस पर अमल करना चाहिए।

इस उपन्यास को पढ़ते समय पहली बार महसूस हुआ कि जैसे मैं नेशनल जिओग्रॉफिकल चैनल पर दिखाए जाने वाले अज्ञात भूगोल की सैर कर आया हूँ। साथ ही मनुष्य जीवन और प्रकृति विरोधी जो भी असामाजिक तत्त्व हैं, उनका भी वैज्ञानिक विश्लेषण इस कृति में दिखाई दिया। उपन्यास को पढ़ते समय प्रकृति के बिम्ब आँखों के सामने साकार होते हुए दिखाई देते हैं। परम्परागत प्रतीकों और मिथकों को तोड़ते हुए लेखिका ने नया मुहावरा गढ़ने का सराहनीय कार्य किया है।

सन्दर्भ

1. मरंग गोड़ा नीलकंठ हुआ—महुआ माजी, पृ. आवरण से
2. वही, पृ. बैक आवरण से
3. मरंग गोड़ा नीलकंठ हुआ—महुआ माजी, पृ. 12
4. वही, पृ. 21
5. वही, पृ. 30
6. वही, पृ. 58
7. वही, पृ. 252
8. वही, पृ. 262
9. वही, पृ. 362

हिन्दी के खाँटी आदिवासी नाटक

डॉ. भारती गोरे

सामान्यतः आदिवासी लेखन विशेषतः नाट्य-लेखन की बात करते समय अधिकतर ऐसे ही नाटक सामने आते हैं, जिन्हें गैर-आदिवासियों ने लिखा है और देखी-सुनी बातों के आधार पर आदिवासी जीवन, चरित्र या समस्याओं की बात की है। हिन्दी साहित्य की लगभग हर विधा में आदिवासी साहित्य के नाम पर यही हाल है। कभी नट, कभी गोंड, कभी वारली, कभी खड़िया, कभी सन्थाली, तो कभी किसी अन्य जनजाति की चर्चा साहित्यिक रचनाओं में यदा-कदा पायी तो जाती है लेकिन इन रचनाओं के लेखक स्वयं गैर-आदिवासी हैं। नतीजतन खाँटी एकदम असली, खालिस आदिवासी साहित्य विशेषतः नाटक साहित्य के मुख्य पटल से ओझल ही हैं।

वैसे तो आदिवासी नाटक के नाम पर 'धरती आबा', 'एकलव्य उवाच', 'एक बार फिर' जैसे कुछेक नाटक गिनवाए जाते हैं, लेकिन इनमें आदिवासी समाज की समस्याओं पर विशेष फोकस नहीं है। कई बार 'जल-जंगल-जमीन' के बहुप्रचलित जुमले को उछालकर किया गया लेखन, आदिवासी-लेखन की श्रेणी में रखकर बरगलाया भी जाता रहा है। इस पृष्ठभूमि पर स्वयं आदिवासियों द्वारा अपनी समस्याओं पर बहस करता लेखन सही अर्थों में आदिवासी लेखन कहा जाएगा। बहुत स्वाभाविक है कि प्रकृति प्रेमी, संगीत एवं संस्कृति के उपासक आदिवासी नाटक जैसी संवादी विधा में स्वयं को व्यक्त करना अधिक पसन्द करेंगे। अतः गैर-आदिवासी लेखकों द्वारा आदिवासियों पर लिखे गये नाटकों को देखने-पढ़ने की अपेक्षा स्वयं आदिवासियों द्वारा अपने हृदय की बात करते नाटकों को पढ़ना आदिवासी समाज, उनकी समस्याएँ और कुल आदिवासी-विमर्श को बेहतर तरीके से समझने में मदद करता है। रोज केरकट्टा, निर्मला पुतुल, सिद्धेश्वर सरदार, यशोदा मुर्मू, कृष्णचन्द्र टुडू जैसे आदिवासी लेखकों द्वारा रचित साहित्य विशेषतः नाटक पढ़ने के बाद पता चलता है कि आदिवासियों के प्रश्न, जल-जंगल-जमीन मात्र तक सीमित नहीं बल्कि अभी बहुत-से ऐसे मुद्दे हैं जिनको उजागर करना, उन पर बहस करना, उन पर उपाय खोजना, आदिवासी-उत्थान की दृष्टि से अत्यन्त महत्त्वपूर्ण है। भुक्तभोगी न होने के

कारण गैर-आदिवासी लेखकों की नजर इन समस्याओं तक पहुँच भी नहीं पाई है।

'जल-जंगल-जमीन' के मुद्दे को लेकर आदिवासी समाज के लेखक हृदय की जिस अतल गहराई से बात करते हैं, वह विशेष विचारणीय है। इस मुद्दे के अलावा ये लेखक तथाकथित सम्भ्रान्त जनों द्वारा उनके हिस्से के सूरज को निगलने की होती कोशिशें उद्‌घाटित करते हैं। ये लेखक विकास के नाम पर जो विस्थापन आदिवासियों को झेलना पड़ रहा है, उसकी वेदना को व्यक्त करते हैं तथा आदिवासी समाज के संस्कृतिकरण के प्रयास अर्थात् सलवा जुडूम देखकर व्यथित होते हैं। इस दौर के आदिवासी नाटकों में उपरोक्त सारी विशेषताएँ मिलती हैं। कुछेक उदाहरणों के आधार पर बात को समझने का प्रयास करेंगे।

रोज केरकट्टा, सिद्धेश्वर सरदार जैसे कई आदिवासी नाटककार आदिवासियों की मूल परम्परा का निर्वाह करते हुए गीत-संगीत के साथ ही अपने नाटक आरम्भ करते हैं। सिद्धेश्वर सरदार का हाल ही में लिखा नाटक 'तुम्हारा हाथ दो, हमारा साथ दो' भी आदिवासियों के आत्माभिमान से भरे गीत के साथ आरम्भ होता है। किन्तु वहीं अखबार में छपी खबरें, अपनी दुनिया में रमे आदिवासियों को वास्तविकता का आईना दिखाती हैं, उन्हें बताती हैं कि उनके साथ कितने छल-कपट हो रहे हैं, कितने षड्‌यन्त्र रचे जा रहे हैं, जिसके परिणामस्वरूप आदिवासियों का भविष्य किस प्रकार संकट के बादलों से घिरा हुआ है। ये खबरें इसी ओर संकेत करती हैं—

- "धनबाद में दामोदर नदी की धार रोककर कोयला एवं काइनाइट का धड़ल्ले से उत्खनन जारी"
- "जमशेदपुर के 46 बस्ती के मालिकाना हक का मामला हाईकोर्ट में"
- "घाटशिला में दो सबरों की भूख के कारण मृत्यु"
- "देश के सात लाख आदिवासी गाँवों में से एक गाँव गायब"

इन खबरों को पढ़कर अपनी दयनीय स्थिति को समझते हुए सजग नाटककार नाटक के प्रधान पात्र के मुख से अपना विरोध दर्ज करता है—"अरे! यह क्या हो गया है मेरी धरती को? मेरे झारखण्ड की बहती नदी की धार रोककर, उसको दिशाहीन करके सारी खनिज सम्पदा का दोहन...सिर्फ मुट्ठी भर लोगों के लिए ना? हमारे झाड़-जंगल को उजाड़कर, जलवायु को अनियमित कर, कीड़े-मकोड़ों से लेकर मानवेतर प्राणियों का नाश करना....मुट्ठीभर लोगों के हित के लिए ही ना? मेरे देश में हर दिन कथित विकास के नाम पर नये-नये घात मुँह बायें खड़े हैं। ऐसा क्यों? क्यों?"

सवाल उठाने और विरोध करने के सोपान से आगे बढ़कर आदिवासियों को विद्रोह करने पर विवश करने वाली कुछ घटनाएँ नाटक में घटती हैं, जिन्हें समाचार-पत्र एक पंक्ति में सिमटाकर छापता है।

"तोरपा में शान्तिमंच आन्दोलनकारी पर गोली चली, आठ आदिवासी मरे।"

इस पर व्यथित होकर नाटककार कहता है—

"आह! आह! से क्या है? अपने हक की बात रखने पर मिलती है गोली, लाठी, यातनाएँ, जेल?"

अब आदिवासी शिक्षा-दीक्षा से लैस हो अपनी स्थिति समझ रहे हैं। वे जान रहे हैं कि अपनी सुख-सुविधाओं के लिए कथित अभिजन उन्हें उनके अपने अधिकारों से न केवल वंचित रख रहे हैं अपितु जो प्रकृति-प्रदत्त सम्पदा उनके पास है, उसे भी छीन रहे हैं। इन षड्यन्त्रों को भाँपकर ही व्यथा का स्थान विद्रोह ले लेता है। "यह जमीन सिंग बोंगा की देन है। जल अमूल्य रत्न है। जंगल हमारी आजीविका है, हमारी धरोहर, इसे हमसे छीनने की छूट किसी को भी नहीं...यह अन्याय...इतने सारे जूते-चप्पल...फटे कपड़े...ये टूटी चूड़ियाँ...किसी का भाई, बाप, बहन का है न? यह देख तुम्हारा दिल नहीं दहलता? तुम्हें गुस्सा नहीं भरता?"

इस विद्रोह स्वर से भरा नाटक 'तुम्हारा हाथ दो, हमारा साथ दो', इस आशा के साथ समाप्त होता है—

"विकास के सपनों का दर्द झेल रहे हैं हम! जंगल से, गाँव से, जमीन से, झुग्गी झोंपड़ी से उजड़ने का गुस्सा पी रहे हैं हम! पावर प्लांट के नाम पर, चौड़ीकरण के नाम पर, हाईटेक स्टेट के नाम पर विस्थापन सह रहे हैं हम! ...अब बिखरी हुई हमारी धरती के नवनिर्माण के लिए, अमन-एकता की जिन्दगी जीने के लिए... आओ...तुम्हारा हाथ दो, हमारा साथ दो।"

जल अर्थात् पानी के जिस मुद्दे को आदिवासियों का मुद्दा जानकर कथित नागरी समाज चैन की बंसी बजाता है, उसे जगाने का काम सिद्धेश्वर सरदार का एक और नाटक 'प्यास भरी' करता है। दरअसल, नाटककार 'प्यास भरी' के संवादों के माध्यम से साबित करता है कि जल के साथ खिलवाड़ करने का नतीजा आदिवासियों के साथ-साथ, गैर-आदिवासियों को भी भुगतना पड़ेगा। नाटककार सिद्धेश्वर सरदार जल-संकट को एक वैश्विक संकट बताते हैं, जिस पर समय रहते उपाय न खोजा गया तो होने वाले परिणामों का संकेत भी देते हैं। यह नाटक पानी की काला बाजारी का पर्दाफाश करता है।

- "पानी को कौन चुरा रहा है? पानी का ब्लेकमेल कौन कर रहा है? पानी का बाजारीकरण कर प्रकृति की प्यास के साथ सारे मानव व इतर प्राणी के सर्वविनाश का षड्यन्त्र रचने वाले कौन हैं?

इन प्रश्नों के साथ-साथ पानी की काला बाजारी के दुष्परिणामों का अधोरेखन करते संवाद देखिए—

- "आगे चलकर पानी के लिए विश्व युद्ध होगा। तेल के लिए तो हो गया है, अब बारी पानी की है। गाँव का जंगल उजड़ा, बाहर का तालाब फैल्ट में तब्दील हो गया। डीप बोरिंग से कुआँ सूख गया। दामोदर, सुवर्णरेखा,

कोयलकारों, भौराक्षी को बाँधकर, उनकी धार को बदल दिया गया। उनके मणिमुक्ता लुटाये जा रहे हैं। स्टील बॉक्साइट, आइरन माईका कोयला खान का धुआँ प्रकृति की गोद के पानी और स्वर्ग से उतरने वाले पानी को प्रदूषित कर रहा है। ...अब पानी बिक रहा है...बिकेगा।''

गैर-आदिवासी लेखक जिस भाषा, भाव और शैली को अपनाकर बात कर ही नहीं सकते, उसमें सरदार साहब अपनी इस समस्या का बेजोड़ तोड़ प्रस्तुत करते हैं—

''स्वाभिमानी झारखण्ड...स्वावलम्बी झारखण्ड...इसको परावलम्बी बनाने पर तुले हुए पानी चोर...यह एक समस्या है। इस समस्या से बचना है...बचना है। पानी को कैद से मुक्ति दिलानी है ताकि पानी बह कल कल छल छल।''

आदिवासी लेखकों द्वारा अपनी अस्मिता को लेकर सजगता दर्शाने वाले इन नाटकों का तात्पर्य यह कदापि नहीं कि वर्तमान आदिवासी नाटककार आत्ममुग्ध हैं और केवल अपनी संस्कृति के गुण गाने में मस्त हैं। वास्तविकता यह है कि जिस बेजोड़ी के साथ वे अपनी अस्मिता को व्यक्त करते हैं, उसी बेबाकी के साथ वे अपने दोषों को भी देख रहे हैं। गैर-आदिवासी लेखक जहाँ आदिवासियों पर हो रहे अन्याय का, आदिवासियों की वंचना-प्रताड़ना का दयनीय शब्दों का प्रयोग कर चित्रण करने में व्यस्त हैं, वहीं खाँटी आदिवासी लेखक आत्ममुग्धता त्यागकर उन्हें दयनीय स्थिति में पहुँचाने वाले कारणों की पड़ताल कर रहे हैं और सुधार की दृष्टि से जमीनी उपाय भी बता रहे हैं।

आदिवासी नाटककार बताते हैं कि आदिवासी समाज स्वयं भी कहीं भटकाव का शिकार है। वह अशिक्षा, व्यसनाधीनता, अन्धविश्वास जैसे कई दोषों का शिकार है। इसकी चर्चा भी आदिवासी लेखक बेहद संजीदगी के साथ करते हैं।

रोज केरकट्टा द्वारा लिखित नाटक 'सूर्योदय' इसका अप्रतिम उदाहरण है। 'सूर्योदय' में समस्या, कारण, निवारण सभी मुद्दों को सशक्तता के साथ समेटा गया है। नाटक में बहुत-से ऐसे मुद्दों की चर्चा है जो अब तक आदिवासी साहित्य के परिदृश्य से लगभग अदृश्य ही रहे।

आदिवासियों के विस्थापन के लिए अकसर नागरी समाज को दोष देने का एक चलन-सा बन गया है। रोज केरकट्टा मैडम आदिवासियों के अपनी जड़ों से बिछड़ने के कई अन्य कारण बताती हैं। एक ओर आदिवासी समृद्ध परम्परा के धनी हैं तो दूसरी ओर वे कुछ ऐसी घातक परम्पराएँ पाले बैठे हैं जो उन्हें तबाही की ओर ले जा रही हैं। व्यसनाधीनता, एक ऐसी ही समस्या है जिसे आदिवासी समाज, समस्या नहीं बल्कि शान समझ बैठा है। 'सूर्योदय' नाटक का बन्धना पक्का नशेड़ी है। उसकी इसी आदत के कारण उसका बेटा हाँडू अपने परिवार समेत पिता से अलग रहने लगता है लेकिन बँधना के 'हंडिया-प्रेम' में इससे कोई फर्क नहीं पड़ता बल्कि वह तो अलगोझे का सारा दोष हाँडू के मत्थे मढ़ देता है—''अरे साला हाँडू! उसने

मुझे जन्माया है या मैंने उसे जन्माया है? पढ़ाया हूँ तभी तो मास्टरी कर रहा है। अब माह-दर-माह दरमाहा पाता है तो घमंड करता है। उसकी पत्नी नील रंगा कपड़ा पहनकर मचमच घूमती है। उन्हें मैं ही ठीक नहीं लगता।''

बँधना के स्नेही जन उसे समझाने की कोशिश करते हैं कि ''प्रतिदिन सुअर की तरह लोटते हो। कमर का कपड़ा गिरने तक क्या पीना?'' तब बँधना अपनी नशेबाजी पर शर्मिन्दा होने की बजाय उसका समर्थन करता है—''खडिया हंडिया नहीं पियेगा तो कौन पियेगा? खडिया तो हंडिया के ही आदमी हैं। गाँव भर में उठेगा, बैठेगा तो पियेगा नहीं तो शरम से छुपता फिरेगा।'' अर्थात् बँधना के लिए वह खडिया, खडिया ही नहीं, जो हंडिया नहीं पीता। बिरसा और राम जैसे नयी पीढ़ी के युवा जब बँधना को शराब के परिणाम बताते हैं तो तमककर दिया गया बँधना का जवाब देखिए—

''चौंथ—तुम लोग पढ़े लिखे हो तो क्या कर ले रहे हो? एक कटोरी हंडिया नहीं पी सकते। ...पढ़-लिखकर नौकरी कर रहे हो तो अपने को बहुत होशियार समझते हो? बड़े-छोटे का सम्मान करना नहीं आता है। बड़ा लाटसाहब बनते हो। छोटे-से शीशे के ग्लास में दो घूँट चाय पी लोगे, फिर डकार मारते हुए बोलोगे—हाँ! हो गया! हट्ट!''

'सूर्योदय' नाटक की युवा पीढ़ी नशाखोरी का न केवल विरोध करती है बल्कि दूसरों को नशा करने से रोकती है। प्रस्तुत नाटक में एक और महत्त्वपूर्ण मुद्दे को स्पर्श किया गया है और वह है—आदिवासियों का झूठी शान और दिखावे के लिए महाजनी व्यवस्था के शिकंजे में जकड़ना। नाटक में माँगता अपने बेटे राम का ब्याह धूमधाम से अर्थात् सबको खूब खिलाकर, हँडिया पिलाकर, लड़की के पिता को 'खस्सी-बड़ा' देकर करना चाहता है और उसके लिए अपनी जमीन को बन्धक बनाने के लिए तैयार है। आदिवासी समाज स्वयं ऐसी गलत परम्पराओं के चलते विस्थापन का बुलावा भेज रहा है। कई आदिवासी परिवार इसी कारण टूट गये, अपने मूल से दूर हो गये। नाटक में अपनी जमीन छोड़कर असम में जा बसे असमिया बूढ़े का किरदार इस व्यथा को उजागर करता है—''विवाह के लिए ऋण लिया था। छोटे भाई-बहन क्या खाते? इसीलिए आसाम आना पड़ा ताकि बन्धकवाला खेत छुड़ाया जा सके।''

वह रुपया कमाने के चक्कर में असम चला आया। दूसरा आदमी भी जात-बिरादरी के कड़े नियमों के कारण होने वाले विस्थापन की बात बताता है—''हम भी आसाम इसी तरह आये। कचहरी और भात-भीतर (सामाजिक बहिष्कार की सजा) होते-होते बकरी-बैल तक बिक गये। तब हम इधर आ गये। ...यहाँ रोज कुआँ खोदते हैं। बच्चे नशेड़ी हैं। अभी सब बड़े हो गये पर उन्होंने माँ-बाप का लूर पकड़ा है।''

ये संवाद विस्थापन के कई कारणों को स्पष्ट करते हैं। किसी न किसी कारण

अपनी जमीन और जड़ों से बिछड़कर असम आये इन लोगों से जब राम पूछता है—"घर कब लौटोगे?" तो उत्तर मिलता है—"अब जाते ही नहीं हैं। क्यों झूठ बोलूँ? कभी-कभी हम तो जाते हैं पर बच्चे कभी नहीं गये।" आदिवासियों की आगामी पीढ़ियों के शहराती बन जाने का संकट यहाँ रोज केरकट्टा अधोरेखित करती हैं।

शिक्षा के महत्त्व को न समझ पाने के कारण बच्चों की पढ़ाई छुड़वाकर उन्हें किसी बैल की भांति हल के साथ जोत दिये जाने की समस्या को नाटककार हाँडू, राम और बिरसा के चरित्रों के माध्यम से उजागर करती हैं और शिक्षा के महत्त्व को समझाने के लिए सिलो, किरपा, उदय के चरित्रों को सामने लाती हैं। आश्वस्त होने लायक बात यह है कि राम और बिरसा दोनों ही शिक्षित लड़की की सर्वगुणसम्पन्नता को भाँपकर किरपा और सिलो से ब्याह रचाने की ठान लेते हैं। मात्र इतना ही नहीं, किरपा और सिलो जैसी शिक्षित-दीक्षित लड़कियाँ (जो कभी आदिवासी समाज में नहीं रही थीं) अपनी जड़ों का महत्त्व जानकर, पूरे समाज को संस्कारित करने के उद्देश्य से घर-वापसी करती हैं। आदिवासी समाज की तमाम कमियों को जान-समझकर उन्हें दूर करने के संकल्प की इतनी उज्ज्वल सम्भावना के साथ 'सूर्योदय' नाटक समाप्त होता है।

आदिवासी समाज के सूर्य पर ग्रहण लगाने वाला एक और दोष इनमें फैला अन्धविश्वास है। वर्तमान आदिवासी नाटककार इन अन्धविश्वासों का संस्कार या परम्परा के नाम पर ग्लोरिफिकेशन नहीं करते। अत्यधिक तटस्थ होकर आदिवासी अपने उत्थान में बाधक तत्त्वों की पड़ताल कर रहे हैं, इससे बड़ा शुभ संकेत आदिवासी साहित्य के लिए और क्या हो सकता है?

सिद्धेश्वर सरदार का नाटक 'अन्धपतिया' इसका उत्कृष्ट उदाहरण है। नाटक में आदिवासियों में (कुछ इलाके में) प्रचलित डायन में विश्वास रखने वाली अन्धी मानसिकता का वर्णन है व ऐसे अन्धविश्वासों के दुष्परिणामों का चित्रण है। नाटक में मोहन और माया का बेटा बीमार हो जाता है। उसका सही इलाज करवाने की अपेक्षा उसे बचाने के लिए झाड़-फूँक, ओझा, बलि जैसे बेतुके टोटके आजमाये जाते है। तभी दूसरे गाँव से लौटे बच्चे के चाचा-चाची मदन और सोलमा बच्चे को बुरी तरह बीमार देखकर उसका डॉक्टरी इलाज कराने का फैसला करते हैं। मदन डॉक्टर से दवा लेने जाता है और सोलमा बुखार में तड़पते बच्चे को चूमती-दुलारती है। उसी समय बच्चे की माँ माया वहाँ पहुँचती है और सोलमा को ऐसी डायन बताती है जो उसकी आँखों के सामने उसके बच्चे का खून चूस रही थी। समस्त आदिवासी सोलमा को डायन समझकर उसे मार डालना चाहते हैं और इसी दौरान बीमार बच्चा दम तोड़ देता है। शिक्षित-दीक्षित मदन आदिवासियों को इन अन्धविश्वासों की भयानकता समझाने का प्रयास करता है। लेकिन उसका अपना भाई मोहन उसे दुत्कारकर कहता है—"कल परसों कालिज पास करके आये हो और हम को ही

सिखा रहे हो? समझ लो, जैसे जंगल में शेर रहता है। वैसे ही गाँव में डाहिन रहती है। आज भी डाहिन है, इसीलिए मेरे बेटे को तुम्हारी बहू ने खाया है...डाहिन... चुडैल...ऐसी औरत हमारे समाज में रहेगी तो...न जाने कितने बच्चों को खायेगी।''

प्रगतिशील विचारों के मदन का निष्कासन कर दिया जाता है तो वह अपने समाज को उनकी समूहप्रियता और एकता की याद दिलाता है—''यह अन्धविश्वास हमे जीने नहीं देगा। हम अपने समाज का ऋण नहीं चुका पायेंगे। समाज तोड़ना, परिवार तोड़ना बहुत बड़ा गुनाह है दादा।'' अन्ततः इसी अन्धविश्वास के कारण हुई मुठभेड़ में मोहन, मदन, सोलमा सभी मारे जाते हैं। इतने दर्द भरे अन्त के साथ सिद्धेश्वर सरदार नाटक की समाप्ति नहीं करते बल्कि वे ऐसा करते तो पूरा नाटक सकारात्मक सम्भावनाओं को उजागर न करने वाला बेअसर नाटक सिद्ध होता। नाटककार सरदार साहब इन लाशों के बीच उन आदिवासियों का प्रवेश कराते हैं जो रात्रि-पाठशाला से लौट रहे हैं। उल्लेखनीय है, ये लोग किसी शिकार या हाट-बाजार से नहीं, पाठशाला से लौट रहे हैं। नाटककार ऐसा करके न केवल आदिवासियों के लिए शिक्षा-दीक्षा का महत्त्व अधोरेखित करते हैं, बल्कि भविष्य की उर्वर सम्भावनाओं का संकेत भी देते हैं—''हमें देर हो गयी। हमें देर नहीं करनी चाहिए थी। ऐसे अन्धविश्वास को शिक्षा से मिटाना होगा, समाज को बचाना होगा। शिक्षा का विकास करना है, अन्धविश्वास को भगाना है।''

रोज केरकट्टा के 'बाडी ते' नाटक में आदिवासी समाज में तथाकथित सफेदपोश समाज की देखा देखी पनपपा 'easy money' का लालच, इसके कारण कसता दलालों का पंजा और आलस्य का वर्णन है। ये वे दोष हैं जिनमें आदिवासी नाटककार सुधार के आकांक्षी हैं। 'बाडी ते' में सनियारो और लुदी दोनों रोपने का कार्य कर रही हैं। मेहनत से जी चुराना उनका स्वभाव नहीं। वे जी-जान से मेहनत कर, अपनी समृद्ध संस्कृति की रक्षा करते हुए अपनी रोजी-रोटी कमाने की आकांक्षी हैं। इसीलिए उन्हें कमाने के नाम पर असम, कलकत्ता या अन्य महानगरों की ओर भागने वाले आदिवासी समाज के लोग पसन्द नहीं। वे अपनी जड़ों से कटने का अर्थ खूब समझती हैं। रुपयों का लालच देकर महानगरों में बुलाने वाले दलालों ने उनके प्रियजनों की क्या दुर्गति की, यह भी वे जानती हैं। इसीलिए दोनों इस प्रकार चर्चा करती हैं—

सनियारों—''सब लड़का-लड़की भट्टे की ओर भूले हुए हैं। यहाँ मेहनत करेंगे तो क्या खाएँगे नहीं?'' लुदी—''मेरे नैहर के लोग भी पिछले साल गये थे। सिर्फ दो-दो, तीन-तीन सौ कमाकर लाये थे...कहीं-कहीं के तो खाली हाथ लौटे...रोपनी के पिता भी गये थे...वे भी खाली हाथ लौटे। रोग लेके आये सो अलग।''

सनियारो—''जहाँ जाते हैं वहाँ भी खाने को सड़ा चावल और आटा देते हैं। उसका बाजार रेट से पैसा काटते हैं। पहनने को पुराने कपड़े देते हैं। ...शरीर भी

सोनफुला (रक्तहीन)। कहाँ मिलेगा इधर जैसा हवा-पानी? किसी तरह शरीर लौटकर आता है...कुछ तो लौटते भी नहीं...दलाल लोग मीठी-मीठी बातें बनाकर रुपया कमाते हैं और इनकी जान जाती है।''

आदिवासी स्त्रियों का अपने घर के पुरुषों, बच्चों के विस्थापन को लेकर इतना विचार-विमर्श करना, विस्थापन के कारणों-परिणामों को लेकर सोचना, इस बात का संकेत है कि आदिवासी समाज जागृत हो रहा है।

रोज केरकट्टा अपने एक और नाटक 'बरगद की छाँव में' में आदिवासी समाज में प्रचलित विवाह सम्बन्धी उन कुप्रथाओं का जिक्र करती हैं जिनके चलते आदिवासी समाज न केवल विस्थापित हो रहा है बल्कि महाजनी सभ्यता के चंगुल फँसकर अपनी जमीन भी गँवाता जा रहा है। 'बरगद की छाँव में' के चरित्र बिरसा और सुगी को अपने बेटे फागु के विवाह की चिन्ता है। यह चिन्ता उनके मन में कोलो की शादी के कारण, उसके पिता की होती भाग-दौड़ देखकर उभरती है। वे सोचते हैं कि आज कोलो के पिता का जो हाल है वही हाल भविष्य में उनका अपना होगा। बिरसा शादी के अवसर पर किये जाने वाले खर्च को अकारण मानता है—''हम यों ही खाली हाथ हैं। शादी में और खर्च कर डालते हैं और डूब जाते हैं।'' कोलो के पिता को खान-पान और गिनिंगतंग (लड़की के परिवार को एक जोड़ा गाय-बैल देना) के लिए जो मशक्कत करनी पड़ रही है, वह बिरसा को बिल्कुल पसन्द नहीं आता। सुगी भी अपने पति के विचारों से सहमत है—''सच में। खान-पान, मांस में थोड़ी कमी हुई कि बात बिगड़ जाती है। कितना ही खिलाएँ, मन ही नहीं भरता है। हम दोनों फागु की शादी किस तरह करेंगे तब?''

आदिवासी समाज अपने सुधार का प्रयास अपने घर से व स्वयं के सुधार से कर रहा है। इससे पहले वह अपनी कमियाँ समझ रहा है। इस बात का संकेत बिरसा का अपनी पत्नी से कहा गया यह संवाद देता है—''तुम्हें अभी समझ में बात आयी? इतने दिनों तक तुम भी खाने के लिए मुँह फाड़े रहती थी।'' इस बात पर सुगी न केवल क्षमा माँगती है बल्कि अपने पति के साथ इस कुप्रथा को मिटाने की ठान लेती है। साथ ही, उसे विश्वास है कि आदिवासी समाज उसकी बात मानेगा—''ये सब राजी हो जाएँगे। सबकी बारी आती है इसलिए लोग हमारी बात मानेंगे।'' सुगी की सोच का समर्थन करते हुए समस्त आदिवासी सोचते हैं—''अभी सभी खडिया के सामने प्रश्न है कि हम समाज को आगे बढ़ाने के लिए क्या कर रहे हैं? आओ, हम विचार करें।''

स्वयं आदिवासी लेखकों द्वारा लिखे गये ये नाटक खाँटी—एकदम असली, देसी आदिवासी जीवन, समाज, उनकी समस्याओं और समाधानों की चर्चा करते हैं। आदिवासी नाटकों से साफ-साफ झलकता है कि उन्हें अपनी सांस्कृतिक सम्पन्नता, वीरता, अपनी भाषा-संस्कृति और अपनी प्रथा-परम्पराओं का अभिमान है। किन्तु

अब वे केवल इसी में भूले नहीं हैं बल्कि अत्यन्त तटस्थता के साथ आत्मपरीक्षण कर रहे हैं, अपने दोषों को पहचानकर उन्हें दूर भी कर रहे हैं तथा वे आधुनिक शिक्षा-दीक्षा को स्वीकार कर अपनी जड़ों से जुड़े रहने का गुर सीख रहे हैं। इसे बल देने के लिए कलम जैसे शस्त्र और नाटक जैसी संवादी विधा को अपनाकर अपनी बात अपनी जुबानी कह रहे हैं।

आदिवासी साहित्य में स्त्री शोषण की दास्तान

डॉ. विशाला शर्मा

स्त्री का संघर्ष सभ्यता की पहली और अन्तिम कहानी है। जब हम आदिवासी स्त्री की बात करते हैं तो मार्क्स का यह कथन याद आता है कि–"स्त्रियों की सामाजिक स्थिति से सामाजिक प्रगति को ठीक-ठाक मापा जा सकता है।" आज जब हम भूमंडलीकरण के युग में इस देश के मूल निवासी की स्थिति का आकलन करते हैं तो पाते हैं कि वह युगों से जिस स्थिति में था आज भी वैसा ही उपेक्षित, वंचित और अभावग्रस्त जीवन जीने के लिए मजबूर है। आदिवासी स्त्री की स्थिति तो पंखयुक्त किन्तु पंखहीन पक्षी की भाँति है। उनका जीवन आज भी एक विवश आत्मसमर्पण है। चूँकि साहित्य और समाज का अटूट सम्बन्ध है। आदिवासी स्त्री की दुर्दशा और शोषित अवस्था का चित्रण साहित्य के माध्यम से समाज के समक्ष लाने का कार्य आज हमारे जागरूक साहित्यकारों की कलम से हो रहा है। ताकि आदिवासी समाज में अपने अस्तित्व की लड़ाई लड़ती स्त्री की सच्चाई समाज के समक्ष आ सके।

जंगलों में बसी निरक्षर आदिवासी स्त्री कभी विस्थापन की त्रासदी सहती है तो कभी पूँजीपति, ठेकेदार और अपने समाज की कुप्रथाएँ उसका दोहन करती हैं। जंगल के ठेकेदार इन औरतों का शोषण करते हैं। साहित्य में आदिवासी स्त्री के शोषण, संघर्ष, स्त्री प्रताड़ना, मुक्ति की बेचैनी का सच्चा दस्तावेज दिखलाई देता है। सर्वप्रथम 1952 में वृन्दावनलाल वर्मा के ऐतिहासिक पृष्ठभूमि पर लिखे उपन्यास 'कचनार' की हम चर्चा करें जिसमें गोंड स्त्री कचनार सतत संघर्ष तथा अपने सतीत्व की रक्षा कर नारी के अपूर्व साहस तथा शक्ति का परिचय देती है। 1957 में रांगेय राघव उपन्यास 'कब तक पुकारूँ' प्रकाशित हुआ। नट समाज पर आधारित इस उपन्यास में राजस्थान और ब्रज प्रदेश की सीमा पर बसे गाँव 'बैर' प्रदेश के आदिवासी जीवन का चित्रण है। नटों को पुलिस अत्याचार से बचाने और कैद से छुड़ाने की कीमत नटनियों को अपने तन से चुकानी पड़ती है। उन स्त्रियों का जीवन विवशताओं और विडम्बनाओं से भरा है। प्यारी, कजरी और चन्दा जैसे स्त्री पात्रों का अन्त इस उपन्यास का हिस्सा है। इस उपन्यास में सुखराम अपनी और महिलाओं की

सामाजिक स्थिति पर आत्ममन्थन करते हुए कहता है—"हमारे पास जमीन नहीं, कुछ नहीं। आसमान के नीचे सोते हैं, धरती हमारी माता है। हम घास की तरह पैदा होते हैं। रौंदे जाते हैं। हमारी औरतों को पुलिस के सिपाही दूब समझकर चर जाते हैं। और हमारे पास क्या है? कुछ नहीं।"[1] और करनट आदिवासी औरतें जानती हैं कि दारोगा के बुलावे को स्वीकार न करने का नतीजा क्या हो सकता है। प्यारी और सौनो की बातचीत इस बात को स्पष्ट करती है—"औरत का काम औरत का काम है। उसमें बुरा-भला क्या? कौन नहीं करती? नहीं तो मार-मार कर खाल उधेड़ देगा दारोगा और तेरे बाप और खसम दोनों को जेल भेज देगा। फिर कमेरा मेरा न रहेगा तो क्या करेगी? फिर भी पेट भरने को यही करना होगा।"[2]

राजेन्द्र अवस्थी का 'सूरज किरण की छाँव' 1958 में प्रकाशित उपन्यास है। इस उपन्यास में चित्रकूट के आस-पास के आदिवासी क्षेत्र का चित्रण है जो जंगली आदिवासी युवती बंजारी के जीवन की दास्तान कहता है। प्रेमजाल में फँसी बंजारी को पंचायत से बहिष्कृत कर दिया जाता है और पंचायत के फैसले पर उस युवक से उसका विवाह किया जाता है जो विवाह के पश्चात् पाँच सौ रुपये में उसे बेच देता है। जिन्दगी जीने की विवशता है कि उसे अपनी मर्जी के खिलाफ वेश्या व्यवसाय करना पड़ता है। समाज से निर्वासित बंजारी अन्त में फिर किसी स्त्री को उसकी तरह नारकीय जीवन नहीं जीना पड़े इस हेतु गाँव चली जाती है और वहाँ लोगों की सेवा करती है। एक हाथ से दूसरे हाथ बिकती बंजारी समाज के घिनौने बर्ताव से टूट जाती है। स्त्री के प्रति किये जाने वाले व्यवहार से दुखी होकर वह कहती है, "क्या औरत की जिन्दगी में इसके सिवाय कुछ और नहीं है? यदि नहीं है तो दुनिया में औरत होना सबसे बड़ा पाप है। आदमी को जन्म के साथ ही उसका गला घोंट देना चाहिए इसके सिवाय उसके सामने चारा नहीं है। जब आदमी उसे जीने नहीं देना चाहता तो उसे धुएँ में घुटने और तड़पने देने का उसे अधिकार नहीं है।...क्या औरत आदमी की धरोहर है।"[3] पुरुष सत्तात्मक समाज में स्त्री को विभिन्न नामों से अलंकृत किया गया है। किन्तु शब्दों के द्वारा दिया गया यह सम्मान उसे सच्चे मायनों में कभी नहीं मिलता। इस उपन्यास के सन्दर्भ की ये पंक्तियाँ इस सच्चाई को स्पष्ट करती हैं कि "ईशू ने जिसे सबसे खूबसूरत चिराग कहा है, मुसलमानों ने जिसे खुदा का नूर नाम दिया है और हिन्दुओं ने जिसे साक्षात् देवी और लक्ष्मी माना है, वह वास्तव में पाप की गठरी के सिवाय कुछ नहीं है। जैसे बालक को खिलौना देकर भरमा दिया जाता है, पुरुषों ने इन नामों के मायाजाल में औरत को मक्खी की तरह फँसाकर रखा है।"[4]

'जंगल के फूल' राजेन्द्र अवस्थी का बस्तर के आदिवासियों को केन्द्र में रखकर लिखा गया उपन्यास है जिसमें महुआ के देशप्रेम स्त्रियों की सेना संगठित करना आदिवासियों की संस्कृति, रीति-रिवाजों, आदिवासियों के विद्रोह, आदिवासी संस्कृति

में 'घोटुल' आदि पर विस्तृत प्रकाश डाला गया है। 'जंगल के फूल' उपन्यास में गोंड नारी की सामाजिक स्थिति के सन्दर्भ में अवस्थी जी लिखते हैं कि ''औरत की जात, वह तो कच्ची माटी की हंडी। जिसे जो निशान उस पर बनाना हो, बना दे।'' झलिया झालरसिंह से कहती है—''तो यह कहो कि तुम मरादों ने उसके मन को दीमक की तरह खा डाला है। लिंगों की दुनिया में औरत-मरद का भेद नहीं रे, झालर। भेदभाव की ये दीवारें तुम्हारी बनायी हैं। तुम हाथ में डुग-डुगी लेकर बन्दर की तरह औरतों को नचाते हो।'' साथ ही राजेन्द्र अवस्थी के 'जाने कितने आँखें' उपन्यास में भी सुवेगा और कमलापति के प्रेम की दास्तान को अभिव्यक्ति प्रदान की है। इस उपन्यास में सुवेगा की पीड़ा पाठकों की पीड़ा बन जाती है। चूँकि प्राचीन जड़ मूल्यों, जातिवाद, नैतिकता और सामाजिक नियंत्रण को वह सहती है। शानी के 'साँप और सीढ़ी' में भी बस्तर के ग्रामीणों का संघर्षमय जीवन है। हल्बा जाति की एक आदिवासी बाल-विधवा चम्पा धान बेचते-बेचते धानबाई से धान माँ बन जाती है। उसी चाय की होटल उसकी जीविका है। किन्तु ग्रामीण विकास के नाम पर लुभावनी औद्योगिक योजनाएँ किस तरह लोगों की रोजी रोटी छीन लेती हैं और धान माँ भी उसका शिकार हो जाती है।

'अरण्य' कुमाचल के आदिवासियों तथा अनाथ कावेरी की खामोश जिन्दगी की कथा है। जिसकी शादी बूढ़े ठेकेदार से की जाती है। वहीं 'पिंजरे में पन्ना' नारी शोषण को चित्रित करता मणि मधुकर का लघु उपन्यास है। जिसमें 'गडुलिया लुहार' आदिवासी जाति जो कि राजस्थान के रेगिस्तानी इलाकों में यायावरी जीवन जीती है, को केन्द्र में रखकर लिखा गया है। सुरेशचन्द्र श्रीवास्तव के 'वनतरी' उपन्यास में 'वनतरी' नायिका आदिवासी जीवन संघर्ष की नायिका बनकर विद्रोह कर देती है। वह अपनी जाति पर हो रहे अन्याय व शोषण का डटकर विरोध करती है। उसी तरह संजीव के उपन्यास 'धार' की मैना है। इस उपन्यास में बिहार के सन्थाल परगना में कोयले की खदानों पर आदिवासियों के जीवन का चित्रण है। इस उपन्यास में जेलर साहब का मैना पर बलात्कार करना और फिर अपने पशु तुल्य व्यवहार के कारण जब मैना को बच्चा पैदा होता है तो मंगर जो जेल में सजा भुगत रहा है उसे मार-मारकर जेलर कबूल करवाता है कि उसने जेल में किसी औरत के साथ बलात्कार किया है। इस घटना को संजीव ने उपन्यास में उकेरा है। पूँजीपति महेन्द्र बाबू, ठेकेदार, माफिया, पुलिस अधिकारी और दोषपूर्ण व्यवस्था से भी मैना लड़ती है। साहसी आत्मविश्वासी मैना लोगों की क्रूरता का शिकार बनती है।

'डूब' एवं 'पार' वीरेन्द्र जैन के उपन्यास हैं। 'पार' में चित्रित गुनिया माई का चुनाव स्त्री को प्रतिबन्धित करने की समस्या पर प्रकाश डालता है। 'पार' में चित्रित स्त्री की हालत दर्दनाक है। एक अघोषित ग्राम वधू की पदवी निचली जातियों की औरतों को दे दी जाती है और उसका उपभोग करना सवर्ण अपना अधिकार मानते

हैं। गोराबाई लुहारीन है और इस व्यवस्था की शिकार है। मैत्रेयी पुष्पा के 'अल्मा कबूतरी' में कदमबाई की व्यथा इस बात की द्योतक है कि कबूतरा जाति में स्त्री की स्थिति कितनी कारुण्य है। उपन्यास के सन्दर्भ में मैत्रेयी लिखती है, ''कबूतरा पुरुष या तो जंगल में रहता है या जेल में... स्त्रियाँ शराब की भट्टियों पर या हमारे बिस्तरों पर।''[5] 'मरंग गोड़ा निलकंठ हुआ' उपन्यास में महुआ माजी ने रेडियोधर्मी विकिरण के दुष्प्रभावों पर प्रकाश डाला है। यूरेनियम खनन से मरंग गोड़ा के आदिवासी विस्थापित होने के लिए मजबूर हो जाते हैं। सगेन समाज सेवा के क्षेत्र में सक्रिय युवक है किन्तु आदिवासी इलाकों में आज भी अन्धविश्वास अपना घर किये हुए है। गाँव में फैलती बीमारियों का कारण खदानें हैं। जिनके यूरेनियम खनन का दुष्प्रभाव गाँव के वातावरण पर पड़ता है। किन्तु गाँव के लोग सगेन की ताई को डायन घोषित करते हैं। ''हद तो तब हो गयी जब सगेन की ताई को डाइन घोषित करके होने वाली मौतों के लिए उसे जिम्मेदार ठहरा दिया गया और एक दिन जब वह बाजार से लौट रही थी तो पड़ोस के कुछ लोगों ने उसे पकड़ लिया। उन्होंने उसका सिर मुण्डाकर जबरन मल खिलाया।''[6]

'सागर, लहरें और मनुष्य' उदयशंकर भट्ट का एक चर्चित उपन्यास है। मछुआरों में 'कोली' समाज के आन्तरिक जीवन का यथार्थ चित्रण इस उपन्यास में किया गया है। मणि अपनी गूँगी पत्नी दुर्गा पर अत्याचार करता है और जब वह मर जाती है तो एक मछुआरिन की बेटी रत्ना को वह वैभव दिखाकर फँसा लेता है। शराब पीना और रत्ना को पीटना उसकी दिनचर्या है।

विनोद कुमार के 'समर शेष है' उपन्यास को झारखण्ड के आदिवासियों के बारे में लिखी गयी सबसे श्रेष्ठ कृति कहा जा सकता है। उपन्यास में महाजनी शोषण के विरुद्ध संघर्ष की शुरुआत शिबू सोरेन के पिता सोबरन मांझी करते हैं। जब गाँव की एक आदिवासी औरत रूपा अपने पति की मृत्यु के मौके पर महाजन विष्टु साव से दो मन धान लेती है और दो वर्ष तक लौटा नहीं पाती। अपने लठैतों के बल पर विष्टु साव रूपा का सारा धान रखवाकर बैलगाड़ी ले जाना चाहता है और रूपा के विरोध करने पर उसका हाथ पकड़ लेता है। इतना ही नहीं वह बाद में रूपा को एक ढोंगी बाबा के सहारे डायन घोषित करवाकर उसकी हत्या करवा देता है।

'आदिवासियों का जमीनी राजनीतिक संघर्ष' में केदार प्रसाद मीणा लिखते हैं, ''महाजनी शोषण के बाद और बहुत हद तक उसी से पनपी आदिवासियों की एक बड़ी समस्या स्त्री शोषण की रही है। आदिवासी औरतों का सदियों से महाजनों, जमींदारों, ठेकेदारों, अंग्रेजों और बाहरी अधिकारियों-बाबुओं ने जमकर शोषण किया है। इन्होंने आदिवासी समाज के खुलेपन का हमेशा गलत इस्तेमाल किया है। इस घृणित काम को करने के लिए कभी तो आदिवासी औरतों को मजबूर किया गया और कभी लालच देकर बहकाया गया।

उपन्यास 'समर शेष है' में स्त्री शोषण की समस्या के विरुद्ध आदिवासियों के संघर्ष को एक बड़े आन्दोलन के रूप में दिखाया गया। इस संघर्ष की एक प्रमुख विशेषता यह है कि इसमें स्वयं महिलाएँ भी अपनी स्थिति को बेहतर बनाने के लिए संघर्ष करती नजर आती हैं। यह संघर्ष केवल शारीरिक शोषण के विरुद्ध ही नहीं, बल्कि अपनी जटिल सामाजिक-आर्थिक स्थिति के विरुद्ध भी किया गया।"[7]

योगेन्द्र नाथ सिन्हा के उपन्यास 'वन के मन में' में स्त्री जागरूक स्त्री के रूप में पाठक के समक्ष आती है। वह पितृसत्तात्मक नियमों से मुक्त होकर उन्मुक्त उड़ान भरना चाहती है। वह कहती है, "पितृक समाज सदियों से स्त्री को अपने अधीन रखने के नये-नये हथकण्डे अपनाता रहा है। दोहरे शोषण की शिकार स्त्री सामाजिक रूढ़ियों-परम्पराओं की बँधी-बँधाई परिपाटी को तोड़कर अपने मनुष्य होने की लड़ाई लड़ रही है। वह निर्जीव वस्तु नहीं कि पुरुष के हाथों की कठपुतली बनी रहे।"[8]

महाश्वेता देवी एक प्रसिद्ध आदिवासी लेखिका मानी जाती है। 'रुदाली', '1084 वे की माँ', 'चोट्टि मुण्डा और उसका तीर' आदि रचनाओं में मानवीय संवेदना एवं शोषण के प्रतिकार के दर्शन होते हैं। उनका 'अग्निगर्भ' उपन्यास भी आदिवासी संघर्ष की महागाथा है, जिसमें भूमिहीन आदिवासी सन्थाल बेगार काटते, बँधुआ जीवन की त्रासदी सहते और आरोपित नक्सलवादी का आरोप ओढ़े लोगों पर उनकी संवेदनात्मक अभिव्यक्ति है। महाश्वेता देवी ने आदिवासियों, दलितों और विशेषकर स्त्रियों के शोषण के प्रतिकार में अपने लेखन के ऐतिहासिक दायित्व को समाजशास्त्रीय ताने बाने में पूरा किया है। '1084 वे की माँ' उपन्यास को माँ की नजर से लिखा गया है। रचना में संघर्ष दो स्तरों पर है। पहला समाज और सत्ता से तो दूसरा व्यक्तिगत और परिवार ढाँचे में जकड़ी स्त्री स्वतन्त्रता का है।

मधुकर सिंह का झारखण्ड के आदिवासियों पर लिखा उपन्यास 'बाजत अनहद ढोल' है, जिसमें सन्थाल जाति की विशेषता बताते हुए लेखक स्पष्ट करते हैं कि वे सब कुछ बर्दाश्त कर सकते हैं लेकिन अपनी बहू-बेटियों की अस्मिता का मर्दन उन्हें किसी कीमत पर गवारा नहीं। अशिक्षा, अन्धविश्वास के कारण मान्त्रिक-तान्त्रिकों ने इनका शोषण किया है। सुकेल और जोबा जनजाति के पिछड़ेपन, अशिक्षा, अज्ञानता, अन्धविश्वास से दुखी हैं। सुकेल को दुख है कि आदिवासियों की अपढ़ता और अज्ञानता ने भोली-भाली पिलकू को डायन-भूतिन समझकर उसकी जान ले ली। जोबा को भी डर है कि किसी दिन उसके गले में भी ढोल लटकाया जा सकता है। वह जानती है कि जब तक बोंगा, मांझी, पुरोहित, नंगा जान गुरु उनके भीतर बने रहेंगे ये सब होता रहेगा। गाँव का पुरोहित भी रेलवे लाइन में काम दिलाने के बहाने औरतों को बहला-फुसलाकर ले जाता है और साहब को दे देता है। जोबा सन्थाल स्त्रियों की मशाल बनती है। वह जानती है 'आखर ज्ञान' बहुत जरूरी है। आक्रोश की ज्वाला और सन्थाल जाति का ब्रिटिश सत्ता के खिलाफ विद्रोह एवं स्त्री

जाति द्वारा शिक्षा व समानता के नारे को बुलन्दी पर लाने का कार्य इस उपन्यास के माध्यम से हुआ है।

राकेश कुमार सिंह के 'पठार पर कोहरा' में भी आदिवासियों पर हुए अत्याचारों का ब्योरा हम देख सकते हैं। आदिवासी क्षेत्र में व्याप्त भ्रष्टाचार के कारण रंगेनी का पति होकाना मारा जाता है और उसकी मौत की कीमत बेचू तिवारी पाँच सौ रुपये देता है। रंगेनी अपने घर पर संजीव को स्कूल प्रारम्भ करने की अनुमति देती है। रंगेनी निडर है। रंगेनी के माध्यम से आदिवासी नारी की व्यथा का प्रस्तुतीकरण लेखक ने किया है। लेखक आदिवासी स्त्री की दशा का वर्णन इन शब्दों में करता है, "आदिवासी स्त्री की दशा चिन्ताजनक है। वे मात्र एक पतली धोती बाँधकर पीठ पर बच्चे को बाँधती है और घर-बाहर दोनों स्तरों पर कर्म-कर्तव्य निभाती है। उन्हें देखकर संजीव को लगता है कि ये आदिवासी स्त्रियाँ मरने-खपने और बच्चे जनने को ही बनी हैं। हड्डियाँ जलाती अल्पवयस्क माताओं की अनावृत छातियाँ चिचोड़ते बच्चे देखकर लगता है मानो किसी दिन इन छातियों से दूध की बजाय रक्त न रिस पड़े। इन स्त्रियों की दयनीय अवस्था को देखकर संजीव को लगता है कि आदिवासी समाज और संस्कृति के प्रति हमारे सुसंस्कृत समाज का रवैया केवल मनोरंजन मात्र का ही है, कहाँ है इस जंगल में वैसी शृंगारयुक्त आदिवासी स्त्रियाँ जिन्हें तैलचित्रों में देखते रहे हैं संजीव? गजलीठोरी की अधिकांश महिलाएँ तो दुख-दैन्य की तस्वीरें ही हैं। हाँ...! एक शृंगार अवश्य है, पारम्परिक गोदना....ललाट से अँगूठे तक भाँति-भाँति के गोदने आज भी आदिवासी स्त्रियों के आभूषण हैं।"[9]

आदिवासी जीवन को चित्रित करते उपन्यास इस समाज में व्याप्त बहुत-सी सच्चाइयों को समक्ष लाने का कार्य करते हैं। निश्चित रूप से आदिवासी लेखन कल्पना और मनोरंजन का किस्सा नहीं है। अपनी ऊर्जा और शक्ति के बल पर अपने अस्तित्व की लड़ाई लड़ती आदिवासी स्त्री कभी विस्थापन की त्रासदी सहती है तो कभी पूँजीपतियों, ठेकेदारों और कभी अपने समाज में व्याप्त कुप्रथाएँ उसका दोहन करती हैं। आदिवासी समाज में बाल विवाह, बलात्कार, घरेलू हिंसा, बहू विवाह, पैतृक सम्पत्ति में अधिकार नहीं मिलना जैसे मामलों से जूझती आदिवासी औरतें हर स्तर पर शोषण का शिकार हो रही हैं। इन्हें सही स्थान तभी मिल पायेगा जब इनके प्रति देखे जाने वाला रवैया बदलेगा और इन पर अत्याचार करने वाले अत्याचारियों के खिलाफ सरकार और समाज कड़ा दण्ड देने का रुख अपनायेंगे।

सन्दर्भ

1. कब तक पुकारूँ, रांगेय राघव, पृ. 162
2. वही, पृ. 43
3. सूरज किरण की छाँव, राजेन्द्र अवस्थी, पृ. 190-191

4. वही, पृ. 172-73
5. अल्मा कबूतरी, मैत्रेयी पुष्पा, मलपृष्ठ से
6. मरंग गोड़ा निलकंठ हुआ, महुआ माजी, पृ. 156
7. वाङ्मय, त्रैमासिक, पृ. 121
8. वन के मन में, योगेन्द्र नाथ सिन्हा, पृ. 88
9. पठार पर कोहरा, रोकश कुमार सिंह, पृ. 154

भूमंडलीकरण के दौर में आदिवासी उपन्यास

डॉ. हाशमबेग मिर्जा

भूमंडलीकरण की आवश्यकता को व्यक्त करते हुए किसी शायर ने क्या खूब कहा है–

"करें कोई तरकीब ऐसी कि सब सँभलते रहें,
हवाएँ भी चलती रहें और दिये भी जलते रहें।"

वर्तमान समय में साहित्यक क्षेत्र में सबसे अधिक चर्चा आदिवासी साहित्य पर होती नजर आ रही है। यह समाज अपने आपको मूल भारतीय संज्ञा से अभिव्यक्त कर हाशिये से सीधा केन्द्र में पहुँच गया है। विविध कोनों से इसके साहित्य पर विमर्श होने लगे हैं। आदिवासी साहित्य का विविध विधाओं में लेखन आरम्भ हुआ, परिणामस्वरूप आज आदिवासी साहित्य का बहुत कम समय में बड़ी तेजी से विकास हो रहा है।

आदिवासी साहित्य की अवधारणा को लेकर तीन तरह के मत निर्मित हुए हैं। 1. आदिवासी विषय पर लिखा गया साहित्य आदिवासी है। 2. आदिवासियों द्वारा लिखा गया साहित्य आदिवासी है और 3. आदिवासीयत अर्थात् आदिवासी दर्शन के तत्त्वों वाला साहित्य ही आदिवासी है। मैं अपने शोधालेख में आदिवासी साहित्य का तात्त्विक विवेचन नहीं करना चाहूँगा किन्तु यह सबसे महत्त्वपूर्ण अवधारणा है कि जिस साहित्यिक कृति में आदिवासी समाज की संस्कृति का यथोचित वर्णन हुआ है वही आदिवासी रचना कहलायी जाये। आदिवासी विमर्श में विविध पहलुओं पर चर्चा हो रही है। हिन्दी के प्रसिद्ध भाषाविद् सुनीति कुमार चटर्जी ने एक भविष्यवाणी की है कि आदिवासी भाषाएँ अपनी मौत मरती जाएँगी और दो-तीन सौ साल में ये खत्म हो जायेंगी। मेरे विचार से आदिवासी विमर्श को इसका जवाब देना होगा। दूसरी महत्त्वपूर्ण बात पिछले कुछ वर्षों पूर्व देखने में आया है कि में संसार की एक-एक बोली-भाषा अब लुप्त होती जा रही है। हिन्दी के प्रसिद्ध भाषाविद् डॉ. परमानन्द पांचाल ने अंडमान-निकोबार द्वीप समूहों का भाषा वैज्ञानिक अध्ययन किया था। जिसमें 'बो' भाषा बोलने वालों की संख्या पर उन्होंने चिन्ता व्यक्त की थी। अभी हाल में उन्होंने अपने एक शोधालेख में कहा है कि 'बो' भाषा बोलने वालों की

संख्या खत्म हो चुकी है। मेरे ख़याल से आदिवासी संस्कृति, समाज और भाषा को बचाने के लिए आदिवासी साहित्य और समाज पर चर्चा होनी बेहद जरूरी है।

अपने इस आलेख में मैंने 21वीं सदी के महत्त्वपूर्ण आदिवासी उपन्यासों पर चर्चा की है। वैसे तो आदिवासी उपन्यास का उद्भव बेहद रोचक है जिस पर अधिकतर विद्वानों का ध्यान नहीं गया। मेन्नस ओडेअ (1884-1968) प्रथम आदिवासी उपन्यासकार हुए हैं। जिनका मतुरा की कहानी प्राचीन मुण्डारी भाषा में लिखित उपन्यास है। इसे उन्होंने 1920 के आस-पास लिखा। 1700 पृष्ठों में लिखा यह बृहद् उपन्यास लगभग पाँच भागों में विभाजित है। किन्तु इसे प्रकाशित होने के लिए 60 वर्ष का इन्तजार करना पड़ा। 1984 में प्रकाशित होने के बाद आज 30 साल बाद भी इस पर विशिष्ट तौर पर कहीं चर्चा नहीं हो सकी और यह दुर्दैव की बात है। इनसायक्लोपीडिया ऑफ मुण्डारिका के संकलनकर्ता फादर हाफमैन के स्टेनो रह चुके मेन्नस ओडेअ ने लगभग पाँच हजार पृष्ठों को टाईप किया था। उसी को आधार बनाकर उन्होंने मतुरा की कहानी बृहद्काय उपन्यास की रचना की थी। महाराष्ट्र के आदिवासी और झारखण्ड के सन्थाली आदिवासियों को नजरअंदाज करें तो बहुत कम आदिवासी साहित्यकारों का परिचय हम हिन्दी जगत को है।

आदिवासी की चिन्ता जल, जमीन, जंगल, भाषा और संस्कृति की है जो उसके अस्तित्व का प्रश्न है। आदिवासी उपन्यासों में इन्हीं प्रश्नों को उठाया गया है। 21वीं सदी में जो महत्त्वपूर्ण आदिवासी उपन्यास लिखे गये उनमें मैत्रेयी पुष्पा का अल्मा कबूतरी, राकेश कुमार सिंह के तीन उपन्यास—पठार पर कोहरा, जो इतिहास में नहीं है तथा हुल पहाड़िया, संजीव का पाँव तले की दूब, रणेन्द्र का ग्लोबल गाँव के देवता तथा गायब होता देश और महुआ माजी का मरंग गोड़ा नीलकंठ हुआ शामिल हैं।

मैत्रेयी पुष्पा का अल्मा कबूतरी सन् 2000 में प्रकाशित उपन्यास हिन्दी साहित्य जगत में काफी चर्चित रहा है। बुन्देलखण्ड की विशिष्ट जनजाति की समस्याओं को केन्द्र में रखकर लिखे इस उपन्यास ने कबूतरा आदिवासी जनजाति के सम्पूर्ण जीवन को व्यक्त किया है। इस उपन्यास के माध्यम से मैत्रेयी ने स्त्री मुक्ति और दलित मुक्ति को भी मुखरित किया है। उपन्यास के दृश्य के सम्बन्ध में डॉ. कलासावा लिखते हैं—कथा का प्रारम्भ मंशाराम और कदम बाई की कथा से शुरू होता है। जिसमें दोनों समाज का आपसी टकराव दृष्टिगत होता है। कदमबाई इस उपन्यास की प्रतिनिधि पात्र है। उसके पति जंगलिया को कज्जा लोग मरवा देते हैं और कदमबाई के शरीर को मंशाराम धोखे से प्राप्त करता है। उसी के परिणामस्वरूप कदमबाई राणा को जन्म देती है। राणा को जन्म देना कज्जा से टकराने और प्रतिशोध लेने का ही प्रतिफल है। पर यहाँ भी उसकी हार होती है। इस उपन्यास में पुलिस द्वारा उनके ऊपर किये जाने वाले अत्याचार, प्रशासन का शोषण, सभ्य समाज का धिक्कार और धृणा, सभ्य समाज के प्रति कबूतराओं का रोष और बदला लेने की

भावना, उनकी जीवन वृत्ति, चोरी, छीना-झपटी, लूट, डकैती आदि का विस्तार से वर्णन किया गया है।

पुष्पा ने इस उपन्यास में प्रतिकूल परिस्थितियों में संघर्ष करती आदिवासी स्त्रियों के संघर्ष को चित्रित किया है। कबूतरा जाति को अपराधी जाति माना जाता है। किन्तु उपन्यास की अन्य पात्र भूरी ने सर्वप्रथम अपने बेटे को पढ़ाकर इस कलंक से बाहर निकलने की कोशिश की है। वस्तुतः कबूतरा जाति अपना सम्बन्ध राजस्थान मेवाड़ के प्रसिद्ध जौहर की नायिका रानी पद्मावती से जोड़ती है। अतः नारी शक्ति उनमें प्राकृतिक रूप से समायी हुई है। यही आस्था कबूतरी नारी जाति में दिखाई देती है। उपन्यास को मैत्रेयी ने राष्ट्रीय धारा से जोड़ने की कोशिश की है, जिसमें कबूतरा जनजाति के पुनर्निर्माण के लिए राजनीतिक प्रवेश ही समाधान बताया गया है।

आदिवासी उपन्यासकारों में दूसरा महत्त्वपूर्ण नाम राकेश कुमार सिंह का आता है। विगत दस वर्षों में आदिवासी जीवन से जुड़े तीन उपन्यासों की उन्होंने रचना की है। 2003 में प्रकाशित 'पठार पर कोहरा' उपन्यास झारखण्ड के गजली ठोरी नामक ग्राम के मुण्डा जन-जीवन पर लिखा एक सशक्त उपन्यास है। भारत की आजादी के बाद आदिवासी जन-जीवन पर प्रकाश डालता यह उपन्यास नयी शोषक संस्कृति को व्यक्त करता है, जो साहू-बाबू और बन्दूक की संस्कृति है। बँधुवा प्रथा पर आधारित इस उपन्यास में लेखक ने आदिवासी जन-जीवन पर भी लेखनी चलायी है। साहू-बेचू तिवारी और जंगल सेना जैसे भूमिगत आन्दोलन उसी की उपज हैं।

'पठार पर कोहरा' का नायक संजीव है जो बेहद आक्रामक है। सरकार की शिक्षा नीति का पर्दाफाश भी उक्त उपन्यास करता है। गजली ठोरी में आदिवासियों के लिए प्राथमिक विद्यालय है किन्तु यह सिर्फ कागज पर ही है। सभी योजनाएँ गजली ठोरी पहुँचती हैं पर केवल कागजात के माध्यम से। ये सब भ्रष्टाचार केवल स्कूली अध्यापकों का या शिक्षा विभाग के कर्मचारियों का ही नहीं पूरी ब्यूरोक्रेसी का है। जिसे राकेश कुमार सिंह ने 'पठार पर कोहरा' के माध्यम से उजागर किया है।

राकेश कुमार सिंह का दूसरा आदिवासी जीवन को केन्द्रित कर लिखा उपन्यास 'जो इतिहास में नहीं है' है। इसका प्रकाशन 2005 में हुआ। झारखण्ड की सन्थाल जनजाति का मानो इसमें इतिहास ही लिखा गया हो। 1857 के पूर्व का आदिवासी हूल (आन्दोलन) की पृष्ठभूमि पर लिखा यह उपन्यास उन आदिवासी शहीदों की याद दिलाता है जिसे हमारा इतिहास पूरी तरह भूल चुका है। उपन्यास की कथा नायक हारिल मुरमू और उराँव युवती लाली के बनैले प्रेम के ताने-बाने से जुड़ी है। ब्रिटिश कम्पनी सरकार के दमन, अत्याचारी नीति का सन्थाल आदिवासियों पर किया गया अत्याचार, भ्रष्ट दारोगा जैभवान पांडे का जुल्म, नव निर्माण रेल परियोजना में जंगलों को खत्म करना, आदिवासियों की बहू-बेटियाँ, पत्नियाँ, नातिनों को अधिकारियों द्वारा हवस का शिकार बनाकर छोड़ देना, अभ्रक का खान की खुदाई के लिए

गरीब, मासूम सन्थालों की जमीन, घर पर कब्जा करना आदि जैसी घटनाओं का मर्मस्पर्शी चित्रण उपन्यास की वस्तु को खड़ा करता है। परिणामस्वरूप अपने पर होते अत्याचारों के विरोध में तीर, कमान, बाण के सहारे कभी सफल तो कभी असफल हूल आन्दोलन की गरिमा उपन्यास की मूल संवेदना को दर्शाती है। इस आन्दोलन में हजारों आदिवासियों की बलि चढ़ जाती है। उनके शौर्य की गाथा और शहीदी का मर्सिया यह उपन्यास है, जिसे भारतीय इतिहासकारों ने भुला दिया है और इसे ही राकेश कुमार सिंह का उपन्यास 'जो इतिहास में नहीं है' व्यक्त करता है।

राकेश कुमार सिंह का ही तीसरा उपन्यास 'हूल पहाड़िया' 2012 में प्रकाशित हुआ। यह पहाड़ियाँ जनजाति के विद्रोही बाबा तिलका माँझी की समरगाथा को ऐतिहासिक तथ्यों के साथ प्रस्तुत करता है। साथ ही आदिवासी जनजातियों के अपने-अपने मुखियों के साथ लड़े गये स्वतन्त्रता संग्राम को भी व्यक्त करता है।

'हूल पहाड़िया' उपन्यास का आरम्भ राजमहल पहाड़ी पर लगे एक पहाडियाँ गाँव का नया माँझी (मुखिया) चुनने की घटना से होता है। नये माँझी की क्षमता को जाँचने के लिए उसे कई परीक्षाओं से गुजरना पड़ता है। ये परीक्षाएँ नाम मात्र नहीं होतीं। इसी प्रक्रिया में जबरा पहाड़िया उर्फ तिलका माँझी उर्फ तिलका बाबा नामक वीर उभरकर सामने आता है। यही उपन्यास का मुख्य पात्र है। अन्य पात्रों में फागुन, कुंजरा, तेतर, चादों, करमा, कार्तिक आदि आदिवासी पात्रों के साथ कम्पनी अधिकारियों के रूप में जेम्स ब्राऊन, क्लीव लैंड, मिटफोर्ड, हीलर आदि हैं। उपन्यासकार ने दो नारियों को भी प्रमुख नारी पात्र के रूप में चित्रित किया है। जिनमें तिलका माँझी की पत्नी रूपनी और सुलतानाबाद की रानी सर्वेश्वरी है। जो रानी होकर भी गुप्त रूप से आदिवासी आन्दोलन की मदद करती है। पूरा उपन्यास पहाडियाँ जनजाति के दुख-दर्द, संघर्ष, मन, उत्सव, त्योहार के साथ भारतीय स्वतन्त्रता संग्राम में आदिवासी जनजाति के सहयोग को दर्शाता है।

21वीं सदी के आदिवासी उपन्यासकारों में संजीव बेहद महत्त्वपूर्ण उपन्यासकार हैं। उनका 2005 में 'पाँव तले की दूब' उपन्यास प्रकाशित हुआ। कालीचरण किस्कू और शीला को उपन्यास के पात्र के रूप में वर्णित किया गया है। उपन्यास का क्षेत्र मेझिया गाँव है जहाँ का परिवर्तन संजीव अपने उपन्यास के पात्रों के माध्यम से कराते हैं।

कथाकार रणेन्द्र का उपन्यास 'ग्लोबल गाँव के देवता' सन् 2009 में प्रकाशित हुआ। प्रकाशन के साथ ही उपन्यास ने बहुत वाह-वाही बटोरी क्योंकि उपन्यासकार की नव-ननीन कल्पनाएँ और नयी लेखन शैली इसे नये आयाम तक पहुँचाती हैं। उपन्यास में कथाकार ने सूर-असूर संघर्ष को दर्शाया है। देवराज इन्द्र से लेकर ग्लोबल गाँव के आधुनिक व्यापारियों तक फैली शोषण की प्रक्रिया को उपन्यासकार रणेन्द्र व्यक्त करने में सफल हुए हैं। असूरों की छिन्न-भिन्न संस्कृति की संघर्षमय

गाथा को उपन्यास का कथ्य बनाया गया है।

रणेन्द्र अपने इस उपन्यास 'ग्लोबल गाँव के देवता' में भूमंडलीकरण के कारण आदिवासी जनजाति के जीवन में होने वाले परिवर्तन को दर्शाते हैं। जमीन, जंगल और जल ही आदिवासी जनजाति की सम्पत्ति है। अपने आपको आधुनिक समझने वाले तथाकथित पढ़े लिखे सुशिक्षित समाज की वक्र दृष्टि अब आदिवासियों के जल, जमीन और जंगल की तरफ पड़ी है। परिणामस्वरूप उसकी भाषा, संस्कृति और परम्परागत धार्मिक आस्था खतरे में पड़ गयी है। इसकी आहट उसे पहले से ही हो गयी थी किन्तु सरकार की प्रलोभनकारी वृत्ति और लालची एवं स्वार्थी समाज ने उसे कल्याणकारी सपने दिखाकर उससे उसके जल, जमीन, जंगल भी छीन लिए हैं। आज के ग्लोबल गाँव की संकल्पना ने उसकी कमर तोड़ दी है। उनकी स्त्रियाँ अब न आजाद हैं और न ही सुरक्षित हैं। आधुनिकता के सपने ने उसे वेश्यालय तक पहुँचा दिया है।

उपन्यासकार रणेन्द्र इस रचना के माध्यम से प्रश्न उठाते हैं कि सरकार आदिवासियों को राष्ट्र की मुख्यधारा में लाने के लिए योजनाएँ बना रही है उसे अमल में भी लाया जा रहा है किन्तु इससे मूलनिवासी आदिवासियों की संस्कृति और मूल्य बचे रहेंगे? इसे ही उपन्यासकार यहाँ प्रस्तुत करते हैं।

रणेन्द्र का दूसरा महत्त्वपूर्ण उपन्यास है—गायब होता देश जो सन् 2014 में प्रकाशित हुआ। इस उपन्यास को 51 अध्यायों में विभाजित किया गया है, जिसमें झारखण्ड के मुण्डा आदिवासियों को केन्द्र में रखा गया है।

पिछले उपन्यास के समान यह उपन्यास भी बाजारीकरण के प्रभाव को दर्शाता है। आदिवासी समाज पर पहले चमड़ी के नाम पर अंग्रेजों ने जुल्म किये अब हम भारतीय सरकारी नीति के नाम पर कर रहे हैं। विकास के नाम पर उनके जल, जमीन, जंगल छीने जा रहे हैं। विरोध करने पर उन्हें नक्सली कहकर मारा जा रहा है। उपन्यास के मुख्य पात्रों में सोमेश्वर पहान, नीरज, सोनामनीदी अनुजा पहान आदि हैं। उपन्यासकार ने पूँजीवादी व्यवस्था को आदिवासी जनजाति पर हावी होता दिखाकर आदिवासी अपनी संस्कृति, भाषा एवं सभ्यता को खोते जा रहे हैं को दिखाया है।

इसके साथ ही एक और उपन्यास का जिक्र करना जरूरी है महुआ माजी का 'मरंग गोड़ा नीलकंठ हुआ'। उपन्यास की मुख्य समस्या विस्थापन, प्रदूषण, विकिरण, पुनर्वास आदि की है। जमशेदपुर से 30-40 कि.मी. दूर जादूगोड़ा नामक गाँव को कथानक का मुख्य क्षेत्र बनाया गया। जहाँ 1967 में यूरेनियम धातु के लिए खनन आरम्भ हुआ। आस-पास के 15 गाँवों के तीन हजार से अधिक लोगों को वहाँ की रेडियोधर्मी यूरेनियम धातु के परिणाम का शिकार होना पड़ा। यूरेनियम और लौह खदानों से निकलने वाली वायु से उत्पन्न हो रही समस्याओं से जूझते आदिवासी जनजातियों का चित्रण 'मरंग गोड़ा नीलकंठ हुआ' में किया गया है।

'मरंग गोड़ा नीलकंड हुआ' में महुआ माजी ने बहुत बेबाकी के साथ रेडिएशन के खतरे का विवरण अपने इस उपन्यास में किया है। उपन्यास का आरम्भ जाम्बिरा से होता है। जाम्बिरा की पीढ़ी के लोग जंगल और प्रकृति के साथ अपना जीवन जी रहे थे किन्तु नव-नवीन खोजों और वैश्वीकरण ने उन्हें उनके घर से बाहर निकाल दिया। उनका जंगल और जमीन छीन ली गयी, जल को दूषित कर दिया गया। नयी-नयी बीमारियों ने उनके जीवन में आगमन किया। भोले-भाले आदिवासी स्वार्थी-सत्तालोलुप और धन पिपासू लोगों के सम्पर्क में आकर अपने अस्तित्व को भूल गये। यूरेनियम और इसी तरह की धातुओं के विषेले जहर ने उन्हें उनका ही नहीं सम्पूर्ण मानव जाति को विनाश की कगार पर पहुँचा दिया है।

महुआ माजी एक सतर्क कथाकार है। अपने उपन्यास 'मरंग गोड़ा नीलकंठ हुआ' में उन्होंने अनेक समस्याओं का उद्घाटन किया है। नारी समस्या, दहेज प्रथा, यूरेनियम और लोहे के खदान के परिणाम, जहरीले पानी की समस्या, उससे उत्पन्न अलग-अलग बीमारियों की समस्याओं को इस उपन्यास में उन्होंने व्यक्त किया है। आदिवासी जनजाति में डायन जैसी उग्र समस्या को व्यक्त करने में भी वे नहीं हिचकिचाती।

अन्ततः उपरोक्त सभी उपन्यास 21वीं सदी की आदिवासी जनजाति में उत्पन्न हुई विभिन्न समस्याओं को दर्शाते हैं। इन उपन्यासों की सबसे अच्छी बात यह है कि ये सभी उपन्यास केवल कल्पना के सहारे नहीं लिखे गये बल्कि इनमें यथार्थ का चित्रण कुछ अधिक ही हुआ है। कुछेक उपन्यास तो ऐतिहासिक तथ्यों के साथ आदिवासी जनजीवन को व्यक्त करते हैं। इन सभी उपन्यासों ने आज के पाठक वर्ग को न केवल आकर्षित किया है बल्कि सरकार को भी अपनी ओर आकृष्ट किया है। यह कोई नहीं जानता कि भूमंडलीकरण की इस आग में न जाने कितनी जनजातियाँ, संस्कृतियाँ, भाषाएँ, धार्मिक आस्थाएँ चूरचूर होकर बिखर जाएँगी, किन्तु इसे हमें सहन करना ही होगा और अपने अस्तित्व को बचाये रखने के लिए संघर्षरत भी रहना होगा।

हिन्दी उपन्यासों में आदिवासियों की प्रकृति-पूजा और पर्व-त्योहार

प्रा. संजय नाईनवाड

भारतीय आदिवासी समाज आदिकाल से ही प्रकृति का पूजक रहा है। ये प्रकृति को ही अपना भगवान मानते हैं। प्रकृति के सारे उपादान सूर्य, चन्द्रमा, तारे, अग्नि, पृथ्वी, नदी, सागर, पशु-पंछी, पेड़-पौधे, पर्वत आदि के प्रति, श्रद्धा और सात्विक भावों की अभिव्यक्ति, प्रकृति पूजा के माध्यम से आदिवासी करते हैं। प्रकृति के बिना मानव की कल्पना ही नहीं की जा सकती। खुद को तथाकथित सभ्य समाज के कहलाने वाले लोग भौतिक विकास की अन्धी दौड़ में प्रकृति का अपरिमित और विध्वंसात्मक दोहन कर रहे हैं, जो सृष्टि और मानव जाति के वजूद पर गहराते संकट की गम्भीर चेतावनी है। आज विश्वभर में पर्यावरण की सुरक्षा और उसके असन्तुलन को लेकर वातानुकूलित कमरों में बैठकर सतही और दिखावटी चिन्ता जतायी जा रही है लेकिन सच्चे अर्थों में आदिवासी समाज पर्यावरण की सुरक्षा और संवर्धन सदियों से अविरत रूप में करता आया है। "आदिवासी सभ्यता की रोशनी से कोसों नहीं, हजारों-लाखों मील दूर रहकर भी प्रकृति माँ की पहरेदारी करते रहे हैं...प्रकृति सच्चे अर्थों में उनके लिए देवी, माँ, सहचरी और प्राण है। प्रकृति से उनका नेह, लगाव किताबी ज्ञान पर आधारित नहीं है, वरन् वे स्वयं प्रकृति-प्रेम के सजीव महाकाव्य हैं, जिनके रोम-रोम में प्रेम, गीत, संगीत और नृत्य की अजस्र धारा बन कर फूटती है।"[1]

हिमालय की गारो जनजाति की धारणा है—सूर्य, चन्द्र और तारे स्वर्ग में रखी हुई जीवात्माएँ हैं जो पृथ्वी लोक पर शासन करती हैं। दक्षिण भारत की टोंग एवं कोया जनजाति भी सूर्य के प्रति अपना श्रद्धाभाव व्यक्त करती हैं। बिहार में सन्थाल, मुण्डा, बिरहोर एवं हो जनजातियों के बीच सूर्य-पूजा की प्रथा परम्परा से चली आ रही है। ये सूर्य देवता को सिंगबोंगा अर्थात् सबसे बड़े देवता मानते हैं। माल पहाड़ियों में सूर्य (बेरू) व पृथ्वी (धरती) मुख्य देवता के रूप में प्रतिस्थापित हैं। उड़ीसा के खोंड आदिवासियों में पृथ्वी, सूर्य, अग्नि एवं जल के देव अलौकिक शक्ति पुरुष

के रूप में माने जाते हैं। इनकी मान्यता है कि सूर्य सर्वशक्तिमान और सृष्टिकर्ता है। "बस्तर के मुरिया एवं अबूझ मरिआ का विश्वास है कि सभी जीवन का मूल स्रोत धरती माता है, जो अपने मरिआ बच्चों को खिलाती और उनका पालन करती है। उसने प्रत्येक गोत्र को जमीन दी है एवं उसके दायरे को निश्चित किया है।"[2]

आदिवासियों का विश्वास है कि पुराने पेड़ों में देवी-देवताओं का वास रहता है। इस कारण भील, अगीया, कन्ध, बैगा, गौंड, पनिया, कोल, किरात, बारेल, कोरकू, शवर मुरिया, मुण्डा, आगरिया, असूर, खड़िया, कोलाम, उराँव आदि जनजातियाँ विविध प्रकार के वृक्षों जैसे करमा, पीपल, महुआ, पलाश, बेल, आँवला, कटहल, ताड़, खजूर, शीशम, बरगद, आम, तुलसी, सेमल, सखुआ आदि की पूजा-अर्चना की परम्परा चिरन्तन काल से निभाती आ रही हैं। "पशु-पक्षी-पूजा में आदिवासी घोड़ा, हाथी, तोता, मैना, कबूतर, चील आदि उल्लेखनीय हैं...धार्मिक पक्ष के देवी-देवता (धरती माता, सूरजनारायण, अग्निदेव, जलदेव, गऊ, वृक्ष, बेल बडाकादेव, वनसत्ती देवी आदि) एक ओर तो इन वनवासियों की धर्म-भावना को चिन्तनत्व देते हैं और दूसरी ओर प्राकृतिक सौष्ठव को अधिक मनोरम बनाते हैं।"[3]

इन भूमिपुत्रों का जंगल और जंगल के सम्पूर्ण परिवेश के साथ अटूट सम्बन्ध स्थापित है। वेशभूषा, खान-पान, पर्व-त्योहार, पूजा-पाठ, नृत्य-गीत, रीति-रिवाज, या जीवन का कोई भी पहलू हो प्रकृति वहाँ मौजूद रहती ही है। "पर्व-त्योहार, नृत्य-गीत के विविध अवसरों पर ये आदिवासी बाल-बालाएँ प्रकृति के ही उपकरणों—जंगली फूलों और पत्तियों से अपना श्रृंगार करती हैं। गीत के बोल में 'वनदेवता' के साथ ही साल वृक्ष की महत्ता प्रतिपादित होती है और इनके नृत्य मयूर की अनुकृति। करमा, सरहुल आदि जो महत्त्वपूर्ण त्योहार हैं, वे प्रकारान्तर से विशुद्ध प्रकृति पूजा ही है।"[4] प्रकृति में ही ईश्वर को देखने का भाव 'ग्लोबल गाँव के देवता' उपन्यास में अभिव्यक्त हुआ है। उपन्यास का लालचन असूर कहता है—"हम प्रकृति के पूजक हैं। हमारे महादेव यह पहाड़ है। यह पाट है, जो हमें पालता है। हमारी सरना माई न केवल सखुआ गाछ में बल्कि सारी वनस्पतियों में समाई है। हम सारे जीवों से अपने गोत्र को जोड़ते हैं। छोटे जीवों-कीट-पतंगों को भी अपने से अलग नहीं समझते। हमारे यहाँ 'अन्य' की अवधारणा ही नहीं है।"[5] 'बाजत अनहद ढोल' उपन्यास में भी प्रकृति पूजा का भाव देखने को मिलता है। मधुकर सिंह कहते हैं—"इस पृथ्वी पर हर मनुष्य की यह नियति है कि उसका कोई न कोई ईश्वर है मगर इस जनजाति का न कोई धर्म-ग्रन्थ है, न ही ये मन्दिर बनाकर मूर्ति पूजा करते हैं। पहाड़, नदी, तालाब, गुफा ही इनका ईश्वर, देवता और श्रद्धा है।"[6]

आदिवासी लोकजीवन में पर्व-त्योहारों का बड़ा महत्त्व है। ये अपनी संस्कृति के अनुरूप अपने को ढालते हुए पूरी निष्ठा और लगन से उसका पालन करते हैं। पर्व-त्योहारों को मनाने का उद्देश्य देवताओं को प्रसन्न करना और उनके प्रति अपनी

आस्थाओं की अभिव्यक्ति है। पर्व-त्योहारों द्वारा संस्कृति की रक्षा करने, सामाजिक एकता, भाईचारा बढ़ाने, मानवीय मूल्यों का अनुसरण करने का प्रयत्न होता है। आदिवासियों के पर्व-त्योहारों के सम्बन्ध में श्रीचन्द्र जैन कहते हैं–"आदिवासी का हरेक दिन पर्व है। धार्मिक चेतना को जगाने वाले ये पर्व ही हैं। इससे समाज में एकता बढ़ती है, सामूहिक खुशी पनपती है और ऊँच-नीच का भेद मिट जाता है।"[7] आदिवासियों के अधिकतर पर्व-त्योहार भी प्रकृति के साथ ही जुड़े हुए हैं। इनके द्वारा प्रकृति और मानव के बीच का अटूट सम्बन्ध दृष्टिगोचर होता है।

झारखण्ड के सन्थाल आदिवासी कार्तिक मास में 'सोहराई पर्व' घर में नया धान आने के उपलक्ष्य में मनाते हैं। सोहराई पर देवी-देवताओं, पुरखों-पितरों और गोधन का पूजा-अर्चन, सगे-सम्बन्धियों का मान-सम्मान किया जाता है। गोशालाओं में रात-भर दीप जलाए जाते हैं। पशुओं का संरक्षण करने वाले गोरिया भूत के लिए बलि चढ़ायी जाती है। सोहराई पर्व के अवसर पर जानवरों को स्नानादि कराया जाता है, उनकी तेल से मालिश कर खूब खिलाया जाता है। बाद में चरागाह में छोड़ दिया जाता है। सोहराई पूजा गाँव से दूर किसी पवित्र गुफा, नदी अथवा पोखर के तट पर पुरोहित द्वारा सम्पन्न कराई जाती है। 'बाजत अनहद ढोल' उपन्यास में इस पर्व का चित्रण देखा जा सकता है। गाँव का पुरोहित सोहराई पर्व मनाने का आदेश जोबा के बब्बा को देता है। जोबा को अवगत कराते हुए बब्बा कहते हैं–"गोडियत घर-घर बोल गया है कि सोहराई पर्व इस साल भी मनेगा। पुरोहित का ऐसा ही हुकुम है, नहीं तो दण्डित करेगा बोंगा। ...सुबह घर को गोबर से लीपना होगा...बलि के लिए पुरोहित के घर तीन उजली और एक भूरे रंगवाली मुर्गी मुझी को पहुँचाना है।"[8]

'सरहुल' का त्योहार झारखण्ड के मुण्डा आदिवासी प्रकृति पूजा के रूप में मनाते हैं। सरहुल त्योहार को प्रकृति के फूलों का त्योहार भी कहा जाता है। प्रकृति में पतझड़ के बाद पेड़-पौधों पर नयी कोंपले फूटती हैं, तब यह पर्व मनाया जाता है। इस पर्व में प्रकृति-देवता सरनामाई के प्रति कृतज्ञता व्यक्त की जाती है। सरनामाई का थान गाँव से सटकर शालवृक्ष, करमावृक्ष, पीपलवृक्ष के सघन कुंजों में होता है। सरनादेवता की पूजा गाँव के पाहन द्वारा करायी जाती है। सरहुल के दिन वन में लकड़ी कटाई पर पूरी तरह पाबन्दी होती है। यहाँ तक कि कोई मुण्डा दातुन तक नहीं चबाता। उनका विश्वास है कि वृक्ष सिंगबोंगा के आशीर्वाद हैं। आज के दिन वृक्ष काटे गये तो देवता के सारे आशीर्वाद भी कट जाएँगे। पर्व में सभी गाँववासी स्नानादि कर नये वस्त्रों को धारणकर अपनी पारम्परिक पोशाक और हथियारों से सज्जित होकर थान पर निकल पड़ते हैं। हर एक पुरुष के कन्धे पर धनुष और बाणों से लैस तरकश दिखाई देते हैं। विभिन्न प्रकार के पहनावे, आभूषण पहनकर लड़कियाँ घेरा बनाकर झुमर नाचती हैं। पुरुष खुलकर हाँडिया प्राशन करते हैं।

'पठार पर कोहरा' उपन्यास में राकेश कुमार सिंह इस त्योहार का वर्णन करते

हुए कहते हैं—"दिन में ही गाँव की लड़कियों ने शालवृक्ष के नीचे बने पुराने चबूतरे को गोबर-माटी से लीप-लेवारकर नया-नया कर दिया है। ...नकोट लगत चबूतरे पर खूब लम्बा बाँस गाड़ा गया है। बाँस की फुनगी पर पाहन ने सफेद झण्डा बाँधा है। ...सखुए का वृक्ष पूज्य है जंगल में सखुए की डालियों की पूजा होती है आज। सरहुल के माहात्म्य ने वृक्षों को भी देवत्व प्रदान कर दिया है। सरहुल में सखुए की डालियों पर फल-फूल और नैवेद्य चढ़ाये जाते हैं।"[9]

उराँव 'करमा पर्व' करमदेऊ की पूजा के लिए मनाते हैं। उराँवों का विश्वास है कि अच्छी फसल, पारिवारिक सुख, स्वस्थ सन्तान, किशोरों हेतु सुयोग्य जीवनसाथी, पशुओं की रक्षा एवं शान्ति के देवता हैं—करमदेऊ। इनका निवास पवित्र करमा पेड़ में माना गया है। वर्षा काल के प्रारम्भ पर पहान के मार्गदर्शन में पवित्र करमा वृक्ष की शाखाओं को धार्मिक विधिनुसार काटकर पूरे गाँव में घुमाया जाता है। बाद में पहान करमदेऊ को अपनी देख-रेख में खुले मैदान में रोपवाते हैं। फिर करमा-धरमा की कथा होती है। पूरा आदिवासी समुदाय शाम को स्नानकर, नये वस्त्र धारणकर पूजा के लिए थान पर इकट्ठा होता है। पूजा के बाद गीत-नृत्य आदि सारी रात चलता है। प्रातःकाल में करम देवता की विदाई गीत के साथ इस त्योहार का समापन होता है। झारखण्ड के उराँवों के जीवन पर लिखित उपन्यास 'गगन घटा गहरानी' में इस त्योहार का चित्रण हुआ है—"ढकनी छतनी में खेत की मिट्टी लाकर नाना प्रकार के बीज डाल कर करमा सजाया गया है, जिसके चारों ओर झूम-झूमकर गाते हुए नृत्य कर रही हैं गाँव की लड़कियाँ, लड़के बूढे-बूढ़ियाँ सब के सब एक साथ, उनके बीच कोई फर्क कर आये ऊँच-नीच का, वयस का, उत्साह उमंग का तो जानें। पर्व-त्योहार में सबके मन में वैसे ही निर्दोष अंकुर फूटते हैं।"[10]

भीलों में 'होली' त्योहार फागुन में पूरे महीने भर मनाया जाता है। होलिका दहन से एक माह पहले होली का थम्म रोपा जाता है। धम्म रोपने के लिए बनाये गये चबूतरे को थान कहते हैं। थम्म रोपने की विधि घोडला (पुजारी) के मार्गदर्शन में सम्पन्न होती है। थम्म के लिए पवित्र सेमल वृक्ष की आठ से दस फुट लम्बी हरी डाली का उपयोग किया जाता है। थान पर प्रतिदिन रात को स्त्री-पुरुष इकट्ठे होकर नाचते गाते हैं। भीलों में होलीका दहन बिना किसी मुहूर्त के आधी रात के उपरान्त किया जाता है। होली का दूसरा दिन धुलंडी के रूप में हर्षोल्लास के साथ मनाया जाता है। धुलंडी के दिन अगल-बगल के पड़ोसियों एवं रिश्तेदारों के यहाँ राम-राम हेतु भील जाते हैं। इस अवसर पर महुडी (महुए की शराब) का खुलकर प्रयोग होता है।

'धूणी तपे तीर' उपन्यास में हरिराम मीणा होली का चित्रण करते हुए कहते हैं—"माला बावजी का घोडला रूपाजी मिट्टी का एक कोरा घड़ा भर लाया...थम्म रोपने की जगह गड्ढा बनाकर उसने पानी से भरे घड़े को जमीन में गाड़ा...आजू-बाजू

की मिट्टी से गड्ढे को भरकर पैरों से दबा दिया...थम्म के ऊपरी हिस्से पर लाल व सफेद रंग के कपड़े बाँधे और थोड़ी सूखी घास भी। रूपाजी ने मौजूद सभी लोगों के ललाट पर हल्दी का तिलक लगाया। तिलक लगाने से पहले थम्म के पास घी का दीपक जला दिया था।''[11] आदिवासी भीलों में होली से पहले भगोरिया पर्व मनाया जाता है। इस अवसर पर भगोरिया हाट भी लगता है। हाट में भील युवक-युवतियाँ अपनी परम्परागत वेशभूषा में जीवनसाथी की तलाश में आते हैं। इसी उत्सव में अधिकतर विवाह भी तय होते हैं।

झारखण्ड के आदिवासी उराँव समाज में 'जनी शिकार' महापर्व के रूप में मनाया जाता है। वीरता, शौर्य, साहस की प्रतीक आदिवासी जनानियाँ पुरुषों के वस्त्र धारण कर घने वनों में शिकार पर निकल पड़ती हैं। यहाँ उल्लेखनीय बात है कि इनके साथ कोई पुरुष नहीं निकल पड़ता केवल नारियाँ ही होती हैं। 'पठार पर कोहरा' उपन्यास में इस पर्व का चित्रण हुआ है—''आदिवासी समाज में हर बारहवें वर्ष आयोजित होता है 'जनी शिकार' का कार्यक्रम। उराँव समाज की सिनगी दाई और कैली दाई—दो वीर स्त्रियों की स्मृति को सुरक्षित रखने और अपनी महिलाओं के मर्दाने साहस के साथ मर्दों से जूझने के इतिहास को संरक्षित रखने का त्योहार है जनी शिकार।''[12]

सन्थाल आदिवासियों में 'कांदू पूजा' पर्व मनाया जाता है। उनकी धारणा है कि सबसे बड़े देवता मरांग बरू सन्थालों के कल्याण हेतु अपने छोटे देवता कांदू को भेजते हैं। वह सन्थालों के अँधेरे को हरता है और जीवन को रोशनी से भर देता है। 'बाजत अनहद ढोल' उपन्यास में दीघी के गोको नायक के घर अंग्रेज अफसर पोटेंट आकर गाँव में बच्चों की पढ़ाई-लिखाई, स्वास्थ्य, साफ-सफाई और लोकहित के लिए चर्च बनवाने की मंशा प्रकट करता है। गोको को लगता है स्वयं मरांग बरू ने पोटेंट के रूप में अपना छोटा देवता भेजा है। वह जल्दी से उठकर घर-घर दौड़कर इसकी खबर देता है—''देखते-देखते पूरा माहौल पर्व-पूजा में बदल गया था। 'कांदू पूजा रे...' सभी चिल्लाते हुए एक-एक मुर्गी, चावल, सिंदूर ले-लेकर पहुँच रहे थे। कांदू उनका प्रमुख देवता होता है। वह जीवन दे सकता है। प्राण ले सकता है। पेड़, पौधे, जानवर सब उसी की देन हैं। पोटेंट के बारे में गोको ने घर-घर जाकर समझाया था, गाँव में जिन्दगी देने वाला पुरुष आया है—कांदू देव की तरह।''[13] इस अवसर पर पुरोहित को बुलाया जाता है। सब लोग इकट्ठे होकर स्त्री-पुरुष मिल-जुलकर नाचते-गाते हैं। साथ लायी मुर्गियों के माथे पर सिंदूर और चावल पोता जाता है जिसे पूजा-अनुष्ठान के बाद हर्ष और उल्लासपूर्ण वातावरण में चढ़ावे के रूप में, आये हुए देवता को सौंपा जाता है।

उपरोक्त प्रकार से आधुनिक हिन्दी उपन्यासों में वर्णित आदिवासियों की प्रकृति-पूजा और पर्व-त्योहारों का संक्षिप्त वर्णन किया गया है। जिसके आधार पर हम

कह सकते हैं कि आदिवासियों की प्रकृति-पूजा और पर्व-त्योहार उनकी संस्कृति के महत्त्वपूर्ण अंग हैं। उनकी प्राकृतिक पूजा और पर्व-त्योहार सामाजिक और प्राकृतिक पर्यावरण की रीढ़ कह सकते हैं।

सन्दर्भ

1. डॉ. लक्ष्मण प्रसाद सिन्हा, 'भारतीय आदिवासी', जय भारती प्रकाशन इलाहाबाद, सं. 2010, पृ. 145-46
2. श्रीचन्द्र जैन, 'आदिवासियों के बीच', शिवानी बुक्स, नयी दिल्ली, प्र. सं. 2007, पृ. 15-16
3. वही, पृ. 16
4. डॉ. लक्ष्मण प्रसाद सिन्हा, 'भारतीय आदिवासी', जय भारती प्रकाशन, इलाहाबाद, सं. 2010, पृ. 147
5. रणेन्द्र, 'ग्लोबल गाँव के देवता', भारतीय ज्ञानपीठ प्रकाशन, द्वि. सं. 2010, पृ. 72
6. मधुकर सिंह 'बाजत अनहद ढोल', वाणी प्रकाशन, नयी दिल्ली, द्वि. सं., पृ. 06
7. श्रीचन्द्र जैन, 'आदिवासियों के बीच', शिवानी बुक्स, नयी दिल्ली, प्र. सं. 2007, पृ. 105
8. मधुकर सिंह 'बाजत अनहद ढोल', वाणी प्रकाशन, नयी दिल्ली, द्वि. सं. 2007, पृ. 08
9. राकेश कुमार सिंह, 'पठार पर कोहरा', भारतीय ज्ञानपीठ, नयी दिल्ली, पृ. 199
10. मनमोहन पाठक, 'गगन घटा गहरानी', प्रकाशन संस्थान, नयी दिल्ली, द्वि. सं. 2000, पृ. 61
11. हरिराम मीणा, 'धुणी तपे तीर', साहित्य उपक्रम, हरियाणा, प्र. सं., पृ. 31-32
12. राकेश कुमार सिंह, 'पठार पर कोहरा', भारतीय ज्ञानपीठ, नयी दिल्ली, द्वि. सं. 2000, पृ. 65
13. मधुकर सिंह 'बाजत अनहद ढोल', वाणी प्रकाशन, नयी दिल्ली, द्वि. सं., पृ. 26

आदिवासी स्त्री मन की भीतरी आवाज

डॉ. पांडुरंग महालिंगे

भारत में दलित, आदिवासी, स्त्री साथ ही अन्य अल्पसंख्यक समाज हैं जिन्हें आज तक मुख्य प्रवाह से दूर रखा गया था। उन्हें अभिव्यक्ति का अधिकार ही नहीं था। भारतीय संविधान के कारण उन्हें अभिव्यक्ति का अधिकार मिला है और वे लिख रहे हैं तथा बोल रहे हैं तो सनातनी सवर्ण मानसिकता के लोग साहित्य में दलित, आदिवासी, स्त्री इस तरह का भेद नहीं होता ऐसा कहते हैं। मैं उन लोगों को कहना चाहता हूँ कि भारत में अनेक जातियाँ हैं, धर्म हैं तो साहित्य में एकता कैसी हो सकती है। अगर कोई हिन्दू से सम्बन्धित साहित्य है तो उसे कोई मुस्लिम का व्यक्ति क्यों पढ़े? उदाहरण के रूप में 'रामचरित मानस' के प्रति किसी मुस्लिम को क्या रुचि हो सकती है? इसी तरह किसी एक जाति के व्यक्ति के दुख, दर्द, उसकी समस्या को दूसरी जाति के व्यक्ति को कैसे समझ में आयेगी? इसी कारण हमारे देश में आदिवासी समाज भी इस वर्णवादी व्यवस्था के कारण उपेक्षित रहा है। आज जब वे लिख रहे हैं तो उनके जीवन का सच्चा यथार्थ उभरकर सामने आ रहा है। साथ ही सवर्णों के अन्याय, अत्याचार का पर्दाफाश हो रहा हैं

आदिवासी समाज भारत का मूलनिवासी समाज है। जो दुर्गम स्थानों, जंगलों में रहता था, सारे जंगल और जंगल की सम्पत्ति उन्हीं की थी पर नये कानून और पूँजीपतियों के कारण तथा औद्योगिक क्रान्ति के परिणामस्वरूप आदिवासियों के जंगल, सम्पत्ति सब छिन लिए गये हैं। वे अब बेघर हो गये हैं। इसी कारण निर्मला पुतुल जैसी सन्थाल समाज की स्त्री शहर में आती है और उसके कानों में नगाड़े की तरह शब्द बजने लगते हैं। एक आदिवासी महिला जंगल के बाहर आने पर आदिवासियों की वेदना, पीड़ा, दर्द, उपेक्षा, अपमान, घुटन, विवशता, विपन्नता और बदहाली को पहली बार अभिव्यक्त करती है। स्त्री चाहे आदिवासी समाज की हो या दलित समाज की या सवर्ण समाज की उसे पुरुषी मानसिकता का शिकार होना ही पड़ा है।

मुझे इस समय सी.बी. भारती की 'भूख' कहानी याद आ रही है जिसमें आदिवासी समाज के शोषण को उजागर किया गया है। 'भूख' कहानी आदिवासी समाज का

जीवन्त दस्तावेज है। आदिवासी समाज पहले जंगलों में रहकर फूलों और शहद को बेचकर अपना किसी तरह से गुजारा करते थे। शहरीकरण के कारण जंगलों को काटकर आज उस स्थान पर अट्टालिकाएँ बनी हुई हैं। आदिवासियों के निवास और रोजी-रोटी के साधन भी नष्ट हो गये हैं। इसलिए उन्हें अपनी बहू-बेटी को बेचकर अपना गुजारा करना पड़ता है। इस कहानी में आदिवासी समाज की लड़कियों को भेड़-बकरी की तरह बेचकर इस समाज को गुजारा करना पड़ता है और उनका खरीददार है सवर्ण सम्पन्न वर्ग। निर्मला पुतुल ने ऐसी अनेक समस्याएँ और पुरुषी मानसिकता को चुनौती दी है। इनकी कविताएँ केवल पुरुषी मानसिकता का विरोध ही नहीं करतीं बल्कि स्वयं के अस्तित्व की तलाश करती हुईं आदिवासी स्त्री व आदिवासी जाति के प्रत्येक क्षेत्र में किये जाने वाले शोषण को भी अभिव्यक्त करती है। शहर के ठेकेदार, जमींदार, साहूकार, राजनेता यहाँ तक कि सरकारी ऑफिसर भी विपन्न निरीह आदिवासियों के भोलेपन का फायदा उठाकर उन्हें 'यूज एंड थ्रो' करते हैं। जंगलों से तेजी से गायब होते पेड़ों को बचाने का सन्देश भी कवयित्री देती है। उन्होंने आदिवासियों के जीवन की पद्धतियाँ, रीति-रिवाज, नृत्य, गीत-संगीत, श्रद्धा-अन्धश्रद्धा के साथ आदिवासी स्त्री-पुरुष, लड़का-लड़की, माता-पिता, भाई-बहन, कबीले का सरदार आदि अनेक विषयों पर कविता की है।

कवयित्री आदिवासी स्त्री को केवल भोग की वस्तु की नजर से देखने वाले पुरुषीय समाज पर आक्रोश प्रकट करते हुए आदिवासी लड़कियों को विभिन्न तरह से सावधान करने का प्रयास किया। साथ ही मुखिया और जंगल के आदिवासी पुरुषों को अपनी बहू-बेटियों की लाज बचाने का आग्रह भी करती है। इन सब के साथ कवयित्री स्व का अस्तित्व भी तलाशने लगती है। वह पुरुष प्रधान समाज में घर, परिवार, प्रेम, रिश्ते-नाते सम्बन्धों में अपने स्थान को ढूँढ़ती है। वह सदियों से किसी न किसी पुरुष पर निर्भर रही है। वह अपने आप से पूछती है कि मैं कौन हूँ? मेरा स्थान क्या है? मेरा अस्तित्व क्या है? इसी तरह वह सदियों से अपना घर व अपनी जमीन तलाशती नजर आती है। अपनी 'अपने घर की तलाश' कविता में वह कहती है—

"धरती के इस छोर से उस छोर तक
मुट्ठी भर सवाल लिए मैं
दौड़ती हाँफती-भागती
तलाश रही हूँ सदियों से निरन्तर
अपनी जमीन, अपना घर
अपने होने का अर्थ"[1]

अनादिकाल से स्त्री को चार दीवारों के अन्दर चूल्हा-चक्की, घर-गृहस्थी तथा बच्चों तक ही सीमित रखा गया है। उसने जब भी घर की चौखट लाँघने का प्रयास

किया है तब उसे पुरुष प्रधान समाज ने प्रेम से या क्रोध से पुनः अँधेरी कोठरी में धकेलने का काम किया है। उसमें हीरे की भाँति चमक होने के बावजूद भी वह कुछ नहीं कर सकती थी। प्रत्येक अवसर पर उसकी चाहत को दबा दिया गया है।

स्त्री को पुरुष प्रधान समाज में आर्थिक दृष्टि से विपन्न ही रहना पड़ा है। पुरुषों ने जानबूझकर स्त्रियों को लाचार बनाया है। परिणामस्वरूप उस पर अनेक तरह के अन्याय, अत्याचार होते रहे हैं। इसलिए निर्मला स्त्री-पुरुष व्यवस्था के प्रति विद्रोह करते हुए अपनी कविता 'क्या तुम जानते हो' कविता में पूछती है–

"क्या तुम जानते हो
पुरुष से भिन्न
एक स्त्री का एकांत
घर प्रेम और जाति से अलग
एक स्त्री को उसकी अपनी जमीन
के बारे में बता सकते हो तुम।"[12]

आदिवासी स्त्री पुरुषों के नजरों में केवल एक भोग की वस्तु रही है। पुरुषों ने इससे अधिक स्त्री को कभी समझा ही नहीं है। इसी बात को लेकर निर्मला आक्रान्त है। वह सारे पुरुष समाज से प्रश्न करती है कि तुम स्त्री के गर्भ में बीज तो डालते हो पर कभी गर्भवती स्त्री का दर्द, वेदना, पीड़ा को कभी समझा है? जिनके उत्तर पुरुषों के पास नहीं हैं। इसलिए कवयित्री अपना आक्रोश प्रकट करते हुए लिखती है–

"तन के भूगोल से परे
एक स्त्री के
मन की गाँठें खोल कर
कभी पढ़ा है तुमने
उसके भीतर का खौलता इतिहास?
अगर नहीं!
तो जानते क्या हो तुम
रसोई और बिस्तर के गणित से परे
एक स्त्री के बारे में।"[13]

निर्मला पुतुल यथार्थ का चित्रण करती है इसलिए वह आँखें होकर उसे बन्द नहीं रख सकती। कान होकर बहरी नहीं बन सकती। जबान होकर गूँगी नहीं बन सकती। उन्होंने जो देखा है, भोगा है, अनुभव किया है उसे वह निर्भिकतापूर्वक लिखती है। इसलिए वह अपनी कविता 'खून को पानी कैसे लिख दूँ' में कहती है–

"पर तुम्ही बताओ यह कैसे सम्भव है?
आँख रहते अन्धी कैसे हो जाऊँ मैं?

कैसे कह दूँ रात को दिन?
खून को पानी कैसे लिख दूँ"[4]

आदिवासी स्त्रियाँ बहुत ही मेहनती होती हैं। वे पुरुषों के कन्धे से कन्धा मिलाकर काम करती हैं। बल्कि उनसे ज्यादा ही करती हैं। उन्हें घर और बाहर दोनों जगहों पर काम करना पड़ता है। वे पत्तल, चटाई, पंखा, झाड़ू आदि अनेक उपकरण बनाती हैं। उन्हें बाजार में जाकर बेचती हैं और अपने परिवार का भरण-पोषण करती हैं। लेकिन सच्चाई यह है कि इनकी बनाई हुई वस्तुओं का कोई और ही फायदा उठाता है। इसलिए इन्हें अपना पेट भरने की प्रतीक्षा करनी पड़ती परिणामस्वरूप इसी विडम्बना को कवयित्री ने 'बाहामुनि' कविता में व्यक्त किया है–

"तुम्हारे हाथों बने पत्तल पर भरते हैं पेट हजारों
पर हजारों पत्तल भर नहीं पाते तुम्हारे पेट
कैसी विडम्बना है कि
जमीन पर बैठ बुनती चटाइयाँ
और पंखा बनाते टपकता है
तुम्हारे करियाये देह से टप-टप पसीना।"[5]

स्त्री के अनेक रूप होते हैं। वैसे ही आदिवासी स्त्री के भी होते हैं। वह माँ-बेटी, सास-बहु, देवरानी, जेठानी, बहन आदि के रूप में हमारे सामने आती है। वह अनेक रिश्ते निभाती है। उस पर हिन्दू समाज का पूरा प्रभाव दिखाई देता है। विवाह के बाद उसे भी ससुराल जाना पड़ता है। इसलिए उसे प्रश्न करना पड़ता है कि अठारह वर्षों बाद वह शादी करके किसी दूसरे के घर जायेगी तो क्या वह अपने घर, आँगन, परिवार, गाय-भैंस, भेड़-बकरियाँ, खेत-खलिहान आदि इन सबको भूल पायेगी? इसलिए ससुराल जाने से पूर्व वह अपनी माँ को अपना दर्द सुनाती है। 'माँ के लिए ससुराल जाने से पहले' कविता में कहती है–

"पर क्या सचमुच
जा सकूँगी पूरी की पूरी यहाँ से?
आँगन में पड़े टूटे झाड़ू-सा
पड़ी रह जाऊँगी कुछ न कुछ यहाँ
पानी के खाली घड़े में
भरी रह जाएगी मेरी यादें।"[6]

आदिवासी लड़की अपने पिता की आर्थिक स्थिति को बखूबी जानती है। इसलिए अपने पिता से अपना विवाह जंगल से दूर किसी शहर में न करने की बात करती है। जिसके कारण उसके पिता को उसे मिलने आने के लिए घर की बकरियाँ बेचनी पड़े। वह लिखती है–

"बाबा!
मुझे उतनी दूर मत ब्याहना
जहाँ मुझसे मिलने जाने की खातिर
घर की बकरियाँ बेचनी पड़े तुम्हें।"[7]

इस प्रकार निर्मला पुतुल ने अपने इस संग्रह में आदिवासी समाज के स्त्री जीवन का यथार्थ चित्रण किया है।

सन्दर्भ

1. नगाड़े की तरह बजते हैं शब्द—निर्मला पुतुल, पृ. 30
2. वही, पृ. 7
3. वही, पृ. 8
4. वही, पृ. 11
5. वही, पृ. 12
6. वही, पृ. 46, 47
7. वही, पृ. 51

आदिवासी हिन्दी कविता में विद्रोहानुभूति

डॉ. सुभाष राठोड

आदिवासियों का मौखिक साहित्य अत्यन्त समृद्ध माना जाता है। आज भी लोककथाओं, गीतों, कहावतों और मुहावरों की वाचिक परम्परा अत्यन्त समृद्ध आदिवासी अपने साहित्य को 'पुरखा साहित्य' नाम से अभिहित करते हैं। आदिवासियों की विशिष्ट संस्कृति, स्वभाव, रहन-सहन, भौगोलिक एकाकीपन, संकुचित, दब्बू मनोवृत्ति जैसे लक्षणों के कारण आदिवासी विकास के प्रवाह से पीछे रहा है। आज हम देखते है कि भारत के आदिवासियों की लगभग 461 जनजातियाँ हैं। ये जनजातियाँ भारत के अनेक राज्यों में फैली हुई हैं। आज भारत के सात प्रदेशों में यह आदिवासी समाज बसा हुआ है। प्राचीन काल के आलेखों में इन्हें 'आदिका' या 'वनवासी' कहा जाता था। भारत में मुख्यतः आदिवासी समाज सन्थाल, गौंड, मुण्डा, हो, बोडो, भील, खासी, सहरिया, गरासिया मीणा, तुरांव, बिरहोर आदि हैं। आदिवासी लोगों का अपना धर्म है कि ये प्रकृति पूजक रहे हैं। ये लोग जंगल, पहाड़ों, नदियों एवं सूरज की आराधना करते हैं। धीरे-धीरे आज इन आदिवासियों के रहन-सहन, खान-पान, चाल-चलन जैसे व्यवहारों पर आधुनिक प्रभाव पड़ रहा है।

आज आदिवासी समाज अन्याय, अत्याचारों से मुक्त होने के लिए समुदाय के साथ हो रहे शोषण, अन्याय, अत्याचार के खिलाफ आवाज उठाने के लिए बौद्धिकता से काम ले रहे हैं। आदिवासी अपने 'अस्तित्व' को बनाये रखने के लिए, 'स्वत्व' की परम्परा को स्थापित करने के लिए साहित्य के माध्यम से प्रखर विचार रख रहे हैं। इस सम्बन्ध में रमणिका गुप्ता लिखती हैं कि ''आदिवासी साहित्य और आदिवासी समाज का सम्बन्ध भी अटूट एवं नजदीकी का है। सम्भवतः आदिवासी समाज से आदिवासी साहित्य अलग रह ही नहीं सकता। आदिवासी साहित्य का एक भाग आज समझे जाने वाले लोक-साहित्य का आदिवासी समाज से बहुत निकट का सम्बन्ध है। इस सम्बन्ध की अनेक सदियाँ गवाह हैं। वही साहित्य उनकी प्रेरणा, प्रवृत्ति तथा जीवन संघर्ष के दर्शन कराता है।''[1] आज से कुछ सदी पहले कुछ हिन्दी के विद्वानों ने आदिवासी संवेदना, समस्या तथा आचार-विचारों से प्रेरित होकर अपने साहित्य

में इनको वाणी प्रदान की। परन्तु यहाँ इतनी घनिष्ठता से वर्णन न होकर ऊपरी तौर पर रहा था। परन्तु आज आदिवासियों के यथार्थ का परिचय आदिवासी कवि, साहित्यकार घनिष्ठता से दे रहे हैं। आदिवासियों सदियों से साधी चुप्पी को तोड़कर कविता, नाटक, उपन्यास, कहानी जैसी विधाओं के माध्यम से नयी-नयी विचारधारा का परिचय दे रहे हैं। इन माध्यमों द्वारा आदिवासी लेखक आदिवासियों के अस्तित्व की सही पहचान तथा इनकी विविध समस्याओं, जीवन पद्धति, उदासी-निराशा तथा संस्कृति और भाषा को व्यक्त कर रहे हैं। आज अनेक आदिवासी कवि स्त्री संवेदना, अर्थनीति, क्रान्ति, राजनीति और युवा आक्रोश को कविताओं के माध्यम से व्यक्त कर रहे हैं। वैसे देखा जाए तो स्त्री संवेदना को निर्मला पुतुल, हरिराम मीणा, सरिता सिंह, महादेव टोप्पो, शंकरलाल मीणा, भुजंग मेश्राम, ग्रेस कुंजूर, वाहरू सोनवणे, वामन शेलमाके, विजयकुमार मडावी जैसे कवि आदिवासियों की वर्तमान समस्याओं को वाणी देते हैं। आज स्थितियाँ बदल चुकी हैं। आदिवासी लेखक समाज का नेतृत्व कर समाज में जागृति लाने का काम कर रहे हैं। अनेक कवि भोगे हुए यथार्थ, वेदना और समाज संवेदना को व्यक्त कर रहे हैं। कवि वाहरु सोनवणे 'स्टेज' कविता में समाज की संवेदना को वाणी देते हुए लिखते हैं—

"हम स्टेज पर गये ही नहीं/और हमें बुलाया भी नहीं/
उँगली के इशारों से/हमारी जगह/हमें दिखायी गयी /
हम वहीं बैठे/हमें शाबासी मिली/और वे स्टेज पर खड़े हो/
हमारा दुख/हमें ही बताते रहे/हमारा दुख अपना ही रहा/
कभी उनका हुआ ही नहीं/हमारी शंकाएँ/हम बड़बड़ाए/
कान देकर वे सुनाते रहे/और विश्वास छोड़ा/
और कान पकड़कर हमें ही धमकाया/माफी माँगे नहीं तो।"[12]

अर्थात् कवि का मानना है कि राजनीति हो या अर्थनीति तथा समाज में बढ़ता हुआ दुख हर जगह आदिवासियों का दुख दुख ही है। हर जगह पिसा जाता है आदिवासी समाज, जिसकी वेदना तथा विसंगति व वास्तविक दुख साफ झलकता नजर आता है। कवि भारतीय संविधान में हक मिलने के बाद भी फैले दूर अन्धकार, अन्याय तथा धार्मिक, राजनीति या जाति व्यवस्था के कारण चलती सामाजिक गन्दगी को साफ व्यक्त करते हैं। भारतीय संविधान और मनु की षड्यन्त्र नीति पर लिखते हुए महादेव टोप्पो, हरिराम मीणा जैसे कवियों ने लिखा है—

"संविधान की भाषा में हम/ अनुसूचित जाति तथा/अनुसूचित जनजाति हैं मनु की/भाषा में शूद्र/कम्युनिस्टों की भाषा में शोषित/भाजपाइयों की भाषा में पिछड़े हिन्दू/ मैं पूछता हूँ सबसे/आखिर इस देश में इस प्रजातन्त्र में/हम क्या हैं हम क्या हैं।"[13]

कवि आदिवासी तथा जन समाज की पीड़ा, संवेदना, दुख, दर्द तथा वर्तमान त्रासदी और हरिजन, गिरीजन की चिन्ताग्रस्त स्थिति को स्पष्ट करते हुए आदिवासी

के जन्म के अर्थ को, देश की संस्कृति और सभ्यता, जातिव्यवस्था से बिलबिलाते इंसानियत की नियति को स्पष्ट करते हुए 'त्रासदी' नामक कविता में लिखते हैं कि

"इस देश में पैदा होने का/मतलब क्या है/जानते हो मेरे भाई? नहीं/

इस देश में पैदा होने का/ मतलब है आदमी का जातियों में बँट जाना/ और गलती से तुम अगर हो गये पैदा/ जंगल में/ तो तुम कहलाओगे आदिवासी, वनवासी, गिरिजन।"[4]

अर्थात् इंसान का जन्म लेना उसके हाथ में होता तो हमेशा इंसान अमीरों, धनवानों, महलों, रजवाड़ों में जन्म लेता। कवि जाति व्यवस्था, जन्मगत पद्धति तथा इंसानियत की स्वभावगत पद्धति पर विचार स्पष्ट करते हैं।

आदिवासियों की चिन्ताग्रस्त जीवन पद्धति, बदलती प्राकृतिकता, जंगलों में रहने वाले जीव-जन्तु व हिंसक प्राणियों को और आदिवासियों की वेदना को, समुद्री तट पर रहने वाले आदिवासियों पर होने वाले आतंक, भ्रष्टाचार व ईश्वरीय प्रकोप, और ज्वालामुखी जैसी प्राकृतिक आपदाओं से परेशान और चिन्तित आदिवासियों की समस्या को वाणी देते हुए कवि हरिराम मीणा अपनी कविता 'खत्म होती हुई नस्ल' कविता में लिखते हैं कि—

"जहरीले साँपों से हम खेलते रहे/
समुद्री जीवों से रही हमारी दोस्ती/
तूफानों से हमारा कुछ नहीं बिगड़ा/
भूकंप और ज्वालामुखियों ने भी हमें नही उजाड़ा/
मगर। जिन्होंने हमें गोलियों से भूना। वे इंसान थे/
जिन्होंने हमें टापुओं के इधर-उधर खदेड़ा/
वे इंसान हैं।"[5]

अर्थात् कवि का मतलब है वर्तमान विकास योजना के कारण हजारों पहाड़ी, आदिवासियों को खदेड़ा गया, गोलियों से मारा गया। वे इंसान थे जो सरकार के द्वारा आये थे। यहाँ आदिवासियों की त्रासदी, दुख, परिवार, घर को तोड़ने की व्यथा, जंगली जानवरों से बदतर इंसान की काली करतूतों का पर्दाफाश हुआ है। कवि अपने समाज तथा नवयुवकों को संगठित करने, शिक्षित बनाने के लिए और अन्याय-अत्याचार के विरोध में स्वयं की लड़ाई लड़ने के लिए प्रेरित करते हुए 'सबसे बड़ा खतरा' कविता में अपनी संवेदना व्यक्त करते हुए कहते हैं—

"यही है सबसे बड़ा खतरा/कि हम हमारी पहचान खो रहे हैं/
खो रहे हैं कि हम स्वाभाविक स्वर/मिमियाँ रहे हैं, न गरज रहे हैं/
इसी कारण ऊँची अट्टालिकाओं में/पंखों के नीचे/
हमारी असमर्थता पर मुस्कुरा रहे हैं, इसीलिए मित्र/
आओ हम पहले अपने कंठों में गरजती हुई आवाज भरें।"[6]

कवि का सन्देश है कि हम आदिवासी या भारतीय गरीब जनता अपनी अस्मिता, स्वाभिमान, सम्मान को भूल जाते हैं और दूसरों का सहारा पाने हेतु उनके पंखों के नीचे सहारा पाने के लिए भेड़, बकरियों की तरह चुपचाप अपमान को सह रहे हैं।

आदिवासी भारत भूमि के पुत्र होने के बावजूद स्वतन्त्रता के सत्तर साल बाद भी अन्धकार, दरिद्रता तथा जमींदारों के चंगुल में फँसा हुआ है। सरकार की हजारों योजनाएँ बनीं परन्तु ये आदिवासी, भील, गोंड, पारधी, बंजारा आदि की झोंपड़ियों तक नहीं गयीं। ये लोग आज भी अन्धकार, अशिक्षा, नैराश्य, दरिद्रता में जी रहे हैं। पालों, बाड़ी, बस्ति, तांडों आदि में बिजली, पानी, राशन जैसी मूलभूत सुविधाएँ नहीं पहुँची। योजनाएँ उनके नाम से जरूर बनती हैं पर रास्तों में अटक जाती हैं और आगे बढ़ती ही नहीं। इस सम्बन्ध में विजयकुमार मंडावी 'योजनाओं का थमता प्रवाह' पर व्यंग्य करते हुए लिखते हैं—

> *"न जाने किसने चुरा ली सुविधाओं की मिठाई*
> *जंगल में रहा जंगल का राज*
> *उनके नाम पर लेकिन उड़ाएँ दूसरों ने मजे।"*[7]

अर्थात् भारतीय अर्थव्यवस्था में आदिवासी, दलितों, बेसहारों के लिए कागज पर योजनाएँ बनीं पर जनजीवन से ये योजनाएँ कभी जुड़ नहीं पायीं। आज भी इस देश के आदिवासियों की मुख्य समस्या विस्थापन की है जो सुख-सुविधा तथा हक से परे है। इस सम्बन्ध में कवि वामन शेलमाके अपनी कविता 'मुक्ति का सन्दर्भ जागवामने पेटवा मझली' में जंगल, जल, जमीन, आदि मूल अधिकारों से टूटते, वंचित होते परिवारों की समस्या, संवेदना तथा क्रान्ति की भावना को व्यक्त करते हुए लिखते हैं कि—

> *"पैदा हुआ तू काँटेदार पिंजरे में/ बड़ा हुआ गुलामी के अन्धेरे में*
> *पर सौगन्ध खाकर कहता हूँ मैं/तुम्हें मरने नहीं दूँगा*
> *इस बड़वाग्नि के फैलाव में.... जिन्होंने किया है/ आदि पुत्रों का शोषण/*
> *उनके लहू से लिखने वाला हूँ मैं/ रक्तरंजित इतिहास... ।"*[8]

आज भारत में आदिवासियों की भयावह स्थिति का चित्र कवियों ने साहित्य के माध्यम से बखूबी व्यक्त किया है जो वर्तमान और अतीत के शोषण, त्रासदी, अभिशप्त, जिन्दगी तथा धुँधल के भविष्य, विभिषिकाओं का वर्णन करते हैं। आदिवासियों ने सदियों से अपने हक के लिए न्याय देवता, भारत सरकार तथा नेताओं के नाम की गुहार लगायी। न्याय माँगने के लिए सदियों से न्याय देवता के आगे हाथ फैलाया, रोजी, रोटी, कपड़ा तथा न्याय के लिए घर-घर न्याय माँगा परन्तु कोई भी आदिवासियों को न्याय नहीं दे पाया। न्याय की जगह अन्याय, अत्याचार तथा भ्रष्टाचारी भस्मासुर ने इनकी जीवन पद्धति तथा आस्था को विध्वंस कर दिया, इस सम्बन्ध में आज भी 'पैसा' कविता में कवि लक्ष्मण कावडे लिखते हैं—

*"सदियाँ बीत गयी/विकास के नाम पर/ आदिवासी/
उपेक्षित जीवन जी रहे हैं/ बीहड़, अबुजमाड़ के जंगलों में/
भूखे और नंगे आज भी।"*[9]

यहाँ कवि भारतीय स्वतन्त्रता की अस्मिता पर प्रश्न उठाते हैं। उनका मानना है कि इस देश के सच्चे पुत्र कटी पतंग की तरह पूरे देश में भटक रहे हैं। 21वीं सदी में भी आदिवासी वैश्विक विकास यात्रा से अनबूझ हैं। बार-बार हर क्षेत्र से उन्हें खदेड़ा गया है। निरन्तर होती उपेक्षा के कारण आदिवासी दिशाहीन होकर मजबूरी से शोषित, पीड़ित बनकर प्रस्थापितों द्वारा नष्ट होता जा रहा है। कवि शंकरलाल मींणा वास्तविकता को वाणी देते हुए कहते हैं कि शोषक आदिवासी, जानवरों, बन्दरों में कोई अन्तर नहीं मानते। स्वतन्त्रता के बाद भी आदिवासियों को जानवरों से बदतर समझा रहा है। जिसका वर्णन कवि कविता में व्यक्त करते हैं। कवि लिखते हैं कि—

*"डार्विन के विकासवाद को/ सही-सही समझने के बाद/
सौदागर का निष्कर्ष है/ हम ज्यादा नजदीक हैं/
बन्दर और भेड़ के/ वनिस्पत किसी और के।"*[10]

अर्थात् संस्कृति, सभ्यता तथा रोगों की दवाएँ सबसे पहले बन्दर, चूहा, भेड़, बकरी आदि में बाँटी गयी फिर प्राणियों के बाद आदिवासियों में। जो व्यापारियों, सौदागरों तथा दलालों की सरकार से मिलकर की हुई जल्लादी हरकत और जुल्म का वास्तविक दर्शन थी।

सन्दर्भ

1. आदिवासी और शताब्दी पत्रिका, रमणिका गुप्ता, पृ. 101
2. आदिवासी विकास यात्रा, रमणिका गुप्ता, पृ. 49
3. आदिवासी विकास यात्रा, रमणिका गुप्ता, पृ. 49
4. आदिवासी विकास यात्रा, रमणिका गुप्ता, पृ. 49
5. आदिवासी विकास यात्रा, रमणिका गुप्ता, पृ. 50
6. आदिवासी विकास यात्रा, रमणिका गुप्ता, पृ. 50
7. आदिवासी विकास यात्रा, रमणिका गुप्ता, पृ. 40
8. आदिवासी विकास यात्रा, रमणिका गुप्ता, पृ. 10
9. आदिवासी विकास यात्रा, रमणिका गुप्ता, पृ. 10
10. आदिवासी विकास यात्रा, रमणिका गुप्ता, पृ. 16

आदिवासी साहित्य में चित्रकला, शिल्प, संगीत और नृत्य

डॉ. भाग्यश्री कोष्टी

सदियों से आदिवासी समाज शोषण का शिकार बना है। महाजन, ठेकेदार, दलाल, नवाब, राजा, सब उनके जंगलों को लूटकर उनका रोजगार छीनकर उनके पेट पर लात मारते थे। उनकी औरतों के साथ गलत बर्ताव करते थे। इसी कारण इधर-उधर भटकना ही उनकी जिन्दगी का हिस्सा बन गया था। भारत सरकार ने उनके लिए अनेक योजनाएँ बनायीं अपितु वे सिर्फ कागज पर ही रह गयीं। जमीन जोतने वाला आदिवासी गाँव-गाँव जाकर करतब दिखाकर गुजारा करने लगा। सामन्ती व्यवस्था के कारण यह समाज अपना अलग कबीला बनाकर रहने लगा। उन्हें सभी प्रकार की सुविधाओं से वंचित रखा गया। अपने बच्चों को अच्छी शिक्षा देना भी उनके नसीब में नहीं था। इसी वजह से वह अक्षर से वंचित रहा। उनकी कल्पनाओं को और यथार्थ को लिखित रूप में किसी ने नहीं अपनाया। गीत, नृत्य, मिथकों, कथाओं में उनकी गहरी पैठ है। उनमें उनकी सम्पूर्ण परम्परा, इतिहास और उसकी गौरवशाली शौर्य-गाथा वर्णित है। आदिवासी लोग धीरे-धीरे शिक्षित होने लगे। उनमें अपने अधिकारों के खिलाफ आवाज उठाने का साहस आ गया। ग्रेस कुंजूर के शब्दों में "विद्रोह कर रहा है आदिवासी मानस। अब शाखें, नदियाँ, झाड़ियाँ, देह, बाँहें, गलियाँ और नसें कमान बन चुकी हैं और कोपलें, पर्वत, बिरवे आहें, अंगुलियाँ, आँगन और लहू तीर बन गये हैं। अब तो बस 'कलम के तीर' होने का इंतजार है।"[1] बड़े लोगों ने अपनी सुविधाओं के लिए उन्हें विकास से वंचित रखा। उनके गीत, नृत्य उनके मनोरंजन का साधन थे। आदिवासी जब भी चलता है तो वह थिरकता है और जब बोलता है तो गीत के स्वर फूटते हैं। वह हमेशा अपने समूह के साथ रहता है।

इसी आदिवासी समाज का चित्र डॉ. शिवप्रसाद सिंह ने अपने 'शैलूष' उपन्यास में किया है। उसमें नटों के जीवन का चित्रण है। सरकार द्वारा दी जाने वाली जमीन के लिए नटों का संघर्ष इस उपन्यास का केन्द्र है। इसके साथ ही उनके जीने का तरीका, बोलचाल, उनकी परम्पराओं, नृत्य, गीतों आदि का समावेश बड़े सुन्दर ढंग से उपन्यास में किया गया है। खुशी के मौके पर महुए की शराब पीना, गीत

गाना, ढोलक मजीरे के ताल पर नाचना उन्हें अच्छा लगता है। आल्हा दंगल इनकी सांस्कृतिक विरासत थी। शिक्षा का अभाव होने के कारण उनमें अनेक अन्धविश्वास देखने को मिलता है। औरतें गुदना गोदने का काम करती थीं। कथ्य, चरित्र-चित्रण के साथ ही इसमें शिल्प का भी प्रयोग किया है। शिल्प के बिना कला अधूरी होती है। शिल्प एक कौशल है, कारीगरी है। इसमें रचना की आरम्भ से अन्त तक कौशलपूर्ण बनावट की प्रक्रिया होती है। डॉ. प्रदीप कुमार शर्मा के अनुसार "उपन्यासकार जो कुछ कहना चाहता है या जो उसने कहा है वह उपन्यास की भाव-वस्तु है और जिस ढंग से जिस ढाँचे में उसे प्रस्तुत किया गया है वह उसका शिल्प है।"[2] अंग्रेजी में शिल्प के लिए आर्ट, एक्सप्रेशन, टेकनीक, क्राफ्ट आदि शब्द मिलते हैं। शिल्प के अन्तर्गत भाषा और शैली का विश्लेषण होता है। उपन्यास में इक्केवाले का प्रसंग, नट कबीला का वर्णन, नटों-घुरफेंकन की लड़ाई आदि प्रसंग हैं। सावित्री द्वारा लिखी गयी चिट्ठियों, फाइनेंस सक्रेटरी को भेजा गया पत्र का वर्णन है। सब्बो मौसी सारस्वत के साथ अलग भाषा में और कबीले के लोगों के साथ अलग भाषा में बात करती है। नटों और जमींदार के बीच की लड़ाई मुसुक और माथे की लड़ाई का प्रतीक है। इसी प्रकार उपन्यास के अन्त में प्रयुक्त 'काव्यनाटका' भी प्रतीक बनकर आयी है। पात्रों के बिम्बात्मक चित्र का उदाहरण है "सामने गोरी चिट्टी बेशकीमती पोशाक पहने एक युवती खड़ी थी। उसने अपना दाहिना हाथ कमर पर टिका रखा था। उसकी लम्बी-लम्बी आँखें सुरमे के कारण चिलकती मछली की तरह लग रही थीं।" "घाघरों के घेरे में हवा लगने से गोलाकार हो रहे थे। एक अजीब किस्म की पसीने में डूबी महक, बदन की रगड़ से जन्मी गर्म धुवन, जंगली घासों की सीधे कलेजे में उतर जाने वाली गन्ध, नाच-गान, हुडदंग और हँसी की खिलखिलाहट-फुसफुस की आवाजें, एक दूसरे के मुँह से सटे मुँह, होठों को चूमते होंठ।"[3] महाभारत के अनेक मिथक प्रयुक्त हैं। सावित्री का पक्ष सत्य का पक्ष है जैसे महाभारत में पांडवों का था। स्वयं मौसी 'नरम किसुन और गरम किसुन' की भक्त है। वह कहती है "नरम को गोपवेश किसुन कहते हैं और अर्जुन के सारथी को गरम किसुन।" सावित्री मौसी ने ननकू के गले में तावीज पहनाते हुए कहा था, 'यह कर्ण का कवच है। देखना है कि कर्ण के कवच की लाज बचती है या शिखंडी बेनकाब होता है।' नटों की इस लड़ाई में मौसी की वही भूमिका रही है जो महाभारत के युद्ध में कृष्ण की रही थी। इसी कारण लल्लू नट मौसी के लिए कहता है, "जाके रथ पर केशो, ताको कौन अंदेशो?" मौसी की बेइज्जती के लिए प्रयुक्त द्रोपदी वस्त्रहरण का मिथक भी काफी प्रभावी है। अलंकारों में उपमानों का प्रयोग पात्रों के शारीरिक अंगों के लिए पर्याप्त मात्रा में हुआ है—आम की फाँकी की तरह बड़े-बड़े नैना, गमछे के ऊपर उसकी तोंद मशक की तरह लटकी हुई थी, पके हुए सफेद बालों वाली बुढ़िया उसके सामने यमदूत की तरह खड़ी थी। मुहावरे,

कहावतों का वर्णन भी उपन्यास में है, आदि देर से आये दुरुस्त आये, घर की मुर्गी दाल बराबर, कुत्ते की तरह दुम हिलाना, दिमाग चकराने लगा, कुहराम मच गया, अस्मत पर आँच आना, जैसी करनी वैसी भरनी, मिरगी का दौरा पड़ना, आँखें खून में तैरना, रसरी की फसरी में बँध गया, गद्‌गद्‌ कर दिया, गड़े मुर्दे को उखाड़ना, दाल में काला लगना, जात सुभावन न छटे टाँग उठाकर मूते, नेकी और पूछ-पूछ, पहले जहान तो फिर जान आदि। अकाल और भुखमरी से बचने के लिए कमालपुर में मजदूरों के विराट प्रदर्शन में चारों और रंगीन इश्तहार बाँटकर दीवारों पर चिपकाये जा रहे थे। गुन्डों द्वारा गोरी सुन्दर लड़कियों को धमकाने-डराने के डर से नटों का जुलूस कचहरी पहुँचा, ये दफ्तियाँ आदि चिपकाये प्रदर्शन पर थे, बल्कि लम्बे कपड़ों पर इबारत भी लिखी थी—

नकली मुस्कराहट से-बच के रहो!
पैसे वाले डोमों से-बच के रहो!
गरीबों को लड़ाने वाले अफसरों से-बच के रहो!
आदिवासियों को-न्याय दो!
मजहबी गुंडों को-न्याय दो!
हिन्दू गुंडावाद-मुर्दाबाद!
मुसलमानी गुंडावाद-मुर्दाबाद!

चित्रों का सहारा लेकर नट अपना कहना दूसरों तक पहुँचाते थे। पॉजिटिव नोवेल (सकारात्मक उपन्यास), ईमरझंसी (इमरजेंसी), ब्लीकमेल, साटिकफिकिट, कोलोफार्म, घीकुवार (घृत कुमारिका), भुडुकुवा (शुक्र), सुअर के घुर्र-घुर्र की आवाज, घंटी की टन्‌-टन्‌ आवाज, कुड़-कुड़ मुर्गियों की आवाज, कुत्तों की भौं-भौं, हँसने की हो-हो-हो आवाज, ओ-ओ ओ आलाप की आवाज आदि का समावेश उपन्यास में है। इसके साथ ही गीत और नृत्यों का भी वर्णन उपन्यास में चित्रित है।

गीत : नटों के ग्रामीण संस्कारों को विशेष महत्त्व प्राप्त हुआ है। जुड़ावन के साथ सावित्री जब भाग आती है, जुड़ावन स्वयं को भाग्यशाली समझता है। इतने बड़े वंश की मर्यादा को तोड़ उस जैसे नट के साथ सावित्री आयी है। यह घटना उसके लिए अनमोल बन जाती है। जुड़ावन ढोलक लेकर राग अलापने लगता है—

"आहों रामा मानिक हमरो हे रइलो हो रामा
आहो रामा ओही रे जमनुवा के चिकनी मटियवा
चल पाँव बिछलरले हो रामा
आहो रामा तोरे लेखे ग्वालिन मानिक हेरइले
मोरे लेखे चान छिपइले हो रामा।"[4]

चैत के गीत का दर्द मंजरियों से लदे नीम वृक्षों को अपने नीले आँचल में छिपा रहा था। मेरा माणिक्य खो गया। उस जमुना की माटी इतनी चिकनी थी, चलते हुए

पाँव बिछला गये। अरे ग्वालिन तेरे लिए माणिक खो गया होगा, मेरे लिए तो मेरा चाँद ही छिप गया। गाँवों में औरतें पीसते-कूटते समय भी कई गीत गाती हैं, जैसे—

"पियवा के कठिण करेजवा हो, सइयाँ बाउर कइला
सूतल हम रहली पिया संगे सेजिया
बाते बाते बढ़ी गइले झगरवा हो, साइयां बाउर कइला
पहिले त पिया तुहूं मोहि गरिअबका
मोरी बतिया पे भइल फकिरवा हो, सइयां बाउर कइला।"[5]

मैनवा अपने सीने में उमड़ते दुख को किससे कहे। एक ही सेज पर मैं अपने प्रिय के साथ सोई थी, बातों ही बातों में लड़ाई हो गयी। पहले तो प्रिय तुमने गाली दी, पर मेरी बात से चिढ़कर फकीर हो गये। मैं बावरी हूँ। बावरी हूँ। नटों को जब अपनी जमीन मिल जाती है तब वे नाच-गाकर अपने आनन्द को व्यक्त करते हैं। नट लड़कियाँ हाथ में हाथ डाले नाच उठती हैं—

"हरि मोर चलले उतर कनिजरिया
दुअरा कदंब लाई गइले हो राम
जब जब धानिया रे मनवों उदसिहे
तब तुं कदम तेरे जोहिहे हो राम।"[6]

मेरे प्रिय उत्तर दिशा को नौकरी करने गये। वे द्वार पर कदंब का वृक्ष लगा गये। हे धनिया, जब जब तुम्हारा मन उदासे, तुम इसी के नीचे खड़ी होकर मेरी बाट जोहती रहना। उपन्यास में आल्हा दंगल के आयोजन पर गाए जाने वाले गीत, शिवनारायण गुरु के पद, अमिताभ बच्चन का गीत, 'देख सकता हूँ मैं कुछ भी होते हुए, देख सकता नहीं तुमको रोते हुए', श्लोक, लल्लू काका की चिता पर जुम्मन का गीत गाना आदि गीतों का भी वर्णन है।

नृत्य : नटों के जीवन में नृत्यों का वर्णन है। मान गुरु और नथिया माँ की पूजा के अवसर पर नृत्यों का आयोजन होता है। नट युवक और युवतियाँ एक दूसरे के साथ सटे, एक-दूसरे के कन्धों पर हाथों का डैना फैलाए लम्बी कतारें जोड़ कर नाच रहे थे। महुए की शराब की गन्ध में सारा माहौल डूबा था—"अमवा महुवा के बाग तहिरे बीच राह लगी, अमवा के लम्बे-लम्बे पात टिकोखा से डाल झुकी।"[7] जवानी की निशानियाँ, आम के पत्ते और लटकते हुए कच्चे फल मर्दों की तुलना में औरतों को ज्यादा पागल करते हैं। घाघरों के घेरे हवा लगने से गोलाकार हो रहे थे। एक अजीब किस्म की पसीने में डूबी महक, बदन की रगड़ से जन्मी गर्म घुवन, सीधे कलेजे में उतर जाने वाली गंध, जंगली धोखों की नाच, गान, हुडदंग और हँसी की खिलखिलाहट, फुसफुस की आवाजें, एक-दूसरे के मुँह से सटे मुँह होठों को चूमते होंठ। पूजा के अतिरिक्त शादी के अवसर पर भी नटों का नृत्य विशेष प्रसिद्ध है। झुंड की झुंड नट कन्याएँ हाथ से हाथ पकड़े तथा मानिक और

रूपा चतुर्दिक घूम-घूमकर गाने लगे–

''केकरा हि नदिया रे झिलमिल मनिया
आ रे केकरा हि नदिया सेवाल रे
केकरा हि नदिया चल्हना मछलिया
कवन दुलहा लावेल जाल रे
बाबा के नदिया रे झिलमिल पनिया
भइया के नदिया सेवाल रे
ससुरु के नदिया के चल्हवा पछरिया
मानिक दुल्हा लावे महाजाल रे।''[18]

दुल्हा-दुल्हन के रूप में मानिक और रूपा भी नृत्य करने लगे। इस नृत्य से नटों की नृत्य परम्परा का पता चलता है। वहाँ दुल्हा-दुल्हन स्वयं अपने विवाह के अवसर पर नृत्य कर प्रसन्नता प्रकट करते है। वहाँ केवल नृत्य लड़कियाँ या स्त्रियाँ ही नहीं करतीं उनके साथ पुरुष भी नृत्य करते हैं, जो उनके ही समान नृत्य के हाव-भाव व्यक्त करते हैं। नृत्य करते-करते एक-दूसरे को चूमकर भी ये अपनी खुशी जाहिर करते हैं जिसका उल्लेख नृत्य में हुआ है। पुतली नाच का भी वर्णन उपन्यास में है। सुवांगी महाराज ने दोनों छोटी-छोटी छड़ियों से घुच्चड़ से बने नगारे को पीटते हुए कहा–

''अरे देख भाई,'' सुवांगी जी बोले,
कौन हे बगुले के पांखों जैसी साड़ी पहने,
इसे तो देखा नहीं कभी हमने।''

भिश्ती : ''अबे सालिये, तूने देखा नहीं तो क्या इससे इतिहास बदल जाएगा साँच का?

यह तो ऐसी बुढ़िया है सन से सफेद बालों को
परती की रेह से
कटे-फटे पुराने के ओढ़कर
जाती नहीं गाँव को छोड़कर
यह सब्बो जिसने
बाभन ड्योढ़ी लाँघकर
गिरिजन, हरिजन, आदिवासियों
की सेवा का बरत लिया।''[19]

'शैलूष' में सावित्री ने नटों को जमीन दिलाने के लिए संघर्ष किया। बुरफेंकन जैसे बदमाश को सबक सिखाकर वह एक आदर्श नारी साबित होती है, यह इन गीत से स्पष्ट होता है। पर्वों, त्योहारों, खुशी आदि के समय गीत और नृत्यों का सहारा लेकर आदिवासी लोग अपनी संस्कृति का परिचय देते हैं।

सन्दर्भ

1. सं. रमणिका गुप्ता—आदिवासी स्वर और नयी शताब्दी, पृ. 11
2. डॉ. प्रदीप कुमार शर्मा—हिन्दी उपन्यासों का शिल्पविधान, पृ. 20
3. डॉ. शिवप्रसाद सिंह—शैलूष, पृ. 134
4. डॉ. शिवप्रसाद सिंह—शैलूष, पृ. 9
5. डॉ. शिवप्रसाद सिंह—शैलूष, पृ. 31
6. डॉ. शिवप्रसाद सिंह—शैलूष, पृ. 251
7. डॉ. शिवप्रसाद सिंह—शैलूष, पृ. 134
8. डॉ. शिवप्रसाद सिंह—शैलूष, पृ. 259
9. डॉ. शिवप्रसाद सिंह—शैलूष, पृ. 275

संजीव की कहानियों में चित्रित समस्याएँ

डॉ. राजश्री भामरे

संजीव की लगभग दो सौ कहानियों में चरित्रों की विविधता और विषयों के अनेक पहलू हैं। उनकी कहानियों का परिवेश मुख्यतः ग्रामीण क्षेत्र से सम्बन्धित है। ऐसे वातावरण में लेखक ने दलित, पीड़ित, शोषित, उपेक्षित एवं आदिवासी समुदाय की वेदना को अभिव्यक्ति दी है। पिछड़ी जनजाति के दुख-दर्द तथा असहायता का सूक्ष्म चित्रण उनकी कहानियों में किया गया है। उनके पात्र वेदना और संघर्ष की कहानी को सजीवता प्रदान करते हैं। संजीव जनवादी धारा के साहित्यकार हैं इसलिए उनकी प्रत्येक कहानी में सामाजिक जागरूकता दिखाई देती है। संजीव की अधिकांश कहानियों के पात्र आदिवासी समाज से सम्बन्धित हैं। संजीव के कथा-साहित्य में निम्नवर्ग की समस्याओं का चित्रण अधिक मात्रा में हुआ है। जिसमें निम्न समस्याएँ मुख्य रूप से देखी जा सकती हैं–

1. जातिभेद की समस्या
2. आर्थिक शोषण की समस्या
3. नारी यौन शोषण की समस्या
4. भ्रष्ट अधिकारी वर्ग की समस्या
5. अशिक्षा की समस्या
6. गरीबी की समस्या

1. जातिभेद की समस्या : प्राचीन समय से भारतीय समाज यन्त्रणा वर्ग व्यवस्था और जातिभेद के जबरदस्त शिकंजे में कैद रहा है। इसी का फायदा उठाकर कभी मुस्लिमों ने समूचे भारत को अपने कब्जे में कर लिया तो कभी अंग्रेजों ने अपनी हुकूमत चलायी। सदियों तक पूरा भारत अन्य देशों की गुलामी में खोखला बनता रहा। लेकिन धर्म के ठेकेदारों ने इससे कोई सीख न ली बल्कि वे अपने वतन को बेचने में दूसरे मुल्कों की सहायता ही करते रहे। भारत के महान योद्धाओं ने जान की बाजी लगाकर देश को गुलामी की जंजीरों से मुक्त कराया। परन्तु प्राचीन कात से चली आयी वर्ग व्यवस्था और जाति व्यवस्था की विषैली नागिन को कोई नष्ट

नहीं कर पाया। आधुनिक युग में मनुष्य जीवन में आमूल परिवर्तन आया। समाज के निम्न स्तर की जनजातियों में कुछ अंश में आर्थिक सुधार होने से उनके रहन-सहन में परिवर्तन होने लगा। सवर्ण वर्ग के ठाट-बाट में तो अत्याधुनिकता आ गयी मगर उनकी सोच आज भी सदियों पुरानी ही रही। उच्च वर्ग की इस मानसिकता के कारण समाज की एक घृणित जाति समस्या को संजीव ने अपनी कहानियों में मुख्य रूप से उजागर किया है। उनकी 'प्याज के छिलके' कहानी में गाँव का हरिजन कैलाशिया मुंशीजी के खेत से केवल एक प्याज उखाड़ता है। कैलाशिया दलित वर्ग से सम्बन्धित है, इसीलिए मुंशी का गुस्सा सातवें आसमान पर चढ़ जाता है और वह कैलाशिया की काफी पिटाई करता है। कैलाशिया को पिटने पर भी मुंशी को चैन नहीं मिलता। कैलाशिया दलित है और उसे हाथों से मारने के कारण मुंशी खुद को अपवित्र हुआ मानता है। घर आकर अपने हाथों को रगड़-रगड़ कर धोता है, स्नान करता है और हनुमान चालीसा पढ़ने बैठता है। उसे लगता है ये सब करने पर अब मैं पवित्र हो गया। मुंशी को कैलाशिया को पीटने की तसल्ली से ज्यादा एक दलित के स्पर्श होने का गहरा दुख है। 'जसी बहू' कहानी में जसी की पत्नी गाँव में अकेली रहकर खेती सँभालती है। एक बार कोई उसके फले-फूले खेत में से आम-सरसों रात में निकालकर ले जाता है। इस बात की शिकायत करने वह गाँव के प्रधान के घर चली जाती है। परन्तु प्रधान के घर बैठे सवर्ण उसे वहाँ आया देखकर उस पर जातिवाचक गालियों की बौछार करते हुए कहते हैं—''चमाइनसिचाइन होइक जाने के हिम्मत कैसे भुई हमारे घर में।'' अर्थात् सवर्णों को दलितों का उनके दरवाजे पर फरियाद लेकर आना भी उन्हें रास नहीं आता। 'जब नशा फटता है' कहानी में तो ब्राह्मण, राजपूतों की जातीयता से परेशान होकर मेहतर समाज के लोग धर्म परिवर्तन कर मुसलमान बन जाते हैं। मगर मुसलमानों में भी उन्हें मूल मुसलमानों में समाविष्ट नहीं किया जाता। हिन्दू समिति उन्हें फिर हिन्दू धर्म अपनाने के लिए कहती तो है। लेकिन उन मेहतरों की इच्छानुसार उन्हें ब्राह्मण या क्षत्रिय समाज में उन्हें शामिल नहीं करना चाहती। मुसलमान और हिन्दू वर्ग की कलुषित मानसिकता के कारण छड़ीदार खिन्न होकर कहता है, ''हम न हिन्दू हैं न मुसलमान, हम आदमी की बिरादरी से बाहर हैं।'' इस कहानी में उच्च वर्ग की यातनाओं से परेशान होकर धर्म परिवर्तन करने वाले निम्न वर्ग की व्यथा उद्‌घाटित हुई है। 'पिशाच' कहानी में महातम बाबा उम्र के आखिरी दौर से गुजर रहे हैं फिर भी मन में सामंती वृत्ति कायम है। रमेशर ने उनकी सारी जमीन हड़पकर उन्हें भूमिहीन बना दिया है लेकिन वे पहले की अकड़ आज भी दिखाते फिरते हैं, ''बाबूलाल बाभन होई के हर जोतता है, उनके लड़के रमेशर की रहलुआई करते हैं, ससुरे नीच जाति को खाट पर बैठाई लेते हैं।'' 'टीस' कहानी में गाँव के मन्दिर के पुजारी पंचानन भट्टाचार्य को आदिवासी लोगों का पूजा के लिए मन्दिर आना बिल्कुल अच्छा नहीं लगता। वह आदिवासियों

को देखते ही खीझकर कहता है, ''भागो साला लोग, जाके ख्रीस्तान बन जाओ, इहाँ काहें आता।'' संजीव ने जाति के बल पर चुनाव की राजनीति खेलने वाले नेताओं पर भी करारा व्यंग्य अपनी 'चूतियाँ बना रहे हो' इस कहानी में किया है। चुनाव प्रचार के दौरान नेतागण अपनी-अपनी जाति के लोगों को एकत्रित कर अपनी बिरादरी में ही रहने की आदेशयुक्त सूचना देते हैं। इस सूचना के साथ लोगों को यह चेतावनी भी दी जाती है कि यदि कोई अपनी जाति के बाहर अन्य से हाथ मिलाये तो उसका हुक्का पानी बन्द कर दिया जायेगा। वास्तविक रूप से समाज में जातिभेद के घृणित विचार फैलाने का पहला सफल प्रयत्न राजनीतिक नेता, उनके कार्यकर्ता और उनके प्रतिनिधियों द्वारा ही किया जाता है।

2. आर्थिक शोषण की समस्या : संजीव ने अपनी कहानियों में गरीब मजदूरों के आर्थिक और शारीरिक शोषण की समस्या को भी प्रमुखता दी है। उनकी 'कदर' कहानी में बोदा रामबली राय का बँधुआ मजदूर है। रामबली राय उससे दिन रात काम करवाता है फिर भी उसे बोदा की कोई कदर नहीं है। चुपचाप रात दिन काम में खटते रहने से उसका जीवन नीरस बन गया है। बोदा की मेहनत और चुप्पी आखिर एक दिन आक्रोश में व्यक्त होती है। 'प्रेतमुक्ति' का जगेसर सन्तोरानी के पास किराये से रिक्शा चलाता है। सन्तो उसका आर्थिक शोषण करती है। इसलिए जगेसर उसका काम छोड़कर दूसरा काम करता है लेकिन वहाँ भी उसका शोषण ही होता है। कई ठेकेदारों के लिए वह फायदे का मजदूर बनता है। जब वह ईंट, चूना, गारे, कोयले का काम करता है तो उसका मेहनताना उसे दस-पाँच रुपये से ज्यादा नहीं मिलता। 'भूखे रीछ' कहानी में रामलाल की आर्थिक अवस्था इतनी दयनीय है कि वह कभी-कभी सोचता है कारखाने में काम करने वाला उसका कोई सहयोगी बीमार पड़ जाये या मर जाये तो अच्छा होगा उसकी जगह उसे ओवर टाइम (OT) करने को मिलेगा। उसकी यह मनोकामना एक बार पूरी भी होती है। मगर स्वयं की कारखाने की आठ घंटे की ड्यूटी और दूसरे का OT के रूप में आठ घंटे का काम साथ ही मालिक के बंगले का कोई छोटा मोटा काम करने से उसका शरीर कमजोर पड़ने लगता है। कहानी की आर्थिक विपन्नता मजदूर को अपने परिवार के लिए थोड़ा रुपया ज्यादा कमाने के लालच में खुद के स्वास्थ्य को नजरअन्दाज करने पर भी विवश करती है। 'सागर-सीमांत' कहानी में चटर्जी मछलियों का ठेकेदार है। वह अपने आर्थिक स्वार्थ में इतना अन्धा हो चुका है कि उसे अपने मजदूरों की जान की भी पर्वाह नहीं। समन्दर में सभी मछुवारों को रेडियो द्वारा धोखे की सूचना दी जाती है मगर महाजन चटर्जी अपने मजदूरों तक यह खबर पहुँचने ही नहीं देता क्योंकि उसे लगता है इस खबर से मछुवारे सागर में नहीं गये तो उसका आर्थिक नुकसान होगा। 'प्रेतमुक्ति' कहानी में गाँव के मुखिया की हवेली जैसे उसके भूखे प्यासे मजदूरों के पसीने से सींची और सजायी गयी है। गरीब मजदूरों का परिवार दो वक्त

के भरपेट खाने को तरसता है और मुखिया की हवेली राजा-महाराजाओं के वैभव से परिपूर्ण है। मुखिया इन मजदूरों का खून चूसकर ऐशो-आराम की जिन्दगी जी रहा है तथा उसने हवेली को खड़ा किया है। 'धनुषटंकार' कहानी में झम्मन कारखाने में काम करते वक्त लू शटिंग से जख्मी होकर कमर तुड़वा बैठता है। परन्तु झम्मन के इलाज का खर्च न कारखाने की ओर से मिलता है न ठेकेदार देता है। ठेकेदार के मजदूर खाते में झम्मन का नाम भी नहीं होता। परिवार का खर्च चलाने हेतु झम्मन की पत्नी सुरसती कारखाने में पिंग आयरन उठाने का काम करती है। ठेकेदार यह काम करते वक्त उसे हाथों पे चढ़ाने के लिए दास्ताने भी नहीं देता इसलिए उसके नरम हाथ खुरदरे बन जाते हैं। कहानी में सुरसती का कथन है—"अच्छा हुआ जो नरम हथेलियों की छलनी हुई वर्ना ठेकेदार इन्हें खुद तो नोचता ही ठेका पटाने में न जाने कहाँ-कहाँ बिछवाता फिरता।" सुरसती के वक्तव्य से स्पष्ट होता है कि ठेकेदार गरीब मजदूर नारियों के आर्थिक, शारीरिक शोषण के साथ अपने फायदे के लिए उनका उपयोग भी करते हैं। 'गो-लोक' कहानी में सेठ घिनहूदास की स्वार्थी प्रवृत्ति का चित्रण है। वह अपने कारखाने के किसी मजदूर को काम पर परमानंट नहीं करता, क्योंकि उसे डर है यदि कुछ मजदूरों को परमानंट कर दिया तो वे यूनियन बनाकर अपने हक और अधिकारों के लिए आन्दोलन करेंगे। एक बार मजदूर संगठन के सामने वह सौ मजदूरों को परमानंट करने का ऐलान अवश्य करता है मगर मजदूरों का नेतृत्व करने वाले शफीक की ही अपने गुंडों द्वारा हत्या करवा देता है। 'आप यहाँ हैं' कहानी का ठेकेदार भी मजदूरों से तनख्वाह के बदले चौथाई काम लेता है।

3. नारी यौन शोषण की समस्या : भारतीय पुरुष प्रधान संस्कृति में नारी को केवल भोग्या या दासी के दृष्टिकोण से देखा गया है। प्राचीन काल से लेकर आज तक नारी की इस स्थिति में कोई सुधार नहीं हुआ। जब सम्पूर्ण नारी वर्ग को उपभोग की वस्तु के रूप में देखा जाता है तो पिछड़ी जनजाति की आदिवासी गरीब नारियों की स्थिति 'दलितों में भी दलित' ही है—संजीव ने ऐसी विवश नारी व्यथा को अपनी कहानियों में प्रमुखता से स्पष्ट किया है। 'जसी बहू' कहानी में जसी की पत्नी गाँव में अकेली रहती है। लेकिन अपने चरित्र को उसने पूरे स्वाभिमान से सँभाला है। लेकिन एक दलित महिला के अकेले रहने से गाँव के भूखे भेड़िये पुरुष जैसे ताक में ही बैठे थे कि कब उसे अपनी हवस का शिकार बनाया जाये। उसके अकेलेपन का फायदा उठाकर गाँव की सितई पंडित और जमींदार चंदरेजसिंह उसके जरा से झगड़े का बहाना बनाकर जसी की पत्नी पर बलात्कार करते हैं। संजीव अपनी कहानी में उसके स्वाभिमान के बारे में लिखते हैं, "सितई पंडित ने आम की तरह निचोड़ डाला उसके गर्व को।" 'टीस' कहानी में भी आदिवासी सपेरे शिबूकाका की सुन्दर पत्नी मताई को पंडित ने अपनी वासना का शिकार बनाया है। मताई का पति शिबूकाका एक बार किंग कोबरा बेचने कलकत्ता गये तो अकेले

मताई की सुन्दरता का पंडित पूरा फायदा उठाता है। 'घर चलो दुलारीबाई' कहानी में दुलारी के विधवा हो जाने पर उसके जेठ और देवर ही उसके शरीर को नोंचना चाहते हैं। एक दिन उसे अकेला पाकर वे अपनी वासना की पूर्ति करते हैं। 'वापसी' कहानी में संजीव ने देश के रखवाले फौजियों को नारी अस्मत के लुटेरों के रूप में चित्रित किया है कहानी का फौजी टोनी अपने कैम्प में गरीब असहाय घायल स्त्री पर अपने अधिकारी और अन्य साथियों को बलात्कार करते हुए देखता है। संजीव ने इन फौजियों को अत्यन्त निचले स्तर का दर्शाया है जो स्वयं की शारीरिक भूख शान्त करने के बाद पेट की भूख मिटाने के लिए खाने के बदले में उसे दुश्मन देश के फौजियों को सौप देते हैं। संजीव की 'दुश्मन' कहानी में नारी यौन उत्पीड़न की समस्या मुख्य रूप से उजागर हुई है। कहानी की दुर्गी अपने बाप का कर्जा स्वयं कारखाने में नौकरी कर चुकाती रहती है। सूद के पैसे चुकाने में ही उसकी सारी तनख्वाह निकल जाती है। इससे परेशान होकर वह सूद माफ होने के लालच में स्वयं का शरीर भूलन सिंह को सौंप देती है। भूलन सिंह उसका निरन्तर शारीरिक शोषण करता रहता है।

4. भ्रष्ट अधिकारी/पुलिस/न्याय व्यवस्था की समस्या : संजीव ने अपनी अधिकांश कहानियों में सरकार, न्याय व्यवस्था, पुलिस और राजनीति की भ्रष्टता का बेबाक चित्रण किया है। लगता है उनका कहानी लिखने का मूल उद्देश्य समाज के रक्षकों की भ्रष्टाचारी वृत्ति का पर्दाफाश करना ही रहा है। पुलिस के भ्रष्टाचार के कारण आम आदमी को अनेक संघर्षों के बीच से गुजरना पड़ता है। कई बार ऐसे मजबूर लोग अपने जीवन से हार जाते हैं या अपना मानसिक सन्तुलन खो बैठते हैं। 'टीस' कहानी में आदिवासी शिबूकाका इस वास्तविकता का प्रतिनिधि चरित्र हैं। शिबूकाका अपनी पत्नी मताई और पण्डित के अनैतिक सम्बन्धों को स्वयं की आँखों से देखते हैं। उनका खून खौल जाता है और वे पहले पत्नी की हत्या करते हैं। पण्डित उनके हाथों से बच निकलता है। जेल में वे समझते हैं कि पत्नी ने उनकी सुन्दर पत्नी को झाँसे में लिया था इसलिए पण्डित की मेरे हाथों हत्या न हुई तो उसे कानून के तहत सजा होनी चाहिए। ईमानदार डी.एस.पी. पण्डित को सजा दिलाने के लिए प्रयत्न करता है परन्तु सामाजिक, राजनीतिक दबावों, समीकरणों और समझौते के कारण वह भी कुछ नहीं कर पाता। यहाँ संजीव के विचार पुलिस विभाग के सच को साबित करते हैं, 'जहाँ सत्य नहीं सामर्थ्य की तूती बोलती थी और हर बार कानूनी फंदा छोटा लगने लगता।' प्रतिशोध का पछतावा टीस बनकर शिबूकाका का पहले मानसिक सन्तुलन बिगाड़ती है और बाद में उन्हें मौत देती है। 'दुनिया की सबसे हसीन औरत' कहानी में टिकट चेकर महिला कर्मचारी को भी संजीव ने भ्रष्टाचार से बर्बर दर्शाया है। जब ओराँव जाति की अत्यन्त गरीब महिला ट्रेन से सब्जी तरकारी बेचने के लिए जाती है, तो टी.सी. महिला कर्मचारी उससे मुफ्त में

सब्जी निकालना चाहती है। परन्तु आदिवासी सब्जीवाली जब उसे टिकट बताती है तो टी.सी. महोदया तरकारी के दस रुपये उससे रिश्वत के रूप में माँगती है। साथ में यह भी कहती है कि अच्छी सब्जियाँ लेकर आओ तो हमारी गाड़ी में बैठो अन्यथा किसी और गाड़ी में चढ़ो। 'भूमिका' कहानी में धनवान सेठ के आदेश पर उसके गुंडे गरीबों की बस्ती में आग लगा देते हैं। आग के कारण कई गरीब, दलित घायल होते हैं तो कइयों की मौत भी हो जाती है। पुलिस को सारे षड्यन्त्र की जानकारी होते हुए भी वह देर से पहुँचती है। इस सच्चाई के बयान में स्वयं कहता है, पुलिस जैसा पहले से तय था बाद में आयी हम फिर भी छुट्टे साँडों की तरह घूम रहे थे। धुँआता आदमी कहानी में घायल ड्राइवर की घड़ी छीनकर भागते ट्रैफिक हवलदार और उसके पीछे भागते उसमें अपना हिस्सा जताने वाले उसके अन्य साथी। यह दृश्य बड़ा घृणास्पद है। परन्तु कानून के रक्षकों की यह वृत्ति कई घटनाओं में दिखाई देती है। 'अपराध' कहानी का सचिन उच्च शिक्षित होते हुए भी राजनीति, पुलिस और न्याय व्यवस्था की भ्रष्टता के कारण नक्सलवादी घोषित किया जाता है। भ्रष्ट पुलिस यन्त्रणा की सच्चाई पुलिस के ईमानदार अफसरों के शब्दों में लेखक बयान करते हैं 'गुंडे बड़े लोगों से जुड़े हैं और कभी-कभी तो ईमानदारी की कीमत हमें सस्पेंशन से चुकानी पड़ती है।' पुलिस अधिकारी की यह विवशता सत्ता और व्यवस्था का पर्दाफाश करती है। 'टीस' कहानी में संजीव ने आदिवासियों के लिए सरकारी योजनाओं का अधिकारियों द्वारा ठीक तरह से क्रियान्वयन न करने के सत्य को भी उद्घाटित किया है। गाँव के ईमानदार वेलफेयर अफसर पांडे और उनके मालिक में आदिवासियों को दी जाने वाली मुआवजे की अनियमितता और विस्थापितों को झूठे आश्वासन देने के कारण बहस होती है। एक दिन वेलफेयर अफसर को अधिकारियों की भ्रष्टता का शिकार होकर अपनी ही जान बचाकर गाँव से भाग जाना पड़ता है। 'धनुषटंकार' कहानी में यूनियन लीडर निर्मलबाबू को कारखाने के अन्य अधिकारी अपने फायदे के लिए मजदूरों से ही यूनियन के बाहर निकलवा देते हैं। इन मौकापरस्त भ्रष्ट अधिकारियों की नियति को अन्य मजदूर समझ नहीं पाते। 'लोडशेडिंग' कहानी में संजीव ने बिजली के न होने के कारण अपनी बेटी को ट्यूशन पर भेजने से डरने वाले परिवार का चित्रण किया है। आज के आजाद भारत की यर्थाथ तस्वीर यहाँ उद्घाटित हुई है, 'शीला को अँधेरे में ट्यूशन भेजना अपने आदर्श देश के चरित्रवान शहर में सम्भव नहीं है। क्या पता, कोई पलिस, सेना का भूखा जवान या किसी सेठ या मन्त्री का लड़का उस पर टूट पड़े।' साथ ही कहानी में भ्रष्टाचार से ग्रस्त धनवानों, अफसरों पर भी क्रोध दर्शाया है, "ये साले भ्रष्ट नेता, सेठ, ठेकेदार, पुलिस, अफसर, सरकारी प्रतिष्ठानों के आरामतलब मजदूर देश को बेचकर खा जाएँगे।"

5. गरीबी की समस्या : आधुनिक हिन्दी कथा साहित्य में प्रेमचन्द की तरह

गरीबी का यथार्थ चित्रण करने वाले संजीव सशक्त साहित्यकार हैं। भारत विश्व का प्रगतिशील राष्ट्र है। लेकिन भारत के अन्तर्गत पिछड़ी जनजातियाँ आज भी अत्यन्त दयनीय अवस्था में जी रही हैं। सरकार पिछड़े इलाकों की प्रगति के लिए कई योजनाएँ कार्यान्वित करती है। परन्तु सरकार और समाज के बीच के दलाल ऐसी सुविधाएँ पूर्णरूप से उन तक पहुँचने ही नहीं देते। इसलिए गाँव-कस्बे तथा आदिवासी इलाके सुविधाओं से वंचित रहते हैं। पिछ़डी जनजातियों के पास उदर निर्वाह का कोई साधन नहीं होता, सरकारी असफल योजनाओं के कारण रोजगार नहीं मिलता, गाँव का मुखिया अथवा ठेकेदार आर्थिक शोषण करता है। ऐसी स्थिति में ये लोग विपन्नता में जीवन जीने पर विवश हैं। संजीव ने समाज के ऐसे वर्ग का 'महामारी' कहानी में बड़ा कारूणिक दृश्य प्रस्तुत किया है। कहानी में गाँव पहले ही कई समस्याओं से घिरा है, उस पर महामारी का संकट लोगों को अधिक दुख और परेशानी में डालता है। गाँव के अधिकांश लोग अधपेट रूखी-सूखी रोटी खाकर जीते हैं। पके आम, आलू या चटनी के अलावा सब्जी का स्वाद उन्हें पता ही नहीं। सिर के बाल लड़कों/पुरुषों के साथ स्त्रियाँ भी इसलिए मुंडवा लेती हैं कि उन्हें बालों में लगाने के लिए साबुन या तेल नहीं मिलता। कहानी की माँ अपनी छः साल की बेटी को जल्दी खाना खत्मकर काम ढूँढ़ने के लिए कहती है। बिटिया को जल्दी-जल्दी बड़े निवाले खाने से उल्टी निकल आती है। माँ बेटी को इसलिए पीटती है कि अब उसका पेट पुनः खाली हो गया है और अपने हिस्से का खाना वह पहले ही खत्म कर चुकी है। 'चाकरी' कहानी के पति-पत्नी हावड़ा में आकर एक होटल में काम करते हैं। प्लेटफार्म या खाली गेराजों में उन्हें रात बितानी पड़ती है। जहाँ उनके अलावा भिखारी और कुत्ते भी आश्रय पाते हैं। उन्हें बीमारी में भी होटल में काम करना ही पड़ता है नहीं तो रोजगार डूबने का डर और मालिक द्वारा काम से निकाल देने का भय उन्हें आतंकित करता है। 'फुटबॉल' कहानी का मजदूर अपने बेरोजगार बेटे को काम दिलाने के लिए पन्द्रह हजार रुपये रिश्वत का जुगाड़ नहीं कर पाता। उसकी गरीबी उसे अपने मालिक के सामने याचक बनाकर खड़ा करती है। 'टीस' कहानी में शिबूकाका की जुबानी गरीबी का मर्मस्पर्शी चित्रण है, ''एक बार बीमार पड़ने पर खाने को कुछ नहीं था, साँप पोड़ा (भून) के खा के रात काटा हम दोनों।'' मनुष्य के पेट की भूख इतनी गहरी है कि भूख ने साँप के जहर को भी पचा लिया है। 'प्रेतमुक्ति' कहानी का जगेसर गरीबी के कारण बेचैन है। उसे शहर में रिक्शा चलाकर अपना तथा गाँव के अपने परिवार का गुजारा करना मुश्किल हो रहा है। उसकी यह अवस्था देखकर बूधनभाई उसे रिक्शा के साथ छीना-झपटी, चोरी-चकारी तथा सन्तोरानी के साथ दलाल बनके पैसे कमाने की सलाह देता है। जगेसर रुपयों की कमी के कारण भरपेट खाना नहीं खाता, बीमारी में दवा के लिए पैसे न होने से इलाज भी नहीं करता।

6. अशिक्षा की समस्या : मानव की प्रगति का महत्त्वपूर्ण माध्यम शिक्षा ही है। शिक्षा के सहारे मनुष्य अपना पारिवारिक, सामाजिक और आर्थिक विकास कर सकता है। इसलिए डॉ. आम्बेडकर ने मनुष्य की अनगिनत समस्याओं का मूल अशिक्षा को माना है। अनपढ़ व्यक्ति दूसरों के शोषण का शिकार बड़ी आसानी से हो जाता है। अशिक्षित व्यक्ति हिसाब-किताब, नफा-नुकसान, न्याय-विधि की बातों को समझने में असमर्थ होता है यह जानकर ही चतुर और स्वार्थी लोग उनके भोलेपन का फायदा उठाकर उन पर मनमाना कहर बरसाते हैं। संजीव ने अपनी अधिकांश कहानियों में शिक्षा से वंचित गरीब, दलित, शोषित, पीड़ित लोगों की दयनीय स्थिति को उजागर किया है। 'टीस' कहानी में आदिवासी सन्थालों की बस्ती के पास गाँव का मुखिया अपनी सुविधा और मुनाफे के लिए खुली खदान शुरू करता है। धीरे-धीरे सन्थालों के खेत खदान में समाते गये। आदिवासी अशिक्षित होने के कारण खदान मालिक ने उनके खेत का मुआवजा अत्यन्त कम देकर उन्हें चुप कराया। अनपढ़ आदिवासियों में से कुछ गाँव छोड़कर अन्यत्र निकल गये तो कुछ वहीं खदान में मजदूर बन गये। 'प्रेतमुक्ति' कहानी का मुखिया और उसका बेटा सुरेन्द्र अशिक्षित चलित्तर से कठोर परिश्रम करवाते हैं। बदले में मजदूरी उसे नाममात्र की मिलती है। चलित्तर होशियार है। वह जानता है गाँव के लोग अशिक्षित हैं इसलिए उन्हें सरकार की ओर से मिलने वाली खेती भी मुखिया ने हथिया ली है। वह विद्रोह की आवाज उठाता है, मगर अशिक्षित गाँव वाले उसका साथ नहीं देते और चलित्तर की हत्या होती है। चलित्तर का बेटा जगेसर पढ़ा लिखा नहीं है, इसलिए ठीक ढंग का काम नहीं कर सकता। वह जानता है उसे हर जगह ठगा जा रहा है मगर अशिक्षित होने से कहीं भी फरियाद नहीं कर सकता। उसके विवाह से घर में पैसों की कमी सताने लगती है। बाप बेटे में रुपयों को लेकर बहस होने लगती है। तब जगेसर पिता से कहता है, थोड़ा पढ़ा-लिखा दिया होता तो यह नौबत न आती। अर्थात् अशिक्षा के कारण अपनी आर्थिक दुरावस्था का सच उसकी समझ में आता है। वह ईमानदार वृत्ति का है इसलिए कभी बेइमानी नहीं करता। शिक्षा की कमी उसे कुरेदती है। 'धनुषटंकार' कहानी में झम्मन और सुरसती अशिक्षित हैं, इसलिए झम्मन का कारखाने में घायल होने पर भी उन्हें इलाज का खर्चा किसी से नहीं मिलता। ठेकेदार के खाते में झम्मन का नाम न होने से उसकी चालाकी को वे अनपढ़ समझ नहीं पाते। मजबूरीवश झम्मन को ठेकेदारों की कामान्ध नीच वृत्ति को जानते हुए भी अपनी जवान पत्नी को कारखाने में काम पर भेजना पड़ता है। उसे बिना दास्ताने पहले बीस-पच्चीस किलो वजन के पिग उठाने पड़ते हैं। अशिक्षा के कारण ऐसे शोषित लोग कहीं भी अपने अधिकारों की माँग नहीं कर पाते। 'दुनिया की सबसे हसीन औरत' कहानी में गरीब अनपढ़ सब्जीवाली अपने पास ट्रेन का टिकट होकर भी टिकट चेकर की बेमानी बातें चुपचाप सुनती है।

निष्कर्ष : आधुनिक हिन्दी साहित्य में संजीव का महत्त्वपूर्ण स्थान है। उनका सम्पूर्ण कथा साहित्य संघर्ष और समस्याओं से व्याप्त है। सामाजिक जागरूकता के कारण उनका साहित्य मनोरंजनात्मक नहीं बल्कि विचार-प्रेरक है। उनकी कहानियों में प्रेम की जगह संघर्ष है, आधुनिक सम्पन्नता की जगह पिछड़ी जनजाति की विपन्नावस्था का दर्द है। उनकी प्रत्येक कहानी की कथावस्तु मानवीय जीवन की समस्याओं से भरी है। कई कहानियों के कथानक अत्यन्त संक्षिप्त होते हुए भी लेखक ने पूरी सामर्थ्य से अनेक समस्याओं का सफलता से रेखांकन किया है। उनकी 'टीस' कहानी में गरीबी, जातिगत भेद, नारी यौन शोषण तथा भ्रष्ट अधिकारी, गाँव प्रमुख तथा पुलिस द्वारा सामान्यजन का उत्पीड़न व्यक्त हुआ है। मुखिया के कारण लोग भूमिहीन हो गये, घर से बेघर बनाये गये, पण्डित के कारण शिबूकाका की दुनिया उजड़ गयी। मगर पंडित खुलेआम घूमता है। संजीव की कहानियों के पात्र अशिक्षा के कारण जमींदार, पूंजीपति तथा सरकारी अधिकारियों के अत्याचार का शिकार हुए हैं। नारी यौन शोषण की समस्या के अन्तर्गत अध्ययन करते समय पीड़िता नारियों के प्रति संजीव की सम्पूर्ण सहानुभूति परिलक्षित होती है। टीस कहानी की मताई एक ओर पण्डित की हवस की शिकार होती है तो दूसरी ओर अपने पति के क्रोध की बलि चढ़ती है। 'जसी बहू' कहानी में जसी की पत्नी सितई पण्डित और जमींदार के शारीरिक शोषण के कारण गर्भवती बनती है। जब जसी गाँव आता है तो अपनी अनुपस्थिति में पत्नी को गर्भवती पाकर उसकी सच्चाई सुनकर भी उसी की पिटाई करता है। 'दुश्मन' कहानी में भूलन सिंह दुर्गी पर शारीरिक अत्याचार करता है। जब मन भर जाता है तो उसे जहर देकर मार डालता है। उसकी मौत से भी वह अपना आर्थिक फायदा करा लेता है। दुर्गी के प्राइवेट फंड तथा नौकरी से मिलने वाला सारा पैसा स्वयं हड़प लेता है।

संजीव के कथा साहित्य में मानव जीवन का हर पहलू विद्यमान है। गाँव, कस्बा, नगर, शहर, आदिवासी, दलित, शोषित, पीड़ित, शोषक, नारी, पुरुष सभी का परिवेश और जगजीवन उनके कथाविश्व में समाहित है। उनका साहित्य-सागर बहुत विशाल है। उनके साहित्य का महत्त्वपूर्ण अंग विषय की गहरी जाँच-पड़ताल है, इसी कारण रविभूषण जैसे आलोचक उन्हें बेचैन कथाकार की उपाधि से सम्बोधित करते हैं।

सन्दर्भ

1. तीस साल का सफरनामा (कहानी संग्रह), संजीव
2. दस प्रतिनिधि कहानियाँ, संजीव
3. संजीव : जनधर्मी कथाशिल्पी, सं. डॉ. गिरीश काशिद, डॉ. जयश्री शिन्दे
4. संजीव : व्यक्तित्व एवं कृतित्त्व, डॉ. रामचन्द्र लोंढे

'जंगल जहाँ शुरू होता है' में आदिवासी थारू जाति का जीवन

डॉ. आसाराम बेवले

साहित्य समाज जीवन का चित्रण न होकर समाज में होने वाले परिवर्तन का प्रमाण होता हैं। भारतीय समाज में विविधता, अनेकता होने पर भी 'भारतीयता' ही प्रमुख विचारधारा है। वर्ण, धर्म, कर्म पर आधारित यह समाज व्यवस्था साहित्य का केन्द्र है। उच्च वर्ग के साथ-साथ उपेक्षित, दलित, किसान, मजदूर, विधवा, वेश्या, आदिवासी की जीवनगाथा आधुनिक साहित्य है। आज इस पर काफी विचार हो रहा है। 'आदिवासी' पहाड़, जंगल में रहने वाली जाति है। आज का परम्परागत जीवन यापन करने वाली 'प्रकृति की सन्तान' अपनी संस्कृति की रक्षा कर रही है। अन्धश्रद्धा व अज्ञानी होने के कारण आदिवासी का आज भी शोषण हो रहा है। अपनी अस्मिता की रक्षा करने वाली यह जनजाति संघर्ष प्रिय, विद्रोही भी है। आदिवासी समाज दूरदराज अँचलों में रहने वाला समाज है। अर्थाभाव, अज्ञान, अन्धश्रद्धा, शोषण उनके चिरसाथी हैं। विज्ञान-तन्त्रज्ञान का अभाव, धर्म प्रभाव के कारण आदिवासी अप्रगत स्थिति में ही है। साथ ही साथ उनमें नये विचारों को अपनाने की प्रवृत्ति दिखाई नहीं देती। ''भारतीय वन सर्वेक्षण के मुताबिक जंगल की 60 प्रतिशत जमीन पर आदिवासी बसे हुए हैं। भारत में कुल 187 आदिवासी जिले हैं।''[1] इन इलाकों में आदिवासी कई पीढ़ियों से रहे हैं। जिनमें पूर्वोत्तर भारत के नागा, बोडो, रवासी, गारो, मिजो, कार्बी, जैतियाँ, मध्य प्रदेश के बारेला, भील, भिलाला मानकर, नाईक, पटेलिया, छत्तीसगढ़ के गोंड, झारखण्ड के मुण्डा हो, महाराष्ट्र के वारली गोंड, हळबी, आन्ध, कोलाम, माडिया गोंड, कोरकू, माचवी, पावरा, कोकणा, धानका, गावीत तथा बिहार के थारू आदिवासी शामिल हैं। इनमें से कुछ आदिवासी जनजातियों के परिवेश का वस्तुवादी चित्रण अनेक उपन्यासों में हुआ है।

हिन्दी के मशहूर कथाकार संजीव ने अकसर उपेक्षित एवं अछूती जनजातियों की अन्दरूनी तकलीफ को वाणी देने की सराहनीय कोशिश की है। इनका 'जंगल जहाँ शुरू होता है' उपन्यास का प्रकाशन सन् 2000 में हुआ है। इस उपन्यास में

लेखक ने बिहार के पश्चिमी चंपारण की आदिवासी 'थारू' जनजाति का चित्रण किया है। यह इलाका 'मीनी चंबल' के नाम से जाना जाता है। बेतिया, वाल्मीकपुर के आस-पास का यह इलाका सीमान्त अँचल है। यहाँ अपराध पहाड़ की तरह नंगा खड़ा है, जंगल की तरह फैला हुआ है, नदियों में दूर-दूर तक बह रहा है, इतिहास के रन्ध्रों से हवा में घुल रहा है, भूगोल की तरह भूल-भुलैया में डोल रहा है। यहाँ जंगल अपने विविध रूपों और अर्थ-छवियों के साथ प्रस्तुत हुआ है। यह जंगल थारू जनजाति, पुलिस और प्रशासन, डाकू, राजनीति, धर्म, समाज आदि को अपने में समेट लेता है। इस अँचल की तमाम विसंगतियों के समग्र अंकन द्वारा उपन्यासकार ने अपनी औपन्यासिक दृष्टि का भी परिचय दिया है। प्रस्तुत अँचल विशेष के ऐतिहासिक भौगोलिक एवं सांस्कृतिक जीवन को बहुत ही निकट से देखने-परखने का प्रयास लेखक द्वारा हुआ है। 'मिनी चम्बल' के क्षेत्र की थारू जनजाति को जंगल में मजबूरन संघर्षमय और शोषित जीवन बिताना पड़ता है। वे एक ओर सेठ-साहूकारों के शोषण से प्रताड़ित हैं तो दूसरी ओर डाकुओं की कुरीतियों से। इन सबसे बढ़कर उन्हें पुलिस के अन्याय एवं अत्याचार भी सहने पड़ते हैं।

थारुओं में तरह-तरह के अन्धविश्वास फैले हुए हैं। बिसराम की लड़की दुलारी को साँप काटता है। डॉक्टर के पास न ले जाकर उसे ओझा के पास ले जाया जाता है। थारू लोगों का मानना है कि साँप काटने पर उसका जहर उतारने के लिए वे ओझा पर विश्वास करते हैं। उचित इलाज के अभाव में उसकी मृत्यु हो जाती है। थारू लोगों की यह भी मान्यता होती है कि साँप काटने की वजह से जिसकी मौत हो जाती है उन्हें न तो जलाया जा सकता है ना ही दफनाया। इस सन्दर्भ में वहाँ के बड़े-बुजुर्ग कहते हैं—"साँप की डॅसी थी दुलारी धीया। न जलायी जा सकती थी, न गाड़ी। बड़े-बूढ़े जो कहते हैं, वही करना होता है। बनकट गाँव के बड़े-बूढ़ों की राय है कि लाश को प्रवाह कर दिया जाए कई बार तो गंगा मइया खुद ही खींच लेती है विष और मुर्दा जी उठता है।"[2] थारुओं का विश्वास है कि लाश को गंगा में प्रवाहित करने से गंगा विष खींच लेती है और मुर्दा जी उठता है। दुलारी को भी गंगा में प्रवाहित किया जाता है। बिसराम की पत्नी पलट-पलटकर गंगा की तरफ देखती है। उसे अब भी लगता है कि उसकी बेटी उसके पीछे-पीछे आ जाएगी। क्रिया-कर्म के लिए बिसराम की पत्नी अपना एकमात्र बचा गहना बेच देती है। घर में खाने के लिए न अनाज है न खेत में बोने के लिए दाना। इस सन्दर्भ में संजीव कहते हैं—"ये धान के बीज बोने-डालने के दिन हैं मगर कहाँ के बीज और कहाँ का खेत? बीज होते भी तो क्या होता? खेत तो बन्धक पड़े है। मालिकार के यहाँ।"[3] धान के बीज डालने के दिन हैं परन्तु घर में एक दाना भी नहीं है। खेत जमींदार चन्द्र दीप सिंह के यहाँ बन्धक पड़े हैं। छोटे भाई काली के ठेकेदार के पास रुपये बकाया है। इस जंजाल से मुक्ति पाने के लिए वह नेपाल भाग जाना चाहता है,

परन्तु रिश्वत के अभाव में कुछ भी नहीं कर सकता। हाथ में हुनर है परन्तु ठेकेदार और वन विभाग वाले बेंत लेने नहीं देते। भरी दोपहर में उसके सामने अँधेरा छा जाता है। इससे स्पष्ट हो जाता है कि साहूकार लोग आम जनता का किस प्रकार शोषण करते हैं। यहाँ थारू लोगों की भगवान के प्रति होने वाली श्रद्धा को स्पष्ट किया है। ओझा मन्त्र पढ़ता है। पूजा के लिए चूनर, मुर्गा और गाँजे का चढ़ावा दिया जाता है। ओझा नीम के चँवर से बिसराम के परिवार के साथ सबको झाड़ता है। बिसराम की बहू के साथ-साथ कई औरतें खेलने लगती हैं। थारू लोगों का मानना है कि गाय का दूध नहीं पीना और हिरन का मांस कभी नहीं खाना। हिरन का मांस खाने से हैजा हो जाता है। बिसराम की पत्नी ने हिरन का मांस खाया है तो वे लोग समझते हैं कि यह तो बड़ा ही अनर्थ हो गया। पहले एक दूसरे को देखते रहते हैं। लेकिन अन्त में देवी से क्षमा माँगते हुए कहते हैं कि "छिमा करो देबी। ई जनाना जात है। ई थोड़े मारा। इसको तो मार के दिया गया था। जानता तो थोड़े ही खाता। खाया काहे...? काहे खाया? बदन तोड़े डाल रही है, बिसराम बहू।"[4] मगर लोगों का ध्यान देवी की महिमा की ओर है। इस प्रकार थारू जनजातियों में अन्धश्रद्धा दिखाई देती है।

थारू जनजाति को पुलिस का अन्याय-अत्याचार भी सहना पड़ता है। ऐसा महसूस होता है कि सारा कानून इनके लिए बनाया गया है। डाकू लोग धमकी देकर थारुओं से खाना बनवाते हैं और इसके बदले कुछ भी नहीं देते। थारू डर के मारे डाकुओं की मदद करते हैं, डाकुओं को खाना खिलाते हैं। परशुराम डाकू को खाना बनाकर देने के जुर्म में थानेदार बिसराम की पत्नी को पकड़कर बन्द कर देता है। थारुओं की यह शोकान्तिका है कि पुलिस और डाकू दोनों उन पर अत्याचार करते हैं। बिसराम सोचता है कि "जो कोई भी डाकुओं की मदद करेंगे, पुलिस बिना जमानत के बन्द कर देगी? मालिकार को तो कभी बन्द नहीं करती। सारा कानून गरीब के लिए है?"[5] आम जनता की बदनसीबी है कि वह इन गैर-कानूनी करतूतों के खिलाफ आवाज तक नहीं उठा सकती। उलटे अन्दर ही अन्दर इसे हजम करना पड़ता है। कहाँ इन्साफ है? जो कोई डाकू की मदद करेगा, जबरन पुलिस बिना जमानत के बन्द कर देगी। मालिकार को तो कभी कोई बन्द नहीं करता। सारा कायदा मुफसिल के लिए है। बिचारा बिसराम, एक ओर जमींदार ने खेती हड़प ली तो दूसरी ओर मालिकार ने भैंस को पकड़ रखा है। घर में चूल्हा तक नहीं जलता। इस उपन्यास में नारियों का शोषण भी पुलिस एवं डाकुओं के द्वारा भी किया गया। थारू जनजाति की औरतें देखने में बहुत सुन्दर होती हैं। मलारी के साथ पुलिस भी अत्याचार करते हैं। हथियार की तलाशी के लिए पुलिस आती है लेकिन मलारी की खूब पिटाई की जाती है। इस सन्दर्भ में संजीव लिखते हैं—"प्रेम प्रकाश उसी तरह झोंटा पकड़े हुए उसे घसीटकर ले गया घर में। पुलिस के जवानों ने पहले ही

खर्च चलते हार को तहस-नहस कर रखा था। चारों ओर दरिद्रता का आलम था, कथरी, गुदड़ी, लूगे, लत्ते, सूप, चलती, मकई की छितराई वाले अरगनी पर से गिरी फटी रजाई।''[6] इस तरह से तलाशी के नाम पर मलारी का पूरा घर बरबाद करते हैं। थारू औरतों का कई तरह से यौन शोषण किया जाता है। परशुराम और चन्द्र दीप सिंह बिसराम की पत्नी का यौन शोषण करते हैं। जोगी काली की पत्नी को बेच देता है। मलारी का भी यौन शोषण किया जाता है। वह निःसहाय होकर कहती है, ''हम गरीब नीच जाति की औरतों की क्या इज्जत? खुला दरवाजा है, जो चाहे मुँह मार ले।''[7] थारू ज्यादा क्रोधित नहीं होते। क्षमा, दया, मृदुभाषी, निर्मल मन जैसे गुण उनके अवगुण बन गये हैं। अपने शोषण के खिलाफ उनमें आक्रोश क्यों नहीं उपजता। सिर्फ काली इसका अपवाद है। चन्द्र दीप सिंह के बेटे का अपहरण करके फिरौती के रूप में पाँच लाख वसूल करता है। पुलिस काली को पकड़ने के लिए बिसराम का चारे की तरह इस्तेमाल करती है। अन्त में बिसराम को भी मार देती है। पुलिस के अत्याचारों से डरकर पूरा गाँव कहीं अन्य इलाकों में गायब हो जाता है। डाकू गरीब लोगों की सहायता करते हैं। शादी के समय पैसे देकर उनकी सहायता करते हैं। शायद इसी वजह से थारू लोग डाकुओं की सहायता करते हैं, उनके लिए खाना बनाकर ले जाते हैं। थारू लोग डाकुओं के प्रति एकनिष्ठ रहते हैं। पुलिस से पकड़े जाने पर भी सच बोलने से कतराते रहते हैं।

लेखक कहते हैं कि कोई भी जन्म से डाकू नहीं बनता। परिवेश ही इसके लिए कुसूरवार है। इस परिवेश को भी उन्होंने बराबर परिभाषित किया है। जैसे उस क्षेत्र की प्राकृतिक दशा, भूमि सुधार का अभाव, ढीला प्रशासन, पोलिटिकल शेल्टर, रोजगार की समस्या, राजनीति, धर्म, टिपिकल भौगोलिक स्थिति आदि कारक इसके मूल में निहित हैं। बिसराम के भाई काली ने भी डाकू की जिन्दगी स्वयं नहीं चुनी थी। सुलेमान खां ठेकेदार और सुन्नर पांडे के यहाँ काली को मुफ्त में काम करना पड़ता है, हक की कमाई माँगने पर ठेकेदार पैसे नहीं देता परन्तु डाकू परशुराम को हजारों रुपये देता है। काली के तन-मन में आग लग जाती है। वह ठेकेदार के बेटे का अपहरण करके जुर्म की दुनिया में प्रवेश करता है। उसे परिस्थिति यहाँ पर लाकर खड़ा कर देती है। इस जंगल में कूदना तो आसान है, लेकिन निकलना आसान नहीं। इसी कारण मलारी उसे कहती है—''तुम्हारे जैसे आदमी के लिए यह सब काम नहीं। दो कदम आगे चलोगे, चार कदम पीछे।''[8] काली अपने इस जीवन को न चाहते हुए भी स्वीकार कर लेता है। घर की गरीब परिस्थिति, बड़े ठेकेदारों से होने वाले शोषण आदि से क्रोधित होकर वह अन्त में डाकू बनने के लिए विवश हो जाता है।

उपसंहार : यह उपन्यास आदिवासी थारू जाति और डाकुओं एवं राज नेताओं की आपसी लड़ाई प्रदर्शित करता है। उपन्यास संकेत करता है कि जंगल हर मनुष्य में पनपता रहता है जिससे हमारा अकसर सामना होता है। भारत नेपाल की सीमा

में स्थित चंपारण जिले के मिनी चंबल नाम से कलंकित क्षेत्र की आदिवासी थारू जाति का संघर्षमय जीवन यहाँ उकेरा गया है। वहाँ स्थित आदिवासियों को बार-बार डाकुओं से लड़ना होता है। प्रशासन, समाज विरोधी तत्त्व, राजनेता, पुलिस आदि से डाकुओं को पोषित किया जाता है। गहन चिन्तन-मन्थन से यह कचोटने वाला तथ्य रेखांकित किया जाता है कि अपराधी मनोवृत्ति रक्तगत वंशगत नहीं होती अपितु तथाकथित सभ्य सफेद पोश राजनेता, पुलिस अधिकारियों के सम्मिलित जुल्म व शोषण ही अपराधी तत्त्वों के निर्माता हैं। वे डाकुओं से भी गये गुजरे होते हैं। इस उपन्यास में थारू जनजाति से जुड़ी आर्थिक स्थिति, शोषण, पीड़ा, अत्याचार आदि का यथार्थ चित्रण संजीव ने किया है, जिसे पढ़ने के पश्चात् पाठक सोचने के लिए विवश हो जाते हैं। यहाँ थारू लोगों की अन्धश्रद्धा, शोषण, गरीबी, मजबूरी आदि को देखा जा सकता है।

सन्दर्भ

1. हंस, अगस्त 2006, पृ. 203
2. संजीव, जंगल जहाँ शुरू होता है, पृ. 22
3. संजीव, जंगल जहाँ शुरू होता है, पृ. 22-23
4. संजीव, जंगल जहाँ शुरू होता है, पृ. 30
5. संजीव, जंगल जहाँ शुरू होता है, पृ. 26
6. संजीव, जंगल जहाँ शुरू होता है, पृ. 182
7. संजीव, जंगल जहाँ शुरू होता है, पृ. 196
8. संजीव, जंगल जहाँ शुरू होता है, पृ. 199

संजीव के 'पाँव तले की दूब' में आदिवासियों का चित्रण

प्रा. विनोद कुमार वायचळ 'वेदार्य'

> "हमने पत्थर हटा-हटा के खेत *बनाये।*
> *खेत बना-बनाकर बीज रोपे धान के,*
> *धान-काट-काटकर खलिहान ले आये,*
> *और खलिहान से उठा ले गया महाजन*
> *सीने पर पहाड़ है कब से अड़ा हुआ।*
> *ऐसे कब तक .चलेगा,* हे चाँदो देवता..."[1]

बीसवीं शताब्दी के अन्तिम दो दशकों में उपेक्षित बातों पर सर्जकों का ध्यान गया। इसके कारण साहित्य में अनेक वाद या विमर्श उत्पन्न हो गये। जैसे स्त्री-विमर्श, दलित-विमर्श, अल्पसंख्य-विमर्श, ओबीसी-विमर्श आदि। इनमें आदिवासी-विमर्श भी एक महत्त्वपूर्ण विमर्श के रूप में सामने आया है। भारतवर्ष में आदिवासियों को वनवासी, लंगोटधारी, आदिम निवासी आदि नामों से पुकारा जाता है। हिन्दी साहित्य की उपन्यास विधा में इक्कीसवीं शताब्दी के प्रथम दशक से ही आदिवासी चेतना जागृत हुई है। साहित्य की अन्य विधाओं की तुलना में उपन्यास का व्यापक फलक आदिवासियों की समस्याओं का चित्रण करने में पर्याप्त सफल रहा है। इसका तात्पर्य यह नहीं है कि बीसवीं शताब्दी में आदिवासियों को केन्द्र में रखकर कोई रचना ही नहीं हुई है। हिन्दी उपन्यासकारों ने आदिवासियों को केन्द्र में रखकर अनेक उपन्यास लिखे हैं। अन्य भाषाओं में आदिवासी विमर्श का प्रारम्भ बहुत बाद में हुआ। हिन्दी भाषा सम्पूर्ण भारतवर्ष का प्रतिनिधित्व करती है, अतः कोई भी वैचारिक आन्दोलन हिन्दी साहित्य के द्वारा ही भारत भर में फैल जाता है।

अब हम संजीव के ही एक महत्त्वपूर्ण लघु उपन्यास 'पाँव तले की दूब' के बारे में संक्षेप में विचार करेंगे। वरिष्ठ हिन्दी कथाकार संजीव को उनके आदिवासी समाज के मसीहा के रूप में जाना जाता है। इन्हें अपनी साहित्यिक सेवा के लिए अनेक पुरस्कारों में सम्मानित किया गया है, जैसे—सारिका सार्वभाषा कथा प्रतियोगिता पुरस्कार, कथाक्रम पुरस्कार, इंदू शर्मा अन्तर्राष्ट्रीय पुरस्कार आदि। अभी हाल ही में

इन्हें 31 जनवरी 2014 के दिन 'श्रीलाल शुक्ल इफको साहित्य सम्मान' दिया गया यह महान उपन्यासकार अपनी प्रायः सभी रचनाओं में आदिवासियों की समस्याओं का चित्रण करते हैं। इनके महत्त्वपूर्ण उपन्यास हैं—'किशनगढ़ के अहेरी', 'सर्कस', 'सावधान, नीचे आग है', 'धार', 'जंगल जहाँ शुरू होता है' और 'सूत्रधार'। 'पाँव तले की दूब' इनका लघु उपन्यास है, जिसे वाग्देवी पॉकेट बुक, वाग्देवी प्रकाशन, बीकानेर द्वारा सन् 2005 में प्रकाशित किया गया है।

इस लघ उपन्यास का कथानक निम्न प्रकार से है। उपन्यास का नायक सुदीप्त उर्फ़ सुदामा प्रसाद है। सुदीप्त की कहानी उसका मित्र समीर बताता है। माता की असमय मृत्यु से सुदीप्त बचपन में ही जिम्मेदार बन चुका है। सुदीप्त अपने अन्यायी पिता से विद्रोह कर चुका है। नाना की कृपा से खरगपुर से बी.ए. उत्तीर्ण की है। आदिवासी बहुल झारखण्ड के नेशनल थर्मल पॉवर कॉर्पोरेशन में इंजीनियर के पद पर काम कर रहा है। किन्तु वहाँ के आदिवासियों पर होने वाले अन्याय के विरुद्ध खड़ा होता है। आदिवासियों को संगठित करके अनेक लोकोपकारक कार्यों में अपना मन लगाता है। इस कारण उसी के कार्यालय के बहुसंख्य कर्मचारी सुदीप्त के दुश्मन बन जाते हैं। कालीचरण किस्कू एक आदिवासी है, जो पहले तो सुदीप्त की कनपटी पर पत्थर मार देता है, किन्तु बाद में उसी का मुरीद भी बन जाता है। कालीचरण अब सुदीप्त के कार्यालय में ही चपरासी का काम करता है। सुदीप्त के विचारों से प्रभावित होकर वह आन्दोलन में कूद पड़ता है। किन्तु अपनी माँगे मनवाने की तैश में आत्महत्या भी करता है। अब कालीचरण के बीवी-बच्चों की आजीविका के लिए सुदीप्त काली के बेटे गोपाल को नौकरी दिलाता है। किन्तु वह भी सुदीप्त के हाथों से निकल जाता है। सुदीप्त ने आदिवासियों के कल्याण के लिए बहुत बड़ा त्याग किया है। वह आन्दोलनों में भाग लेने वाले आदिवासियों की मदद के लिए अपना सारा वेतन खर्च करता है और आजीवन ब्रह्मचर्य व्रत का पालन भी करता है। इस काम में उसे अनेक लोगों की सहायता मिलती है। फिलीप नामक नवयुवक आन्दालेन करता है, किन्तु वह भी मारा जाता है। उसे बचाते-बचाते सुदीप्त भी घायल हो जाता है और असाध्य बीमारी का शिकार भी हो जाता है।

आन्दोलन असफल हो जाता है। सुदीप्त प्रसाद को नोटिस भी मिल जाता है कि उसके कार्यकाल में बिजली का उत्पादन बहुत कम हुआ है। यदि जल्दी से कोई सार्थक तर्क नहीं मिलता तो उसे अपने पद से निकाला जा सकता है। समय रहते ही सुदीप्त प्रसाद त्यागपत्र दे देता है। पंचपहाड़ जैसे निर्मनुष्य इलाके में आकर रहता है। समीर को चिट्ठी लिखकर बुलाता है। किन्तु समीर के पहुँचने से पूर्व ही सुदीप्त अपनी कनपटी पर नुकीले पत्थर का प्रहार करके आत्महत्या करता है। पुलिस को उसकी जेब से सुसाइड नोट मिलता है, जिसमें लिखा होता है कि उसकी आत्महत्या का जिम्मेदार किसी को भी नहीं माना जाएगा। चिट्ठी में सुदीप्त ने अपनी अन्तिम

इच्छा भी लिखी होती है, उसके शव का न दहन करें और न ही दफ़न करें अपितु उसके शव को पहाड़ी पर फेंका जाए ताकि चील-कौए आकर उसके शव को खाकर अपनी भूख मिटा सकें।

समीर जानता है कि सुदीप्त एक लेखक है, वह अपनी अनुभूतियों और विचारों को कहानी और नाटकों के माध्यम से अभिव्यक्त करता है। मरने से पहले सुदीप्त अपनी राम-कहानी आत्मकथा के रूप में लिख जाता है। उसे पढ़ने पर समीर के मन की सभी शंकाएँ दूर होती हैं। आत्मकथा के साथ ही समीर को एक पत्र मिल जाता है, जिसमें सुदीप्त को मेझिया गाँव में पूर्णमासी के दिन बुलाया जाता है। समीर ही सुदीप्त की जगह मेझिया जाता है। परन्तु वहाँ जाने पर समीर को पता चलता है कि सुदीप्त का बलिदान व्यर्थ नहीं गया है। आदिवासियों ने स्वयं का उद्धार किया है। प्लांट से निकलने वाली काई से बचने के लिए पानी को साफ करने की व्यवस्था की गयी है। अनेक प्रकार के वृक्ष लगाये गये हैं। सारे आदिवासी सुदीप्त के उपदेशों का पालन करते-करते विकास की ओर धीरे-धीरे आगे बढ़ रहे हैं। गाँव के प्रमुख माझी हड़ाम की बेटी को बीमार होने पर सुदीप्त ने ही उपचार करके बचाया था। अतः माझी हड़ाम और उसकी बेटी ने आदिवासियों का नेतृत्व करके बहुत बड़ा कार्य किया है। माझी हड़ाम को समीर सुदीप्त की आत्महत्या के बारे में अकेले में बताता है, तो माझी हड़ाम उसे वहाँ से चुपचाप निकल जाने को कहता है, ताकि सुदीप्त की त्रासदी को कोई न जाने और पूर्णमासी के इस पर्व को दुख की नजर न लगे।

बहुत ही आकर्षक कथानक में कथाकार संजीव ने अपने विचारों को बीच-बीच में पिरोने का असाधारण कार्य किया है। जैसे वह सुदीप्त हंसदा के आन्दोलन की बात करते-करते आदिवासियों की सही-सही समस्याओं का चित्रण करते हुए लिखता है—"आदिवासी लोगों की दो कमजोर नसें हैं—अरण्यमुखी संस्कृति और उत्सवधर्मिता! अरण्यमुखी संस्कृति उन्हें सभ्यता के विकास से जुड़ने नहीं देती और उत्सवधर्मिता इन्हें कंगाल बनाती रहती है। ये हण्डिया या दारू पिएँगे ही और हर उत्सव को मस्त होकर मनाएँगे। पढाई-लिखाई से दूर रहेंगे। दारू की लत और जरूरतमन्दों को सूद पर पैसे और अनाज देकर इन आदिवासियों की जमीन कुछ चालाक लोगों ने हथिया ली है। इसे यहाँ लेहना प्रथा कहते हैं। हंसदा ने न केवल आदिवासियों की शिक्षा और शराबबन्दी अनिवार्य कर दी, बल्कि उन बाहरी कब्जा जमाए लोगों से उनकी जमीन भी छोड़ देने को कहा। वे क्यों मानने लगे? उनके साथ व्यवस्था और सत्ता का पूरा तन्त्र है—सरकारी कर्मचारी, पुलिस और गुंडे। जबरन बो लिए खेत। अब हंसदा के प्रयोग के अनुसार वह फसल जबरन काट ली जाएगी...।"[2]

नौकरशाही किस प्रकार आदिवासियों का शोषण कर रही है यह समझाते हुए सुदीप्त कहता है—"यू नो, झारखण्ड खनिज सम्पदा का भंडार है। नये-नये उद्योग लगाए जा रहे हैं, नयी दुनिया की पगध्वनि! अगर सरकार ईमानदारी से इनको हक

दे दे तो एक ही छलाँग में कई मंजिलें अपने-आप तय हो जाती हैं—पर अन्याय देखो, आदिवासियों को, जिनकी जमीन पर ये कारखाने लग रहे हैं, उन्हें टोटली डिप्राइव किया जा रहा है—इस सम्पत्ति में इनकी भागीदारी तो खत्म की ही जा रही है, उन्हें जमीन से भी बेदखल किया जा रहा है, मुआवजा भी अफसरों के पेट मे!''[3]

सुदीप्त प्रसाद अपने विश्वस्त वामपंथी नेता सुखमय बाबू को पत्र लिखता है—

''आदरणीय दादा,

पता नहीं, हम और आप जैसे लोग गलत थे, जिन्होंने आर्थिक आत्मनिर्भरता के साथ-साथ आदिवासी, दलित, किसान, मजदूरों और महिलाओं समेत सभी दमित वर्गों की चेतना के विकास को भी उतना ही महत्त्व देना चाहा या ये, जिनकी लड़ाई मात्र आर्थिक स्तर तक सिमट कर रह गयी है, चाहे उसकी प्राप्ति के लिए देश, समाज, वर्ग-मित्र, शोषित—सबको अनदेखा करना पड़े। चाहे इसकी प्राप्ति के लिए वर्ग-शत्रुओं का ही सहारा क्यों न लेना पड़े। एक व्यापक सड़ाँध की बू आने लगी है। दादा, कुछ था जो निहायत ही सुन्दर और सम्भावनाओं से भरा था, मर रहा है और इसका प्रतिवाद करने वाले इस अन्धी दौड़ में अलग-थलग पड़ते जा रहे हैं। आपने कहा था, यह लड़ाई लेखक और अफसर की है। नहीं दादा, यह लड़ाई आदमी और आदमखोर व्यवस्था की है, वह व्यवस्था, जो सत्ता अपने हित में बुनती जा रही है। पहले आदमी बचे फिर लेखक को भी ढूँढ़ लेंगे और वह जाएगा कहाँ, यहीं-कहीं अपने बेकाबू हो गये पात्रों के पीछे भटक रहा होगा।''[4]

फिलीप नामक आन्दोलनकारी अपनी पीड़ा को व्यक्त करते हुए कहता है—''यह धरती, हमारी धरती सोना उगलती है और उस सोने की धरती की हम कंगाल सन्तान हैं। प्रदेश की दो-तिहाई आय हमसे होती है और हमारी हालत—न तन पर साबुत कपड़ा, न पेट में भरपेट भात, दवा-दारू, पढ़ाई-लिखाई की बात छोड़ ही दीजिए। बहुत पैसा दिया सरकार ने—सरकार घोषणाएँ करती नहीं थकती, लेकिन हम कंगाल के कंगाल! मालो-माल कोई और हो रहा है। हमने कहा, हमें अपने कर्म पे छोड़ दो, लेकिन वो नहीं छोड़ते। सोने के खजाने पर कुंडली मारकर बैठा साँप क्यों छोड़ दे?''[5]

फिलीप इतना संत्रस्त हो जाता है कि वह स्वयं अपने जंगल को पेट्रोल छिड़ककर जलाने लगता है। सुदीप्त उसको रोकना चाहता है, तो फिलीप कहता है—''मुझे मत रोकिए सर!', फिलीप उत्तेजना में बुरी तरह हाँफ रहा था, 'ये जंगल हमारे होते तो हमारी सुनी जाती। ये जंगल हमारे होते तो इसे सुक्खूसिंह न कटवा पाते, न ही सरदार इसे बाहर भेज पाते। हमारे होते तो, रोकने पर पुलिस हमीं को न पीटती। यह पूरा झारखण्ड अभयारण्य है सर! अभयारण्य इन सालों का और हम इनकी खुराक!' वह बोल रहा था और पसीने से नहाए उसके खूँखार चेहरे पर लपटें चिलक रही थीं, मानो वह अन्दर से जल रहा हो।''[6]

सरकारी योजनाएँ तो अनेक हैं किन्तु उनका क्रियान्वयन करने वाले लोग ठीक

नहीं हैं। वे भारत के नागरिकों और आदिवासियों दोनों में झगड़ा लगा देते हैं। इस बात को स्पष्ट करते हुए सुदीप्त कहता है—"दरअसल द्वन्द्व यहाँ है—दो संस्कृतियों, दो दुनिया, जो एक-दूसरे की पूरक और सहायक हो सकती थीं, अफसोस एक-दूसरे के खिलाफ खड़ी कर दी गयी हैं।"[7] इस द्वन्द्व को कालीचरण किस्का और पण्डित के माध्यम से समझाने का प्रयास किया गया है। "एक विस्थापन और असुरक्षा का दर्द पण्डित जैसे दिकू (गैर-आदिवासी) भी झेल रहे थे और यहाँ के आदिवासी भी। यह कौन है जो दोनों की नियति से खेल रहा है? कौन लड़ा रहा है दो अभिशप्तों को? उन नंग-धड़ंग आदिवासियों में और इस तरह नंगे बदन बैठे पण्डित में इस समय कितना साम्य है! दोनों ही असहाय और दोनों ही अपने असली मुद्दई से नावाकिफ।"[8]

संक्षेप में कह सकते हैं कि संजीव की लघु औपन्यासिक रचना 'पाँव तले दूब' में आदिवासी विमर्श को व्यक्त तो किया ही है, साथ ही साथ गैर-आदिवासी और आदिवासियों में झगड़ा लगा देने वाली व्यवस्था के ठेकेदारों को भी उनकी जगह दिखायी है।

अन्त में इसी लघु-उपन्यास में प्राप्त कविता को प्रस्तुत करना चाहूँगा—

"हो-हो-हो-हो तेञ लाडणयेन,
कोयेक-कोयेक तेञ मोकायेन।
हाय रे आदिवासी बोयहा,
मित घाव हो वाङ पे गोङ लेत।"[9] (पाँव तले दूब, पृ. 44)

अर्थात् पुकारते-पुकारते में थक गया और देखते-देखते मैं निराश हो गया, फिर भी ऐ आदिवासी भाई, एक बार भी तुमने मेरी आवाज़ नहीं सुनी।

सन्दर्भ

1. पाँव तले की दूब, संजीव, पृ. 63
2. पाँव तले की दूब, संजीव, पृ. 16
3. पाँव तले की दूब, संजीव, पृ. 20
4. पाँव तले की दूब, संजीव, पृ. 105-106
5. पाँव तले की दूब, संजीव, पृ. 112
6. पाँव तले की दूब, संजीव, पृ. 119
7. पाँव तले की दूब, संजीव, पृ. 48
8. पाँव तले की दूब, संजीव, पृ. 42
9. पाँव तले की दूब, संजीव, पृ. 44

गोंड आदिवासियों की संस्कृति एवं परम्पराएँ

डॉ. विनोद जाधव

गोंड देश की प्रमुख जनजातियों में से एक है। जनसंख्या की दृष्टि से इसका स्थान सर्वोपरि है। गोंड अद्भुत शौर्य एवं देशभक्ति में भी अपना सर्वोच्च स्थान रखते हैं। इस जनजाति का इतिहास बहुत गौरवपूर्ण रहा है। इसमें गोंड राजवंश के शासकों का विशेष उल्लेख है। गोंड राजवंश के काल में संस्कृत भाषा में श्रेष्ठतम पुस्तकों का लेखन कार्य हुआ। वहीं पर श्रेष्ठतम शिलालेखन का कार्य भी उल्लेखनीय रहा। गोंड जनजाति के लोग उत्तर प्रदेश, बिहार, मध्य प्रदेश, महाराष्ट्र, आन्ध्र प्रदेश, गुजरात, उड़ीसा एवं पश्चिम बंगाल के पहाड़ी एवं घने वन क्षेत्रों में निवास करते हैं।

गोंड जनजाति के लोग स्वयं को कोयतोर कहते हैं। रसेल और हीरालाल के अनुसार गोंड और इनकी उपजातियाँ स्वयं की पहचान 'कोच' या 'कोयचोर' के तौर पर करती हैं। इसका अभिप्राय पर्वतवासियों से है। आर.पी. मिश्रा के मतानुसार कोयतोर का अर्थ वनमानुष या बन्दर से है। इसी आधार पर यह कहा जाता है कि कोयतोर अपने को बन्दरों की सन्तान मानते हैं।

गोंड जनजाति का इतिहास भी बहुत गौरवपूर्ण रहा है। मध्य प्रदेश के एक बड़े भाग में गोंडों ने सफलतापूर्वक राज्य किया। गोंडों ने 15वीं से 18वीं शताब्दी तक दण्डकारण्य, छत्तीसगढ़, विन्ध्याचल, बुन्देलखण्ड एवं बघेलखण्ड क्षेत्र के अधिकांश भाग पर कुशलतापूर्वक शासन कर ख्याति अर्जित की। इनके सबसे प्रतापी राजा संग्राम शाह और दलपत शाह थे। इन्होंने अनेक दुर्गों का निर्माण करवाया। बाद में सामाजिक टूटन का शिकार होकर गोंड अनेक छोटे-छोटे समूहों में विभक्त हो गये। गोंड जनजाति में गोत्र को कुर या पारी कहा जाता है। ये गोत्र देवगुड़ी या देवोपासना के आधार होते हैं। गोंडों के प्रमुख गोत्र निम्नानुसार हैं—अरख, अखि, अगरिया, असूर, बड़ी मारिया, बड़ा मारिया, भटोला, मिम्मा, भूता, कोयला भूता, कोयला भूमी, भार बापसन हार्न, छोटा मारिया, दमामी मारिया, घुरुमारिया, धुर्वा, धोबा, धूलिया, दोरला, गाकी, गत्ता, गत्ती, गैता, गोंड-गोवारी, हिलमारिया, कन्दा, कलंगा, खटोला, कोईतार, कोया, खिखर, खिरवार, कुचामारिया, कुचा की मारिया,

माना, मन्नेवार, मोगिया आदि। गोंड आदिवासी पहाड़ों में अपने निवास में घास-फूस और बांस की खपच्चियों से बनाते हैं। ये अपनी दीवारों पर चित्रकारी करना, दरवाजे के दोनों ओर गेरु, शुभकारी आकृतियाँ बनाना एवं अच्छे मंगलकारी वाक्य लिखना भी पसन्द करते हैं।

गोंडों के गाँवों की अपनी कुछ विशेषताएँ हैं। गोंडो के गाँव छोटे-छोटे और दूर-दूर बिखरे हुए होते हैं। गाँव में 10-15 परिवार ही रहते हैं। प्रत्येक गाँव में एक बड़ा चबूतरा होता है। इस चबूतरे पर गाँव के देवता प्रतिष्ठित होते हैं। गोंडों के गाँव की सबसे महत्त्वपूर्ण विशेषता यह है कि प्रत्येक गाँव के एक किनारे पर एक ऐसा घर बनाया जाता है जहाँ पर गाँव के अविवाहित लड़के एवं लड़कियाँ रात को सोते हैं, इसे गोटुल कहते हैं।

आदिवासियों की जीवन-शैली जितनी सीधी-सादी और मिथकों, मान्यताओं से भरी हुई है उतने ही विविधतापूर्ण और सुन्दर हैं उनके गहने और वेशभूषा। आदिवासी मानव भी सुन्दरता की भावना से परिचित थे। वे जानते थे कि प्रकृति में दिखाई देने वाले रंग-बिरंगे फूल सुन्दर होते हैं। प्रागैतिहासिक मानवों को जब धातुओं के बारे में जानकारी नहीं थी और वे लकड़ी तथा पत्थर के औजारों से शिकार करते थे, उस समय वे फूलों और पत्तों से अपने शरीर को सजाया करते थे। प्राचीन समय में गोंड पुरुष एवं महिलाएँ बहुत कम वस्त्र पहनते थे। गोंड महिलाएँ, केसरी, फलिया अथवा सफेद साड़ी, पोलका (ब्लाऊज) पहनती हैं और अत्यधिक पिछड़े क्षेत्र में महिलाएँ साड़ी ही पहनती हैं तथा उसी के पल्ले को पीछे लेकर वक्ष भी ढक लेती हैं। महिलाएँ सजने-सँवरने में बहुत रुचि लेती हैं। ये कानों में कर्णफूल, नाक में लौंग, गले में चाँदी, मूँगे व काँच की मालाएँ सिकड़ी आदि पहनती हैं। इसके अतिरिक्त वे हाथ में चूड़ियाँ, बाहों में बाजूबन्द, अंगुठियाँ, पाँवों में पायजेब लरी, कड़ा तथा कमर में कन्दोरा पहनती हैं।

गोंड महिलाएँ शरीर के विभिन्न अंगों पर गोदना भी गुदवाती हैं। गोदन इन्हें बहुत प्रिय है। महिलाएँ प्रायः हाथ, बाँह, पैर, गला, सिर, गाल आदि पर आकर्षक गोदने गुदवाती हैं। गोंड आदिवासियों में सामान्यतः परिवार का प्रमुख ही विवाह योग्य पुत्र-पुत्रियों का विवाह तय करता है। इनमें दहेज का प्रचलन नहीं है। छापा (वधूमूल्य) प्रथा है। गोंड समुदाय में विधवा विवाह का भी प्रचलन है। भाई की मृत्यु के उपरान्त भाभी द्वारा देवर के साथ विवाह करने को प्राथमिकता प्रदान की जाती है या फिर अन्यत्र विवाह करने की स्वतन्त्रता के साथ पुरुष और महिला दोनों के तलाक देने की स्वतन्त्रता रहती है।

गोंड आदिवासियों में घोटुल प्रथा बहुत लोकप्रिय है। प्रत्येक गाँव के छोर पर एक छोटी-सी लिपी-पुती झोंपड़ी बनाई जाती है। जिसमें शाम को गाँव के अविवाहित लड़के-लड़कियाँ एकत्रित होते हैं। इस स्थल को घोटुल कहा जाता है। यहाँ पर ये

अपनी सांस्कृतिक परम्परा के अनुसार नृत्य-गीत, किस्से, कहानी आदि का अभ्यास करते हैं। इसमें दैहिक सम्बन्ध पूर्णतया वर्जित होता है। यदि ऐसा होता है तो घोटुल से बाहर करके उनका विवाह करवा दिया जाता है।

गोंड जनजाति के लोग अक्टूबर माह में दशहरा का त्योहार बड़ी धूम-धाम से मनाते हैं। इस त्योहार का नाम हिन्दू त्योहार दशहरा से मिलता-जुलता है। लेकिन यह त्योहार दशहरे से एकदम अलग है। यह त्योहार पूरी तरह से खेती तथा अच्छी फसल की कामना से जुड़ा हुआ है। अतः सैला नृत्य को मुख्य रूप से पुरुष ही करते हैं। इस नृत्य में प्रतियोगिताएँ भी होती हैं। जिसमें एक गाँव के नर्तक दल दूसरे गाँव जाकर उनके नृत्य का मुकाबला करते हैं। यह नृत्य गोंड और भारिया जनजाति में लोकप्रिय है। इसमें ढोल, टिमकी, झाँझ और बाँसुरी बजाई जाती है। जबकि रीना नृत्य केवल औरतें करती हैं। यह दीपावली के समय किया जाता है।

गोंड आदिवासी समुदायों के सामूहिक नृत्यों में पुरुष, महिलाएँ एवं दोनों सम्मिलित रूप से नृत्य एवं गीत गाकर भरपूर आनन्द लेते हैं। नाच-गाना विवाह, त्योहारों एवं मेलों तथा अन्य विशेष अवसरों पर करने की परम्परा है। गोंड आदिवासियों में पहेलियाँ बुझाना सभी का कौतूहल है। ये पहेलियों को धन्धा डालना कहते हैं। पहेलियाँ शुद्ध मनोरंजन के लिए कही जाती हैं। विवाह में दामाद की बुद्धि परीक्षा गोंड स्त्रियाँ कई धन्धा डालकर लेती हैं। पहेलियों में वस्तुओं के रूप, गुण, रंग और आकार-प्रकार का सांकेतिक वर्णन भर होता है। जैसे—

'इतय गयी, उत्तय ताई, मसूर सो लटका गयी।' (ताले के सम्बन्ध में)
'तेली का तेल, कुम्हार का हण्डा, हाथी की सूँड़, नवाब का झण्डा।' (चिराग के सम्बन्ध में)
'लड़का ड़ाले लटक-पटक, बुड्ढा ड़ाले बैठ के।
जगत ड़ाले पकड़ चुटैया, रह गयी तब ऐंठ के।' (जूते के सम्बन्ध में)
'परदा में पैदा भये, कर से पानी लेय।
जीयत कफन में रहे, मरे में शोभा देय।' (पान के सम्बन्ध में)
'इतनी-सी वितनी, काम करे कितनी।' (सुई धागा)
'बिना पाँव ऊपर चढै, बिन मुँह आटा खाए।
मारे से तो जी उठे, बिन मारे मर जाए।' (मृदंग)
'बाप बड़े बेटा बड़े, नाती बड़े अमोल।
जिनके पन्ती ऐसे भये भाजी भटा को मोल।' (दूध, दही, घी, मट्ठा)

इस प्रकार आदिवासियों के नृत्यों में स्थानीय विशेषताओं के साथ भिन्नता मिलती है, पर सभी स्थानों में जो एकरुपता है, वह है सरह में नृत्य करना। यह नृत्य क्रीड़ा आदिवासियों ने प्रकृति से सीखी है। साथ ही गोंडों के आर्थिक स्रोतों को देखने से यह निष्कर्ष निकलता है कि गोंड बारहों महीने आमदनी कम और

खर्च अधिक होने के कारण अभाव में जीते हैं। इस प्रकार देश के इस आदिवासी समुदाय ने आज भी अपनी परम्परागत संस्कृति को जीवन्त रखकर अपनी विशिष्ट पहचान बनाये रखी है।

सन्दर्भ

1. आदिवासी संस्कृति एवं प्रथाएँ, डॉ. प्रकाश चन्द्र मेहता
2. आदिवासी स्वर-संस्कार व प्रथाएँ, हरिनारायण दत्त, श्रीमती जसप्रीत बाजवा

एनकाउंटर : आदिवासी समाज का यथार्थ

डॉ. ज्ञानेश्वर महाजन

अनुसूचित जनजातियों का इतिहास बहुत पुराना है। पर्वतीय क्षेत्र में आज भी इनका जीवन परम्परागत ही है। अतः इन्हें आदिम जाति भी कहा जाता है। इनका जीवन शहरी तथा ग्रामीण समाज से कभी एकाकार नहीं हो पाया। क्योंकि इनकी संस्कृति ही कुछ भिन्न और स्वतन्त्र है। आदिवासी समाज को राष्ट्रीय धारा में लाने का प्रयास अंग्रेजों ने भी किया था। लेकिन अंग्रेजों ने जैसे ही अपनी जड़ें भारत में मजबूत कीं वैसे ही आदिवासियों ने उनका विरोध भी किया। क्योंकि अंग्रेजों ने अपने उद्योग और प्रशासन को पर्वतीय क्षेत्र में भी स्थापित किया और आदिवासियों की भूमि तथा परम्परागत व्यवसाय भी अपने नियन्त्रण में ले लिए। इसका भरसक विरोध आदिवासियों ने किया।

आज स्वतन्त्र भारत में भी आदिवासी समाज अपने अस्तित्व, अपनी भूमि तथा अपने जंगल के अधिकार के लिए संघर्ष करता दिख रहा है। इसी संघर्ष का बयान अरुण यादव 'एनकाउंटर' कहानी के माध्यम से करते हैं। इस कहानी में आदिवासी समाज अपने चरितार्थ हेतु जंगल को ही एक मात्र अपना आधार मानता दिखता है। इस कहानी का पात्र दसरु पुनिया से कहता है—"नहीं पुनिया, बाबा कहते हैं कि जंगल हमसे बातें करता है, हमारे सुख-दुख साझा करता है, हमें सँभालता है, हमारा पेट भरता है, अगर जंगल नहीं रहे तो हम भी खत्म हो जाएँगे...सदियों से जंगल हमें जीवन देता आया है, इसलिए यह मत कहो कि जंगल कुछ महसूस नहीं करता।"[1] दसरु बकरियाँ चराने का काम करता है। उसका भाई कोदूलाल शादीशुदा है और दो बच्चों का बाप है। घर में बूढ़े पिताजी हैं। दसरु झुलनपार गाँव का रहने वाला है। यह आदिवासी लोगों का ही गाँव है और गाँव भी क्या? बिलकुल जंगल में बसा है। यहाँ के निवासी जंगल की लकड़ी, फल, जड़ी-बूटियाँ और जंगल में प्राप्त वस्तुएँ आदि बेचकर अपना गुजर-बसर करते हैं।

दसरु का भाई कोदूलाल भी जंगल से सूखी लकड़ी बेचकर अपने परिवार का पालन-पोषण करता है। लेकिन उनका यह परम्परागत पेट पालने का व्यवसाय वन

संरक्षण के कारण वन कर्मचारियों के हाथों चला गया है। कोदूलाल भी फॉरेस्ट गार्ड भुवन जैसे निर्दयी कर्मचारी की शोषण नीति का शिकार होता है। फॉरेस्ट गार्ड भुवन अपनी वर्दी के बल पर आदिवासियों का शोषण करता है। भुवन उनकी कमाई का आधा हिस्सा उनसे जबरन हड़प लेता है।

कोदूलाल काफी तंग आकर भुवन के बारे में अपने बाबा से अपनी चिन्ता को इस प्रकार व्यक्त करता है—"ये हरामखोर भुवन, फॉरेस्ट गार्ड है या चोर-उचक्का जितनी लकड़ी जंगल से इकट्ठा करो साला आधी तो वही रख लेता है। कहता है, अब जंगल सरकार के हो गये हैं। जंगल से लकड़ी, फल या कोई भी वनोपज ले जाना गैर-कानूनी है।"[2] इस प्रकार आदिवासियों का शोषण वन कर्मचारी करते हैं। इस शोषण के प्रति आदिवासियों के मन में विद्रोह की भावना पनपती है। उनके मौलिक अधिकार का हनन उन्हें बिलकुल आक्रान्त कर देता है। जंगल आदिवासियों के लिए सदियों से वरदान साबित हुआ है और जीवन-निर्वहन का साधन भी रहा है। उनकी भूमि पर इस प्रकार की जोर जबरदस्ती उन्हें स्वीकार्य नहीं है।

कोदूलाल के बाबा कहते हैं—"न जाने कितनी पीढ़ियाँ बीत गयीं इस जंगल की गोद में खेलते हुए, हँसते हुए, रोते हुए, बूढ़े होते हुए। अरे, हमारी ये छोटी-सी दुनिया जंगल से शुरू होती है और उसी में समा जाती है। हमने तो जंगल से उतना ही लिया जितना हमारे जीने के लिए जरूरी था। आज हमसे कहा जाता है कि जंगल तुम्हारे नहीं रहे, सरकार के हो गये हैं।"[3] कोदूलाल तथा दसरु के बाबा अपने जीवन-यापन के बारे में चिन्तित हैं। उन्हें उनकी पीढ़ी दर पीढ़ी से प्राप्त साधन-सामग्री तथा सम्पदा स्थलों से विकास के नाम पर विस्थापित किया जा रहा है। अतः इस शोषण के प्रति उनके मन में शासन के खिलाफ रोष बढ़ता ही नजर आता है। शहरी सभ्यता ने आदिवासियों का हमेशा मजाक उड़ाया है। शिक्षित, व्यापारी तथा उद्यमियों ने उनकी भूमि पर कब्जा करके, उनको अधिक घने जंगल में धकेल दिया है। पर्यटन, खनन, कारखानों तथा वन संवर्धन व संरक्षण के बहाने अपने ही व्यवसायों को बढ़ावा देने का आत्मग्राही दुष्कर्म नागर-वृत्ति ने किया है।

कोदूलाल अपने बाबा से काफी थके हुए स्वर में कहता है—"शहर तो कभी हमारे थे ही नहीं, बस जंगल है जो हमारी दीनता के साथ हमें स्वीकार करता है...अब उस पर भी नजर गड़ गयी है इन सुअरों की, हम क्या करें? कहाँ जाएँ बाबा, कुछ सूझ नहीं रहा?"[4] वन कर्मचारी तथा जंगल माफिया दोनों मिल-जुलकर आदिवासियों की सम्पत्ति तथा सम्पदा को हड़प कर रहे हैं। फॉरेस्ट गार्ड भुवन अपनी वर्दी और बन्दूक से आदिवासियों के मन में हमेशा डर पैदा करता है। कोदूलाल के घर आकर मुर्गी की माँग करता है। जब मुर्गियाँ नहीं मिली तो वह दो मेमनों को उठाकर अपनी गाड़ी में डालकर फॉरेस्ट कार्यालय ले जाकर अपने वन मंडल अधिकारी को मांस की दावत देता है। भुवन बड़े रोब-दाब से कोदूलाल के बाबा से माँगा करता

है—"आज हमारे वन मंडल अधिकारी कपूर साहब इंस्पेक्शन पर विद फैमिली आये हुए हैं। उनके खाने-पीने का इंतजाम करना है।"[5] भुवन अपने वन मंडल अधिकारी कपूर के लिए खाने का इंतजाम इन्हीं गरीब आदिवासियों के माध्यम से करता है। आखिर मेमनों को ले जाते समय जब कोदूलाल की पत्नी बिंदिया इस प्रसंग को देखने अपनी झोंपड़ी से बाहर आयी, तो भुवन की नजरें उस पर ठहर गयी। वह मन ही मन बुदबुदाया—"ये आदिवासी भी अपने झोंपड़ों में कितना कीमती खजाना छुपाए रखते हैं।"[6] इस अमानवीय प्रसंग के कारण कोदूलाल का पूरा परिवार रातभर सो नहीं पाता। इस प्रशासनिक आतंक के तीसरे दिन फॉरेस्ट गार्ड भुवन की लाश गाँव के पश्चिम की ओर मिलती है और उसकी बन्दूक भी गायब है। इस घटना के कारण झूलनपार गाँव में पुलिस ने डेरा डाल दिया। काफी छान-बीन के बाद पुलिस के हाथ जब कुछ न लगा, तो गाँव के पन्द्रह युवकों को पुलिस उठाकर ले गयी। इन पन्द्रह युवकों में कोदूलाल और उसका भाई दसरु भी थे। रातभर पुलिस ने इन युवकों से पूछताछ की। दूसरे दिन आठ युवकों को छोड़ दिया गया। उनसे घोर अमानवीयता से पूछताछ की गयी थी। यह उनके चेहरे से ही पता लगता था। जब बचे युवकों से कुछ विशेष जानकारी पुलिस के हाथ नहीं लगी, तो सत्ता के दबाव में पुलिस मुठभेड़ अर्थात् 'एनकाउंटर' के झूठे सहारे के बल पर कोदूलाल और उसके भाई दसरु को बन्दूक की गोलियों से भून देती है। अखबार के प्रथम पृष्ठ पर खबर का शीर्षक छपता है—"पुलिस मुठभेड़ में दो बागी मारे गये और पाँच गिरफ्तार।"[7] इस खबर से झूलनपार गाँव के लोग प्रतिशोध की आग में अमावस की रात में पुलिस थाने पर हमला करते हैं। पुलिस थाने को आग लगाकर सारी बन्दूकें अपने साथ ले जाकर अपनी रक्षा के लिए घने जंगल में जाकर अपनी सेना का गठन करते हैं। इस सन्दर्भ में अंरुधति राय कहती हैं—"यह रास्ता इन आदिवासियों ने पहली बार नहीं अपनाया है।"[8] जिस 'भूमकाल' (भूचाल) सौवीं जयन्ती समारोह में अपने शामिल होने का जिक्र अरुंधति राय करती हैं वह 1910 में अंग्रेजों के विरुद्ध आदिवासियों द्वारा किया गया सशस्त्र विरोध था हो सकता है इस बार यह माओवाद के नाम से वापस आया हो। अरुंधति राय की पुस्तक 'ब्रोकन रिपब्लिक : थ्री एस्सेज' के अनूदित संस्करण 'आहत देश' में इस कथ्य को अभिव्यक्त किया है। इस पुस्तक में अरुंधति राय ने आदिवासियों के शोषण की वास्तविकताओं को उनके साथ रहते हुए प्रस्तुत किया है।

निष्कर्षतः कहा जाएगा कि आदिवासी समाज अपने मौलिक अधिकार और आचार-विचार में किसी दूसरे की सहभागिता को मान्यता नहीं देता; चाहे वह उनके भले के लिए भी क्यों न हो। लेकिन यह वास्तविकता है कि जंगल सम्पदा का संवर्धन उन्हीं की देन है। अतः इस समाज के उन्नयन के लिए हमारी केन्द्रीय सत्ता को यह समझ लेना होगा कि आदिवासी समाज के मन में से शोषण रूपी भय और विद्रोह

रूपी रोष को पूर्ण रूप से निष्कासित करके उनकी सभ्यता और संस्कृति की रक्षा करते हुए, उनकी भूमि में राष्ट्रीय परियोजनाओं को स्थापित करते हुए उनके विकास की कारगर नीति को लागू किया जाये। ताकि वे एक जिम्मेदार भारतीय नागरिक के रूप में अपने आपको महसूस करें। विकास के साथ आने वाले विघटनकारी तत्त्वों को सही मायने में समझते हुए, उनके निराकरण का उत्तरदायित्व भी शासन का ही होता है; यही सन्देश 'एनकाउंटर' कहानी में निहित है।

सन्दर्भ

1. 'एनकाउंटर (कहानी), अरुण यादव, हंस, अक्टूबर 2013, पृ. 20
2. वही, पृ. 21
3. वही, पृ. 21
4. वही, पृ. 21
5. वही, पृ. 22
6. वही, पृ. 22
7. वही, पृ. 24
8. हंस, जून, 2013 पृ. 81

भारतीय आदिवासी समाज में नारी का स्थान

डॉ. सुलक्षणा जाधव-घुमरे

सूचना और प्रौद्योगिकी के युग में हम आधुनिक से उत्तर आधुनिक होते जा रहे हैं। पूँजीवाद ने मनुष्यता की मर्यादाओं को तोड़कर मनुष्य की भावात्मक आत्मीयता को नष्ट किया है। मनुष्य भौतिक उन्नति के लिए अर्थ का दास बनकर उसके पीछे दौड़ रहा है। दुनिया की तेज रफ्तार में वह अपने समाज में व्याप्त विषमता, पीड़ा, दुख-दर्द, दरिद्रता, साधनहीनता को भूल चुका है। जिससे भारतीय समाज की पहचान एक विकासशील समाज न होकर एक विकलांग समाज हो गयी है। देश के दलित, स्त्री और आदिवासी अविश्वास, घृणा, उपेक्षा तथा अपमान जैसी यातनाओं को झेलते हुए अपनी विकलांगता को नष्ट करना चाहते हैं। इन्हीं प्रश्नों से जुड़ा दलित साहित्य, स्त्रीवादी साहित्य और आदिवासी साहित्य मनुष्य के पक्ष में प्रतिपक्ष की भूमिका निभा रहा है।

आदिवासी भारत के मूल निवासी हैं। ये आरम्भ से ही दूरस्थ एवं निर्जन स्थानों पर निवास करते हैं, परिणामस्वरूप आदिवासियों पर शहरी सभ्यता एवं विकास का बहुत कम प्रभाव पड़ा है। इसी कारण इनकी सदैव ही अपनी अलग एवं विशिष्ट पहचान बनी रही है। आज भी दूरस्थ स्थानों पर आदिवासियों को सैकड़ों वर्ष पूर्व की सभ्यता में जीवनयापन करते हुए देखा जा सकता है। दूरस्थ क्षेत्रों में निवास करने तथा आवागमन के साधनों का अभाव होने के कारण आज भी ये शहरी सभ्यता से कटे हुए हैं। इस प्रकार आदिवासी आरम्भ से ही उपेक्षित एवं शोषित रहे हैं। अलग-अलग रहने के कारण प्रशासन का ध्यान भी इनके विकास की ओर आकृष्ट नहीं हुआ। स्वतन्त्रता प्राप्ति के पश्चात् जब से केन्द्र सरकार ने इनकी परिस्थितियों की ओर विशेष ध्यान देना शुरू किया तब से राज्य सरकार एवं अन्य संस्थाएँ इनके विकास एवं समाजीकरण के लिए जागरूक हुईं एवं इन्हें मुख्यधारा से जोड़ने के लिए प्रयत्न किया जाने लगा, ताकि आदिवासी देश की मुख्यधारा से जुड़कर अपनी प्राचीन सांस्कृतिक धरोहर को भी सुरक्षित रख सके।

प्राचीन समय में भी आदिवासियों की अपनी विशिष्ट प्रशासनिक व्यवस्था थी,

जिसका अपना विशेष महत्त्व था। ये अपने कर्तव्यों व अधिकारों को जानते थे एवं पूर्व आदिवासी आधुनिक प्रशासनिक व्यवस्था से अनभिज्ञ थे, परन्तु देश के आदिवासी क्षेत्रों में इनकी अपनी सुदृढ़ प्रशासनिक व्यवस्था (कबीला व्यवस्था) थी। कबीले के मुखिया का पद वंशानुगत होता था तथा कबीले के सरदार का कबीले के सभी लोग बहुत आदर करते थे एवं उसके आदेशों का पालन करते थे। देश के स्वतन्त्रता संग्राम में आदिवासियों ने महत्त्वपूर्ण भूमिका अदा की है। देश में संविधान लागू होने के पश्चात् ही उपेक्षित एवं मुख्यधारा से कटे हुए आदिवासियों के विकास की ओर पूर्ण ध्यान दिया गया तथा संविधान में इनके लिए विशेष प्रावधान कर सुरक्षात्मक उपाय किये गये। इस प्रकार इन्हें कानूनी संरक्षण प्रदान करते हुए देश की मुख्यधारा से जोड़ने का प्रयास किया गया। परिणामस्वरूप प्रमुख जनजातियों के समुहों को उनकी स्थिति के अनुसार राज्यवार अनुसूचित घोषित किया गया, जिसे अन्ततः अनुसूचित जनजाति कहा जाने लगा।

नारी समाज का एक अंग है। कोई भी समाज नारी के विभिन्न रूपों से अछूता नहीं रह सकता। उसका अपना अस्तित्व है, अहं भावना है जिसे व्यवस्था ने दबाया है। भार्या का अर्थ है भरण पोषण करने वाली। किन्तु बड़े दुख की बात है कि नारी का परिवार में दोयम स्थान है। उसे युग-युग से पुरुषों के अधीन रहना पड़ा है। आर्थिक दृष्टि से परावलम्बी होने के कारण वह अपने परिवार का त्याग नहीं कर सकती। स्वाधीनता प्राप्ति के पश्चात् भारतीय समाज में मानव मूल्यों का विघटन बहुत तीव्र गति से हुआ है। समाज में धन, सम्पत्ति का महत्त्व बढ़ता गया। भौतिक सुखों को किसी भी कीमत पर खरीदने के लिए मनुष्य, मानवीय मूल्यों की उपेक्षा करने लगा। यहीं से उसका पतन प्रारम्भ हुआ। इस प्रवृत्ति के कारण नारी पर परिवार में दहेज के नाम पर अत्याचार किया जा रहा है। आये दिन समाचार-पत्रों में ऐसी घटनाएँ पढ़ने में आती हैं। नारी का परिवार में एक भोग की वस्तु के रूप में स्थान देखा गया है।

भारतीय समाज में सभी युगों में स्त्रियों की स्थिति एक जैसी नहीं रही। एक काल में भी समाज के विभिन्न स्तरों में स्त्रियों की स्थिति और कार्यों में बहुत अन्तर पाया जाता है। आज भी उच्च जातियों की स्त्रियाँ निम्न जातियों की स्त्रियों की अपेक्षा आर्थिक रूप से अधिक आत्मनिर्भर तथा सामाजिक क्षेत्र में बहुधा अधिक स्वतन्त्र दिखाई देती हैं। अधिकतर आदिवासी समाज में भी स्त्रियों का जीवन अपेक्षाकृत रूप से स्वतन्त्र प्रतीत होता है।

आदिवासी समाज आज भी अज्ञान और अशिक्षा के कारण अपनी रूढ़ि परम्परा के चंगुल से बाहर नहीं आ पाया है। ऐसे समाज में नारी की क्या स्थिति हो सकती है, इसे आदिवासी की कुछ जातियों द्वारा प्रस्तुत करने का प्रयास किया गया है।

'गरासिया' राजस्थान की प्रमुख आदिवासी जातियों में से एक है। हिन्दू समाज

के समान ही इस आदिवासी समाज में भी महिलाओं का महत्त्वपूर्ण स्थान है। परिवार में स्त्री को पूर्ण सम्मान दिया जाता है। लड़की का विवाह माता-पिता द्वारा वधू मूल्य लेकर करने की प्रथा है। इस समुदाय में प्रेम विवाह करने का अधिक प्रचलन है, जिसके कारण स्त्री को विवाह की स्वतन्त्रता प्राप्त है। स्त्री को घर एवं खेतों पर तथा मजदूरी आदि का कार्य भी करना पड़ता है। गरासिया महिलाएँ बहुत परिश्रमी होती हैं एवं पुरुष कम परिश्रम करना पसन्द करते हैं। इस प्रकार महिलाएँ परिवार को पूर्ण आर्थिक सम्बल प्रदान करती हैं एवं वधू-मूल्य से भी सहायता मिलती है। अतः गरासियों में महिलाओं की स्थिति काफी अच्छी व सम्मानजनक है। इन्हें परिवार व समाज में शोषण का शिकार नहीं होना पड़ता है, परन्तु इन्हें कठोर परिश्रम करना पड़ता है।

'डामोर' जनजाति के आदिवासी लोग मूलतः गुजरात राज्य के निवासी हैं। डामोर समाज में नारी का सम्मान किया जाता है, परन्तु इन्हें अपना जीवन साथी चुनने की स्वतन्त्रता नहीं है। विवाह का मुख्य आधार वधू-मूल्य होता है। दूसरे शब्दों में, लड़की को बेचा जाना कहा जा सकता है। क्योंकि अधिक मूल्य देने वाले से ही विवाह किया जाता है। महिलाएँ घर का समस्त कार्य करती हैं। इसके साथ इन्हें कृषि व मजदूरी का कार्य भी करना पड़ता है। डामोर समाज में वधू को अत्याचार सहन नहीं करना पड़ता है, इसमें वधू-मूल्य मुख्यतया सुरक्षा कवच का कार्य करता है। इस प्रकार कुछ बन्धनों के उपरान्त भी डामोर महिलाओं की स्थिति को अच्छी व सम्मानजनक माना जा सकता है।

'भील' भारत की आदिवासी जातियों में से एक प्रमुख जाति है। भील समाज में महिलाओं की विशिष्ट भूमिका होती है तथा समाज व परिवार में इन्हें पूर्ण सम्मान प्रदान किया जाता है। नारियों को पति की अर्द्धांगिनी माना जाता है एवं वे विशेष अवसरों पर पुरुषों के साथ सहयोग करती हैं। इतना ही नहीं भील महिलाएँ आर्थिक रूप से पुरुषों का कन्धे से कन्धा मिलाकर सहयोग करती हैं। घर के कार्यों के अतिरिक्त, खेती व मजदूरी के कार्यों में पिता एवं घर के सदस्यों को सहयोग प्रदान करती हैं।

भील महिला को उर्वरता का प्रतीक मानते हैं। इनकी यह मान्यता है, सच्चाई कौन जाने कि अविवाहिता लड़की अग्नि के समान पवित्र है। खेत में फसल पकने पर कच्चा धान सबसे पहले लड़की को दिया जाता है। यह समझा जाता है कि इससे फसल की उर्वरता बढ़ती है।

परिवार में नारी का माँ के रूप में बहुत सम्मान किया जाता है। भील समाज में शिक्षा का अभाव है, परन्तु स्त्री-शिक्षा का नितान्त अभाव है। भील अपनी लड़कियों को पढ़ाना पसन्द नहीं करते हैं। परन्तु आजकल शहरी प्रभाव के कारण कुछ समझदार भील अपनी लड़कियों को शिक्षा देने के प्रयास में हैं।

इस प्रकार भील समाज एवं परिवार में हिन्दू समाज की अपेक्षा नारी को अधिक स्वतन्त्रता प्राप्त है। उनकी सामाजिक स्थिति काफी बेहतर है एवं उन्हें शोषण का शिकार बहुत कम होना पड़ता है। महिलाओं पर किसी भी प्रकार का अत्याचार नहीं किया जाता है तथा उन्हें अपना जीवन अपनी इच्छानुसार स्वतन्त्रतापूर्वक जीने का अधिकार प्राप्त है।

आदिवासी जनजातियों में मीणा राजस्थान की प्रमुख जनजाति है। मीणा समाज में भी नारी को पूर्ण सम्मान प्रदान किया जाता है, परन्तु भील व अन्य आदिवासी समुदायों के समान इनको स्वतन्त्रता प्राप्त नहीं है। मीणों में लड़की का विवाह माता-पिता द्वारा निर्धारित किया जाता है, इसमें लड़की की सहमति नहीं ली जाती है। परिवार में मीणा महिला को घर के समस्त कार्य एवं घर से बाहर कृषि कार्यों में भी सहयोग देना पड़ता है। मीणा परिवार की आर्थिक स्थिति अच्छी होने के कारण महिलाओं को मजदूरी आदि कार्य नहीं करने पड़ते।

आजकल मीणा समाज में नारी को शिक्षित करने का प्रचलन है, जिससे इनकी शैक्षणिक स्थिति में सुधार हो रहा है तथा इनमें जागरूकता बढ़ रही है।

सम्पूर्ण विश्व में नारी स्वतन्त्रता और अस्मिता का सवाल आज के सबसे ज्वलन्त सवालों में से एक हो गया है। पुरानी मान्यताओं, सत्ताओं का विभाजन और आधुनिकतावाद के विकास के साथ इस सवाल को अपनी तरह से मौलिकता प्रदान हुई है। महिलाएँ सर्वहारा के तौर पर रेखांकित की गयी हैं और उन्हें अपनी पारिवारिक, सांस्कृतिक, आर्थिक तथा सामाजिक गुलामी की जंजीर को उतार फेंकने का अधिकार है। किन्तु यह आसान काम नहीं है।

सन्दर्भ

1. डॉ. प्रकाश चन्द्र मेहता, आदिवासी संस्कृति एवं प्रथाएँ
2. डॉ. किरणकुमार कवठेकर, आदिवासी वारलींचे लोक साहित्य
3. सम्पा. डॉ. राजकुमार, नारी के बदलते आयाम
4. सम्पा. डॉ. रमेश कुरे, डॉ. मालती शिंदे, डॉ. प्रवीण शिन्दे, आदिवासी साहित्यः विविध आयाम

'धार' में आदिवासी जन-जीवन

डॉ. शिवाजी सांगोळे

आदिवासी शब्द का अर्थ अधिवासी है, अर्थात् जिसका सबसे पहले निवास हो वह आदिवासी है। आदिवासी शब्द से तात्पर्य है कि इसे "आदिवासी, वनवासी या जंगली, आदिम भी कहते हैं। भारतीय संविधान में इन्हें अनुसूचित जनजाति के रूप में सम्बोधित किया है।"[1] आदि का अर्थ पहला, आरम्भ के रूप में लिया जाता है। आदिवासी समाज की संस्कृति, भाषा, रहन-सहन के आधार पर आदिवासी शब्द की इस प्रकार परिभाषा हो सकती है—"एक विशिष्ट भूप्रदेश में रहने वाले, समान बोली बोलने वाले, अक्षरों की पहचान न करने वाला समूह, गुट आदिवासी समाज कहलाता है।"[2] इस परिभाषा के अनुसार स्पष्ट है कि जो जंगल में रहता है, पिछड़ा, अज्ञानी, अन्धविश्वासी, अप्रगत, मात्र अपनी संस्कृति का रक्षक है और हर जगह एक समान बोली बोलता है वह आदिवासी कहलाता है। उसके पास दया, क्षमा, शान्ति है परन्तु नगरीय समाज अज्ञानी, गवार, शूद्र समझकर उनकी उपेक्षा कर अपने स्वार्थ के लिए उनका मात्र उपयोग कर रहा है। वह आदिवासी अपने स्वार्थ के लिए संघर्ष कर रहा है। कौन है आदिवासी? इस प्रश्न के उत्तर में अनेक विद्वानों ने कहा है—"प्रत्येक सदी में छला-सताया गया, नंगा किया गया और एक सोची-समझी साजिश के तहत वन-जंगलों में जबरन भगाया गया एक असंगठित मनुष्य—अपनी स्वतन्त्र परम्परा सहित सहस्र सालों से गाँव-देहातों से दूर घने जंगलों में रहने वाला सन्दर्भहीन मनुष्य,"[3] ऐसे मनुष्य को हम आदिवासी कहते हैं। आदिवासी समाज जीवन आधुनिक माहौल से अलिप्त है। आदिवासी जाति अपने आपको वन, जंगल में ही सुरक्षित समझती है। यह अपनी जिन्दगी को शहरों से नाता जोड़ने को नाटकीय समझती है। आदिवासी जीवन गाँव, नगर या महानगर की तुलना में भिन्न है। उनकी संस्कृति, परम्पराएँ, रूढ़ियाँ, मान्यताएँ, रहन-सहन आदि सब कुछ अलग है। उनके इस अलग जीवन को कस्बों से लेकर महानगरों के साथ जोड़ने का प्रयत्न आदिवासी उपन्यासकारों ने किया है।

संजीव ठाकुर हिन्दी कथा साहित्य के सातवें-आठवें दशक के एक ऐसे कथाकार

हैं, जिन्होंने हिन्दी कथा जगत को नया मोड़ प्रदान करके अपनी अलग छवि बनाई है। वे अपने जीवन में निरन्तर घूमते-फिरते हैं। संजीव प्रगतिशील जनवादी हैं, इसलिए इनकी दृष्टि हमेशा उपेक्षित, शोषित और पीड़ितों पर रहती है। जो समाज में बहुसंख्य होते हुए भी निरन्तर पीछे हैं, जिन्हें कोई पूछने वाला नहीं है। संजीव ठाकुर ने कुल सात उपन्यास लिखे इनमें से इनके चार उपन्यासों—नीचे आग है, पाँव तले की दूब, जंगल जहाँ शुरू होता है और धार में आदिवासी विमर्श आया है। धार उपन्यास 1990 में प्रकाशित हुआ। संजीव का धार उपन्यास आदिवासी उपन्यास के इतिहास में एक नयी उपलब्धि माना जा सकता है। संजीव ने अपने उपन्यास धार में छोटा नागपुर में रहने वाले आदिवासियों का जीवन दिखाया है। इस उपन्यास में आदिवासियों की स्थितियों को समझाया है। कथाकार संजीव के कथा साहित्य के लिए असे लोंगा का समाज उपजीव्य के रूप में प्रस्तुत हुआ है। उन लोगों की झोंपड़ियों में जाना उनके सुख-दुख को सुनकर बराबरी का हिस्सा निभाना तथा समय-समय पर उन लोगों की सहायता करना आदि संजीव की उन लोगों के प्रति कोई अलग किस्म की संवेदना है और लेखक की यही संवेदना कहानी-उपन्यास का रूप धारण कर पाठक के सम्मुख मुखरित होती है। हिन्दी के नये उपन्यासकारों में चर्चित नाम संजीव का है। जिन्होंने हिन्दी उपन्यासों को नया मोड़ प्रदान किया है। वे निरन्तर घुमन्तू प्रवृत्ति के रहे हैं। किन्तु उनकी घुमक्कड़ वृत्ति उन्हें शहरों-नगरों से दूर पहाड़ी जंगलों में लेकर गयी है। परिणामतः उनके साहित्य में असभ्य, पिछड़े, गन्दे, शोषित, उपेक्षित जीवन का चित्रण हुआ है। संजीव का 'धार' उपन्यास नवम् दशक के अन्तिम वर्ष 1990 में प्रकाशित हुआ। यह उपन्यास आँचलिक उपन्यास की एक नयी उपलब्धि है। इसमें अछूते क्षेत्र और विषय का उद्‌घाटन हुआ है। इस उपन्यास में बिहार के सन्थाल परगना के कोयले की खानों में काम करने वाले मजदूरों का चित्रण हुआ है। उपन्यास के केन्द्र में सन्थाल परगना का बासगडा अँचल और आदिवासी हैं। इसमें आदिवासी जीवन, संघर्ष और चेतना का विस्तार है। सन्थाल परगना की कोयला खदान आदिवासियों के श्रम पर खड़ी है। वे खदानों में कड़ी मेहनत कर कोयला उत्पादन करते हैं। लेकिन पूँजीपति महेन्द्र बाबू, ठेकेदार, माफिया, पुलिस, अधिकारी और सदोष व्यवस्था के कारण उनका जीवन शोषित, आंतकित, अभावग्रस्त और असुरक्षित हो जाता है।

इस उपन्यास में आदिवासी लोगों की जीवन गाथा प्रस्तुत हुई है। सन्थाल आदिवासी जीवन के संघर्ष और शोषण को इस उपन्यास में प्रधानता मिली है। उपन्यास के पूर्वार्ध में आदिवासी जीवन और पूँजीपति वर्ग द्वारा किया जानलेवा अमानुषी शोषण चित्रित हुआ है। तो उत्तरार्ध में नयी चेतना, अधिकार बोध और संघर्ष की रचनात्मक पहल का अंकन हुआ है। उपन्यास की कथा का आरम्भ आदिवासी महिला 'मैना' को केन्द्र में रखकर होता है। उसी के परिप्रेक्ष्य में आदिवासी जीवन,

संघर्ष और चेतना का विस्तार होता है। मैना को किसी कारण जेल में बन्द करना, जेल के पशु तुल्य जेलर साहब का मैना पर बलात्कार करना, परिणामस्वरूप मैना का बच्चा पैदा होना और जेल से रिहा होते ही उस बच्चे को जेल में छोड़कर भाग निकलना आदि घटनाएँ उपन्यास के प्रारम्भ को आकर्षक एवं प्रभावशाली बनाती हैं। जिस जेल में मैना ने सजा काटी थी, उसी जेल में मंगर नामक एक कबाड़ी युवक भी किन्हीं कारणों से सजा भुगत रहा था। हर रोज जेलर साहब मंगर को मार-मार के कबूल कराते रहे कि मंगर ने जेल में किसी औरत पर बलात्कार किया है। मंगर कहता है—"हाँ, जेलर साहब छः महीने से मार-मार के हमसे कबूल करवाता रहा कि तुम जेल में किसी औरत के साथ बुरा काम किया। हम बोला हुजूर छः महीने से हम किसी औरत का परछाईं तक नहीं देखा लेकिन...।"[4] मैना जेल से रिहा होते ही अपने गाँव चल देती है। मंगर भी मैना के पीछे-पीछे चला जाता है। मैना उसी बस्ती की रहने वाली आदिवासी महिला है जिस बस्ती ने बदनामियों को पहले से ही जीत लिया है। मैना को बॉसगडा के आदिवासी साथ दें या न दें, क्या फर्क पड़ता है। मैना कहती है—"हम इनके लिए जेल काटा या कालापानी उसको छोड़ो, समझ लो शौक में किया।"[5] दूसरी ओर मंगर के लिए बॉसगडा का परिचय बिलकुल नया था। कुछ बातें मामा के द्वारा तो कुछ बातें लगातार शर्मा बाबू के साथ सन्थाल परगना में घूमते-फिरते पता चलती हैं। सन्थाल परगना के परिवेश ने मंगर के मन को झकझोरा और अपना सम्मान उसे सताने लगा। मैना को छोड़कर भाग निकलने के लिए बार-बार सोचता है, किन्तु वह मैना को छोड़ नहीं सकता। मैना वह औरत है जो मर्दों को सुग्गा बनाकर अपने पास रखती है। मंगर को लगता है कि वह भी सुग्गा बन गया है। मैना और मंगर के सुखी जीवन को देखकर मैना का पति फोकल ईर्ष्या करने लगता है। समाज के रीति-रिवाजों के अनुरूप एक दिन फोकल जीते जी मैना का श्राद्ध करके मैना से जीवनभर के लिए अलग हो जाता है। सथालों का खान-पान उनके जनजातीय आदिम स्वरूप को और भी अधिक प्रखर रूप में हमारे सामने प्रस्तुत करता है। उनके खाने में मांस, रोटी, सब्जी, मछली, मिठाई आदि हैं। मैना अपनी बेटी सितवा के साथ खाना लेकर आती है। "आलू-बैंगन का भुर्ता, अचार और गरम-गरम रोटियाँ।"[6] जब घर में कुछ नहीं होता तब भीख माँगकर पेट की भूख को शान्त किया जाता है। मंगर जब बच्चों को जूठन लेकर लौटते देखता है तब उसका मन अजीब-सी वितृष्णा से भर जाता है। "मैना ने कोछों से जलेबी और समोसे निकालकर कुछ उसने पास ही ताक रहे टिपका और तिसवा को दिये और बाकी रख दिया।"[7] धार उपन्यास में सन्थाल आदिवासी भुखमरी के कारण परेशानी भरा जीवन बिताते हैं। उपन्यास की नायिका मैना के दयनीय तथा अभावग्रस्त जीवन को उसके इस कथन से समझा जा सकता है। "धन्न मनाँऊ रेल कम्पनी का कि बछड़ा-बकरा कर जाता है और हम को भोज खाने को मिलता है।

धन्न मनॉया रेलवई पुलिस हमको सिलतोंडी कराता, हमारा बहन, बेटी, माँ के साथ रंडी बाजी करता है हमें, इ-चार पैसा भेट जाता, धन मनॉऊ सरदार निहाल सिंह का कि हमारा चोरी हजम करके टकर से रेलवई कारखाना का कु हियाँ फेकता कि हम लोहा-पीतल, बीज वाज के उनको बेच के पेट चलाता।''[8] इस तरह भूख मिटाने के लिए जब मैना और उसका पति मंगर सरकारी खदानों से कोयले की चोरी करते हैं, तो कोयलों से भरा रिक्शा ठेले पर ले जाते समय पुलिस के जवान उन्हें पकड़कर निर्दयता से पीटते हैं और जेल में बन्द करने की धमकी देकर उनके पास से रिश्वत भी लेते हैं। किन्तु यही पुलिस अवैध कोयला खदान वाले ठेकेदारों को कुछ नहीं करती। यही ठेकेदार भूख से विवश आदिवासियों को डरा-धमकाकर उनका आर्थिक, शारीरिक और लैगिंक शोषण करते हैं।

अन्याय को सहन करना मैना पाप समझती है। उसके खिलाफ लड़ना अपना धर्म समझती है। एक तरफ पेट की आग को शान्त करने के लिए रात में कई लड़कियाँ एकान्त में ट्रक ड्राइवरों को अपना शरीर बेचकर कुछ कमाने वाली स्त्रियाँ हैं, तो दूसरी तरफ मैना जैसी। मैना को भी उन भूखे जाने कितने मर्दों ने नोचा है। समाज के चारित्र्य सम्पन्न लोगों की आँखों में मैना भोग का साधन थी। एक बार रात के वक्त बबन मौके का फायदा उठाकर मैना को पकड़ लेता है। मैना बबन को ऐसा सबक सिखाती है कि वह मैना को माँ तक बोल देता है, ''उसके मुँह से निकल पड़ा मादरचोद। उसके साथ ही इस दारू से चाबियामे हाथ की कलाइयाँ उसकी मुठ में आकर कड़क हो उठी। दर्द से बिलबिला कर वह जवान कुत्ते सा काम करने लगा। अरे बाप रे! छोड़ दो टूट जायेगा। माँ तुम माँ हो। पच्चास रुपया ले लो।''[9] संजीव का मानना रहा है कि भारतीय आदिवासी समाज में नारी की स्थिति न के बराबर है और यहाँ भी सूर्य की किरणें पहुँची हैं। वह शायद प्रगति का संकेत है। मैना सूर्य की किरण है, जो आदिवासी समाज के लिए प्रेरणा है।

महेन्द्र बाबू जैसे पूँजीपतियों की भयानक कुटिलता और व्यवस्था का निर्णय आदिवासियों की रीढ़ की हड्डी तोड़कर आहत कर देता है। दुर्दम्य जिजीविषा और ईमानदारी से विषम परिस्थितियों में उनका कार्य मटियामेट हो जाता है। उन्हें यकीन था कि एक न एक दिन सरकार उनके श्रम और निष्ठा को मान्य करेगी। लेकिन उन्हें अलग ही अनुभव होता है। ''जिसे गर्भ मानकर वे सपने सजोते आये थे वह एक आघात से गर्भपात में बदल गया। रह-रहकर पछतावे की पीर उन्हें टीस रही थी। वे जितना ही सोचते पछतावे, अपमान और आक्रोश में छटपटाने लगते।''[10] जिस व्यवस्था पर उन्होंने भरोसा रखा था उसी व्यवस्था ने सहयोग के बदले बुलडोजर से उन खदान को मटियामेट बना दिया। गरीब निरपराध, आदिवासी मारे जाते हैं तथा उन्हें चोर, लम्पट, लुच्चे ठहराकर गिरफ्तार करके जेल में सुअरों की भाँति बन्द

कर देते हैं। आदिवासी शक्ति का प्रखर रूप मैना एवं उसकी निर्माणकारी शक्ति हो तहस-नहस किया जाता है।

धार उपन्यास की क्रान्तिकारी मैना द्वारा सन्थालों में विद्रोह जगाना, कोयला खदान से विस्थापितों के पुर्नवास के लिए संघर्ष करना, मैना की माँ द्वारा जमींदारों की मनमानी के खिलाफ बिरादरी को संगठित करना आदि विशेषताएँ इस उपन्यास की नारी पात्र की हैं, जो अपनी अस्मिता, अस्तित्व, अधिकार की रक्षा हेतु विद्रोह करती हैं। वे आग बनकर अन्याय को खाक करने की कोशिश करती है। क्रान्तिकारी, विद्रोही चेतित नारी के कारण आदिवासी में नयी विचारधारा प्रवाहित हो रही है। उपन्यास में मैना का पात्र आरोपित न होकर आदिवासियों का प्रतिनिधि करने वाला जीवन्त पात्र है। दिन-रात खदानों में कड़ी मेहनत करने के बावजूद भी उन्हें दो समय की रोटी नहीं मिलती। उपन्यास में गरीबी, भुखमरी, कच्चा मांस खाना, सम्बन्धों की कटुता, अभाव, नारी देह का खुला व्यापार, व्यसनधीनता के कारण सन्थालों के आदिवासी जीवन का सही यथार्थ चित्रण प्रस्तुत किया है।

संजीव जनवादी उपन्यासकार हैं। इस उपन्यास में सामन्ती व्यवस्था तथा दोषपूर्ण व्यवस्था को चित्रित किया गया है। सामन्ती लेखक का उद्देश्य यही है कि शोषण की चक्की में आटे की तरह पिसते जा रहे आदिवासी बच्चे अपने अधिकारों के प्रति जागरूक रहें। मैना के जरिये वैचारिक क्रान्ति की ज्योत निर्मित की गयी है। मैना आदिवासी परम्परा में उपजी सूरज की किरण है, उसमें साहस, स्वाभिमान, सेवाभाव, अन्याय के खिलाफ संघर्ष, विद्रोह, राष्ट्रीय भावना, आत्मबल आदि विशेषताएँ निहित हैं। उपन्यास के अन्त में मैना की मृत्यु के साथ ही क्रान्ति की ज्योति का निर्माण होता है। उपन्यासकार ने इस उपन्यास में आदिवासियों की त्रासदी और जीवन संघर्ष को वाणी देने का ईमानदार प्रयास किया है। वे डरपोक आदिवासियों में वैचारिक क्रान्ति का संचार करते हैं। लाचार, दीनहीन, भिखमंगे की तरह हाथ जोड़कर खड़े रहने वाले आदिवासी का हाथ आज उठने लगा है।

स्पष्टतः यही कहा जाता है कि शोषण के ढेर के नीचे दबी यह विद्रोही रूपी चिंगारी प्रज्वलित होने लगी है। अब वह दिन दूर नहीं जब संघर्षों की लपटों में इन पर होने वाले अन्याय खाक बनकर साफ हो जायेंगे। अतः हम यह कह सकते हैं कि हिन्दी के उपन्यासकारों ने अपनी रचनाओं में आदिवासी चेतना का यथार्थ चित्रण किया है। अब आदिवासी चेतना बढ़ रही है। इस कार्य में हिन्दी साहित्य ने भी योगदान दिया है।

सन्दर्भ

1. भारत की जनजातियाँ, राजीव लोचन शर्मा, पृ. 90
2. भारतीय का आदिवासी समाज, श्री ए.वाय. कोंडेकर, पृ. 6

3. हाशिये की वैचारिकी, उमाशंकर तिवारी, पृ. 250
4. धार, संजीव ठाकुर, पृ. 13
5. धार, संजीव ठाकुर, पृ. 36
6. धार, संजीव ठाकुर, पृ. 23
7. धार, संजीव ठाकुर, पृ. 44
8. धार, संजीव ठाकुर, पृ. 46
9. धार, संजीव ठाकुर, पृ. 115
10. धार, संजीव ठाकुर, पृ. 201

'पठार पर कोहरा' में झारखण्ड के आदिवासियों का चित्रण

डॉ. संजय कुमार शर्मा

हिन्दी कथा साहित्य में आदिवासी चेतना का चित्रण करने वाले कई लेखक ऐसे हैं जो स्वयं आदिवासी हैं और उनके द्वारा सृजित साहित्य विशुद्ध आदिवासी साहित्य है। दूसरे प्रकार के वे लेखक हैं जो कुछ महीने आदिवासियों के बीच रहकर उनकी समस्याओं को समझकर कथा लिखते हैं। वे Research हेतु आदिवासी इलाकों में जाकर उनकी समस्याओं को समझते हैं। हिन्दी कथा साहित्य में आदिवासियों की संस्कृति, परम्परा, अन्धविश्वास, धर्म, उनका प्राकृतिक जीवन, उनकी समस्याएँ, उनका शारीरिक, मानसिक, आर्थिक, सामाजिक, राजनीतिक शोषण आदि का चित्रण किया गया है।

'पठार पर कोहरा' में राकेश कुमार सिंह ने झारखण्ड के आदिवासियों के जीवन पर प्रकाश डाला है। प्रस्तुत उपन्यास में सम्बद्ध क्षेत्र में शोषण, उत्पीड़न और अत्याचार के नये-नये दुश्चक्रों के जाल में फँसे जनजातीय मानस को सजग करते, उनमें अस्मिता के बीच अँकुराते, संवेदनशील और दृढ़ इच्छाशक्ति वाले नायक संजीव (मास्टर) की कथा है। साथ ही हताशा में घिरी आदिवासी युवती रंगेनी के आत्मसंघर्ष एवं नारी मुक्ति की कहानी है। तुपकाडीह से दस किलोमीटर की दूरी पर है गजलीठोरी गाँव और उससे आगे है जंगल। इस उपन्यास में झारखण्ड के आदिवासियों के जीवन चित्रण के साथ उनकी समस्याएँ, विश्वास, पर्व, अन्धविश्वास, परम्परा, शोषण, शिक्षा, धर्मांतरण आदि को भी चित्रित किया है।

इस उपन्यास का नायक संजीव जिसे संजीदा, मास्टर, कोमनिस्ट आदि नामों से पुकारा जाता है, वह शिक्षा विभाग की सच्चाई को हमारे सामने लाता है। आदिवासियों का शोषण करने वाला साहू आदिवासियों को अनपढ़ ही रखना चाहता है, इसलिए वह संजीव के प्रति लोगों में गलतफहमी का निर्माण करता है और उसे कोमनिस्ट कहता है। वह लोगों को भड़काता है—"जान ले रे, जान ले। फिर न कहना, जानते-बूझते भी साहू ने चेताया नहीं। कोमनिस्ट जो यहाँ आने वाला है न, वही होगा यहाँ का नया मास्टर।

पर मास्टर तो कई आये-गये, साहू ने कभी इतना नहीं चेताया जितना कि इस बार! कौमनिस्ट आदमी का जहर कुछ नयी बात तो है जरूर, तभी तो ऐसा कह

रहा है साहू? नया मास्टर बंगाली है। बंगाली का मतलब समझे बहिरु बूढ़ा? बंगाल देश का आदमी एक तो बंगाल की माटी छिनार, ऊपर से कौमनिस्ट। समझो, माघ में बरसात ले जडइया तो क्या हुआ? बहिरु ने पूछा मीठा-मीठा बतियाकर मानुष को बहकाने में बहुत चल्हांक होता है कौमनिस्ट।''[1]

साहू लोगों से मास्टर से दूर रहने को कहता है। वह मुलकी से कहता है—''ध्यान रखना हमारी बात मुलकी। नयका मास्टर से होशियार समझ ले, खूनी बाघ है वह। जो बाघ को छुए, उसे सतरह बाघ और जो कौमनिस्ट को छुए, उसे सत्तर बाघ तीन बीसी के ऊपर दस और वह राह-बाट भी पूछे तो कोई मत बतावे। पानी भी माँगे तो कोई पावी न पिलावे।''[2] साहू गजलीठोरी के प्राथमिक स्कूल को केवल कागज पर ही चलाता है। जब संजीव आते हैं और वे स्कूल नहीं पाते तब साहू कहता है—यानी प्राथमिक विद्यालय गजलीठोरी यानी यहाँ इस नाम का स्कूल ही नहीं है? पर मुझे तो बाकायदा नियुक्तिपत्र मिला है भाई। संजीव सोच में पड़ गये। ठीक मिला है चिट्ठी। बात को ऐसे समझो कि यहाँ स्कूल चलता है कागज पर, समझे कुछ कागज पर। संजीव हतप्रभ हुए। हाँ जी! और सारे कागज-पत्तर हमारी दुकान में ही पड़े रहते हैं, तो समझ लो कि तुम्हारा स्कूल भी हमारी दुकान में ही है मास्टर जी।[3] साहू नहीं चाहता कि संजीव गजलीठोरी के लोगों को जागृत करे, उनमें आत्मविश्वास का निर्माण करे। वह संजीव को धमकाते हुए कहता है—''देखो मास्टर जी, गजली में रहना है तो सीधे-सीधे ही रहना!'' वह अनाज से भरी एक बोरी में गाँठ लगाता बोला, ''यहाँ कोई जागरन-फागरन नहीं चलेगा। यहाँ तो जंगल का ही नियम चलता है। हाथ-गोड़ समेटकर रहोगे यहाँ तो कोई खतरा नहीं होगा।''[4]

कागजी स्कूल की सच्चाई जानकर संजीव हतप्रभ हो जाते हैं—उपलब्ध कागजात में आय-व्यय के ब्योरे इतने कटे-पिटे और अस्पष्ट थे कि संजीव उनमें उलझ से गये थे। आमदनी और खर्च की रकम तो बैंक की पासबुक में बाकायदा जमा और निकासी देखकर जानी जा सकती थी, परन्तु बैंक से निकाली गयी राशि के खर्च का कोई उपयोगिता प्रमाणपत्र जिला शिक्षा दफ्तर में नियमित भेजे भी जाते रहे हों तो उसकी प्रतिलिपियाँ तो रखनी चाहिए थी पर ऐसा कुछ भी फाइलों के गट्ठर में नहीं मिला। फिलहाल तो संजीव बीते सत्र की फाइल ही देख रहे थे। न किसी खरीद का बिल न भुगतान की पक्की रसीद। विद्यालय की मरम्मत के मद में पिछले ही सप्ताह पाँच हजार रुपयों की बड़ी रकम बैंक से निकाली गयी थी, जिसके भुगतान का प्रपत्र भी हडबड़ी में तैयार किया हुआ था। कच्चा प्रपत्र! कार्यरत मजदूरों में से किसी के भी हस्ताक्षर भुगतान प्रपत्र पर नहीं थे। मात्र अँगूठों के निशान थे। इसे अशिक्षा की मजबूरी माना जा सकता है परन्तु बारीक निरीक्षण के उपरान्त संजीव इस नतीजे पर पहुँचे कि तमाम नामों के आगे चिह्नित अँगूठे एक ही अँगूठे के निशान थे और कई निशान तो अँगूठे के थे ही नहीं बल्कि किसी अन्य उँगली की

छाप लगा दी गयी थी। स्कूल की साफ-सफाई के लिए बीस रुपये दैनिक की दर से पिछले माह का भुगतान दिखाया गया था। स्कूल के विद्यार्थियों के लिए पीने का पानी ढोने वाले किसी व्यक्ति को भी पैसे चुकाये गये थे, जिसका नाम तक अस्पष्ट लिखा गया था। आश्चर्य यह हुआ कि जब कोई विद्यालय भवन ही नहीं है यहाँ, तो साफ-सफाई किसकी और जलापूर्ति किसके लिए?[5] आदिवासियों का शोषण करने वाले कौन हैं? यह संजीव जान जाता है।

संजीव तो साहू की बातों से ही समझ गये थे इस गाँव की सामाजिक व्यूह-रचना। दो दिन में ही पुष्टि हो गयी थी कि गजलीठोरी पर अघोषित रूप से गगनबिहारी साहू जैसे बनिये और बेचू तिवारी जैसे भू-सामन्त का कब्जा है। इसमें सहायक है इलाके में सक्रिय भूमिगत संगठन जिसे जंगल सेना कहते हैं। गाँव के अनपढ़ और सीधे-साधे आदिवासियों पर राज कर रहा है गैर-आदिवासी शक्तियों का गठबन्धन। गजलीठोरी का विकास बेचू तिवारी और साहू के कारण नहीं हुआ। गजनरछसोर में रोजगार, परिवहन, स्वास्थ्य सुविधाएँ कुछ भी तो नहीं है। विकास की बयार मानो इधर से होकर कभी गुजरी ही नहीं। पटना-राँची का भारत कुछ और है, दिल्ली का इण्डिया कुछ और देश राज्य की राजधानियों के बाहर है, गजलीठोरी जैसी जगहों का हिन्दुस्तान वहीं का वहीं ठिठका खड़ा है जहाँ सौ-पचास वर्ष पूर्व था।

आदिवासी के उत्थान तथा विकास के लिए योजनाएँ तो बनती हैं पर वे योजनाएँ उन तक नहीं पहुँचती। बिचोलिये ही उसे चटकर जाते हैं—आजादी के बाद आदिवासियों के कल्याण की सैकड़ों योजनाएँ बनी हैं पर उनके क्रियान्वयन का क्या हुआ? आबंटित राशि का दस प्रतिशत भी देश के आदिवासियों तक नहीं पहुँच रहा। कई योजनाएँ कागज पर चलती रहती हैं। कई योजनाएँ तो फाइलों की कब्र में ही दफन हो गयीं। जैसे कि यह प्राथमिक विद्यालय गजलीठोरी। इस विद्यालय की ही भाँति सड़कर मरते रहे हैं कई नेक वायदे! संजीव कम से कम इस विद्यालय को सड़कर मरता नहीं देख सकते, पर यदि अफसरशाही और राजनीति का यही तालमेल कायम रहा तो पता नहीं कितने समय तक आदिवासी समाज इसी तरह अनपढ़, असंस्कृत, भूखा, नंगा, शोषित, उपेक्षित और लोकतन्त्र के ज्ञान एवं विज्ञान से कटा-कटा रहेगा। देशी-विदेशी पूँजी के गठजोड़ द्वारा प्राकृतिक सम्पदा के अन्धाधुन्ध दोहन ने आदिवासी समाज के पारम्परिक जीवनस्रोतों को सोख लिया है। आदिवासियों को लगातार जंगल से दूर धकेलने की साजिशें की हैं। मात्र एक पतली धोती बाँधे औरतें पीठ पर बच्चे बाँधकर घर और बाहर दोनों के काम यूँ निपटाती हैं मानो वे इसी प्रकार मरने-खपने और बच्चे जनने को ही बनी हों। हड्डियाँ जलाती अल्पवयस्क माताओं की अनावृत छातियाँ चिचोड़ते बच्चे! संजीव को लगता है, किसी दिन इन छातियों में से दूध की बजाय रक्त न रिस पड़े।[6]

स्पीड, यूनिसेफ, आई.एल.ओ. यू.एन.एफ.पी.ए. और यूनेस्को जैसी संस्थाएँ करोड़ों

रुपये शिक्षा के लिए खर्च कर रही हैं। पर विकास की बजाय कुछ लोगों की जेबें भरी जा रही हैं। हर नयी परियोजना ने आदिवासियों या अन्य जनता का भला किया हो या नहीं, पर ठेकेदारों-बिचौलियों की एक नयी जमात को अवश्य जन्म दिया है। परियोजनाएँ परिकल्पित होते ही ब्लॉक से तहसील तक के पदाधिकारियों की आँखों में एक हिंसक चमक अवश्य पैदा करती हैं। ठीक वही चमक जो अपने निर्बल शिकार पर घात लगाये चीते की आँखों में होती है।[7] संजीव पलामू के आदिवासियों को अपनी अस्मिता की पहचान कराता है। वह सुगना को स्वाभिमानी बनने की बात कहता है। ''याद रखो सुगना, कोई आदमी तुम्हें खींचकर पर्वत के पार नहीं ले जा सकता। कुछ दूर तक ही खींच सकता है कोई। यदि अपने पैरों पर भरोसा करोगे तब ही पहाड़ लाँघ सकोगे।''[8] संजीव हरमू मुण्डा को प्रज्चलित करता है। अपने हक के लिए उसे उकसाता है। ''उससे लड़ेंगे तुम्हारे तीर, जो जहरीली कुचला बूटी के रस से बुझे हैं। जंगल में बन्दूक से ज्यादा शक्तिशाली होंगे ये बाण। तुम्हारी ताकत बेचू तिवारी से सौ गुनी ज्यादा हो जाएगी यदि तुम परहा-पंचायत के अपने जैसे मित्र मुण्डा युवकों में एकता बना सको। एक बार सिर में गमछा बाँधो, कन्धे पर धनुष टाँगकर देखो, फिर कोई सादान तुम्हें डरा नहीं सकेगा। गजलीठोरी के राजा तुम होंगे मुण्डा और यह जंगल होगा न कि किसी सादान या बेचू तिवारी का।''[9] संजीव विद्यालय तो शुरू करता ही है साथ ही साख सहयोग समिति की स्थापना कर आदिवासियों को आर्थिक दृष्टि से भी उन्नत करता है। हरमू को को-ऑपरेटिव सोसायटी से कर्जा देकर किराने की दुकान खुलवा देता है। संजीव जानता है कि जब तक आदिवासियों का आर्थिक स्तर ऊँचा नहीं होता तब तक उनका विकास सम्भव नहीं है।

शारीरिक शोषण आदिवासियों की समस्याओं में महत्त्वपूर्ण समस्या है। इनकी स्त्रियों को केवल भोग की वस्तु माना जाता है। नारी मुक्ति का नारा लगाने वाले संगठनों की नजर शायद इन नारियों पर होने वाले अत्याचार की ओर नहीं पहुँच पा रही है। ये स्त्रियाँ पहाड़, जंगलों में रहने के कारण प्रकृति से जुड़ी रहती हैं। जिसके कारण इनका सौन्दर्य भी प्राकृतिक ही रहता है और बहुत सुन्दर दिखती हैं। उस पर अत्याचार किया जाता है। साहू सदिया को वासनाभरी दृष्टि से देखता है।—''तनिक एस्नो-पौडर-काजर लगा ले रुदिया तनिक बाल काढ़कर फीता थोड़ा आलता-बिन्दी, फिर गोड़ धोकर पानी फेंक दे तो गोड़धोवन से नहाकर शहराती छौड़ियों की काया कंचन हो जाय! बेईमान दैव ने थोड़ी कंजूसी कर दी। साँवला रंग दे दिया। थोड़ी गोराई भी दे देता तो ऐसे ही रूप पर तो फुरेरी लगती है। तनिक गोर होती तो एकदम जुलूम।''[10] रंगेनी पर अत्याचार किया जाता है। उसके पति होकाना के गुजर जाने पर वह आजीविका हेतु काम करती है। रेलवे के सिपाही उस पर बलात्कार करते हैं। वह पेट से रहती है। वह अपने आप से कहती है—''ईमान की बात यही है कि माई होने के बावजूद नहीं जानती रंगेनी कि उसका बीज है सोनारा रेलवई के उन राकस (राक्षस) सिपाहियों में से किसी का या कि उन दाढ़ी जरौने ओघडया

का।" रंगेनी उन तमाम आदिवासी स्त्रियों की पाडी को व्यक्त करती है, जिन पर बलात्कार किया जाता है। उसके बाद बच्चे की जिम्मेदारी का क्या? इस पर रंगेनी कहती है—"बीया (बीज) किसी का हो, बाजार से खरीदा हुआ या अपने कोठिले से काढ़ा (निकाला) हुआ, मोल लिया हुआ या उधार पैंच का जमीन तो अपनी ही है। जिस माटी में बुना (बोया) जाता है बीज, अगर वह जमीन अपनी है तो जो उपज को सेवता-पटाता है, पैदावार उसी की कही जाती है। सोनारा भी रंगेनी का बेटा है, बाप चाहे कोई हो।"[11] आदिवासी स्त्रियों की ओर देखने वाली दृष्टि में वासना होती है। संजीव को लगता है, आदिवासी समाज और संस्कृति के प्रति हमारे सुसंस्कृत समाज का रवैया मनोरंजन मात्र का ही तो रहा है। संजीव ने महसूस किया है कि जंगल से बाहर सदैव यही ढूँढ़ने के प्रयास किये जाते हैं कि जनजातियों के जीवन में अद्‍भुत क्या है? क्या विलक्षण है जिसका आस्वादन चटखारे लेकर किया जा सकता है?

आदिवासी भूत-प्रेत में विश्वास रखते हैं। रंगेनी तो भगतिन ही है।—"भगतिन माने ओझाइन। भूतखेलौनी। जैसे मर्द बैगा होता है, वैसे ही औरत भगतिन। भूत, प्रेत, बिसाहा, बिसाहिन—सबका मर्म जानती है रंगेनी। चैत नवमी को तो उस पर नकटीदाई की सवारी भी आती है।"[12] साहू संजीव को रंगेनी से बचने के लिए कहता है—भूतखेलौनी के घर में बसे हो न मास्टर जी? किसी रोज रकत-चूसी लाश उठेगी तुम्हारी उस मर्दखोरी के घर से। आदिवासियों में अन्धश्रद्धा रहती है—लोग जानते हैं कि रंगेनी के घर के आस-पास नासान् बोंगाओ की दुष्ट आत्माएँ बसेंड लिए बैठी हैं। आँधी, बाढ़, अकाल, जंगल की आग या मवेशियों के रोग सब नासान् बोंगाओं की बुरी नजर से होते हैं। सारे नासान् बोंगा रंगेनी के इष्ट हैं। कहीं भगतिनियाँ खिसिया गयीं तो काली बिल्ली बनकर बैरी के घर में पेस (प्रविष्ट) जाती हैं। सोये आदमी का अँगूठा चाटकर उसकी उमर चुरा लेती हैं। फिर तो मरना तय है। गजलीठोरी के लोग सरहुल त्योहार मनाते हैं। सखुए का वृक्ष जंगल में पूज्य है। सखुद की डालियों की पूजा होती है। रसहुल के माहात्म्य ने वृक्षों को भी देवत्व प्रदान कर दिया है। रसहुल में सखुए की डालियों पर फल-फूल और नैवेद्य चढ़ाए जाते हैं। आज न किसी ने लकड़ी काटी है और न ही अभी तक किसी ने दातुन ही चबाया है। वृक्ष सिंगबोंगा के आशीर्वाद हैं। आज यदि वृक्ष काटे तो देवता के सारे आशीर्वाद भी कट जाएंगे। करमवृक्ष आदिवासी समाज में मर्यादापुरुष के रूप में पूजित हैं। करमवृक्ष की पूजा अर्थात् देवता करमदेऊ का आवाहन अच्छी फसल, पशुओं की रक्षा, स्वस्थ सन्तान, किशोरों हेतु सुयोग्य जीवनसाथी, सुख, समृद्धि और शान्ति के लिए होता है। करमदेऊ पर बहुत-बहुत उत्तरदायित्व है। झारखण्ड के आदिवासी करमा, सरहुल, आरखाँ, तीज, हरितालिका, खरजितिया जैसे पर्व मनाते हैं। खरजितिया पुत्र के चिरंजीवी होने की मंगलकामनाओं का व्रत है। इस जीविपुत्रिका व्रत में उपवास की अवधि में, भूल से भी एक तिनका मुँह में चला गया तो फिर इसका कोई प्रायश्चित नहीं। सौभाग्य नष्ट हो जाता है। चौबीस से तीस घंटे तक

का यह निराहार-निर्जल उपवास माताओं के सत्त की परीक्षा है। पर्व समापन के बाद ही जल ग्रहण किया जा सकता है। पारण से पहले तिनका या नाखून तक खोंटना वर्जित है।[13] संगीत आदिवासियों के जीवन का अविभाज्य घटक है। पर्व त्योहार, विवाह आदि अवसरों पर गीत गाए जाते हैं, जो संस्कृति, परम्परा को जिन्दा रखने का काम करते हैं। ये आदिवासी जसी, करमा, जैना जराजी, जादुर को जडों अदि गीत गाते हैं। विवाह के गीत भी गाए जाते हैं।

केकर माथे लाल-सुन्नर पगड़ी, केकर हाथे लाल गेंदा फूल
ओ मैना रे, मति जाबे दूर बिदेस
करमा के त्योहार के समय गीत गाए जाते हैं।
तिरिया नाजोम नात्र जोमते, मुरली नातेन-नातेन ते
जुरी बागी कोतेत्र नोण्डोक सेनोक, ए हेरे-होरे, धितंग धितंग,
धिधिधि धितंग धितंग, सबकारों घरे आइज माँदर बजाय
मोर घारे सुना चेल रे, मोरा साइयाँ गेल परादेस
मोरा घारे सुना चेल रे, करम कहाल गे सँवारो
करमा के दिन कैसे आवय रे, करमा का तरे तरे जला भरी फूल रे
डाला भरी बाती बराय रे

'पठार पर कोहरा' झारखण्ड के आदिवासियों के जीवन की सच्चाई को हमारे सामने रखता है। साथ ही लेखक ने केवल समस्याओं का चित्रण ही नहीं किया अपितु संजीव के माध्यम से उन समस्याओं का हल भी दिया है, जिससे आदिवासियों का विकास हो सके।

सन्दर्भ

1. पठार पर कोहरा, राकेश कुमार सिंह, पृ. 15
2. पठार पर कोहरा, राकेश कुमार सिंह, पृ. 19
3. पठार पर कोहरा, राकेश कुमार सिंह, पृ. 81, 82
4. पठार पर कोहरा, राकेश कुमार सिंह, पृ. 112
5. पठार पर कोहरा, राकेश कुमार सिंह, पृ. 117
6. पठार पर कोहरा, राकेश कुमार सिंह, पृ. 137
7. पठार पर कोहरा, राकेश कुमार सिंह, पृ. 179
8. पठार पर कोहरा, राकेश कुमार सिंह, पृ. 195
9. पठार पर कोहरा, राकेश कुमार सिंह, पृ. 194
10. पठार पर कोहरा, राकेश कुमार सिंह, पृ. 11
11. पठार पर कोहरा, राकेश कुमार सिंह, पृ. 33
12. पठार पर कोहरा, राकेश कुमार सिंह, पृ. 115
13. पठार पर कोहरा, राकेश कुमार सिंह, पृ. 229

हिन्दी कथा साहित्य और आदिवासियों का अस्मिता संघर्ष

डॉ. मीरा निचळे

आदिवासी को भारत का मूल निवासी कहा जाता है। भारतीय संविधान में आदिवासी शब्द का प्रयोग नहीं किया गया है, किन्तु अनुसूचित जनजाति के रूप में इसका प्रयोग मिलता है। डॉ. होमन के अनुसार, "आदिवासी शब्द अंग्रेजी के ऐबोरिजन का अनुवाद है। अंग्रेजी शब्दकोशानुसार यूरोपवासियों के पहुँचने से पहले, खास करके ऑस्ट्रेलिया के निवासियों, पदार्थों आदि लिए वह शब्द प्रचलित हो गया। यों, ऐबोरिजन शब्द का हिन्दी अनुवाद आदिवासी बिलकुल सही तो नहीं है, फिर भी इसे लगभग सही माना जा सकता है।..."[1] प्रो. गिलानी के मतानुसार, "एक विशिष्ट भू-प्रदेश में रहने वाला, समान बोली बोलने वाला, अक्षरों की पहचान न कर सकने वाला, समूह, गुट आदिवासी समाज कहलाता है।"[2] डॉ. विवेकी राय के अनुसार, "पिछड़े अँचलों, पहाड़ों, वनों के निवासियों को आदिम आदिवासी माना गया है।"[3] अर्थात् एक ही भू-प्रदेश पर समूह के साथ रहने वाले, एक ही बोली बोलने वाले, प्रगत समाज से दूर प्रकृति की गोद में रहने वाले, पिछड़ा और अज्ञानी माने जाने वाले निवासी के रूप में तथा संस्कृति के आदि संरक्षक के रूप में आदिवासी को देखा जाता है।

विमर्श समकालीन परिवेश की उपज है। विमर्श वैचारिक होते हैं और ये विचार अस्मिता के परिप्रेक्ष्य में उभरते हैं। अस्मिता शब्द संस्कृत के 'अस्मि' शब्द से लिया गया है, जिसका अर्थ है–'मैं हूँ' अर्थात् मेरी भी कुछ जरूरतें हैं, जज्बात हैं, कुछ समस्याएँ हैं, सपने हैं, कुछ अधिकार एवं आकाक्षाएँ हैं। मेरी अपनी क्षमताएँ हैं, मुझे भी चयन की स्वतन्त्रता है। दरअसल, 'अस्मिता' व्यक्ति की उसके सम्पूर्ण परिवेश में सक्रिय भागीदारी की जीवन्त अभिव्यक्ति है।[4] "अस्मिता की सत्ता के समीकरण और शक्ति के सन्तुलन में अपने हिस्से पर दावे की सैद्धान्तिकी है।"[5] अस्मिता और अर्थपूर्ण जीवन के विचार आधुनिक विश्व में बहुत ही महत्त्वपूर्ण हो गये हैं। अस्मिता आज विश्लेषण और अस्तित्व की दृष्टि से आधुनिक जीवन का अर्थ समझने के लिए एक आवश्यक सम्मानकारी विचार के रूप में आवश्यक हो गयी है।[6] संक्षेप में 'अस्मिता' निजी पहचान को बचाये/बनाये रखने की जद्दोजहद

है। हिन्दी साहित्य में आज विभिन्न विमर्शों का धरातल 'अस्मिता' है जिसे केन्द्रीय महत्त्व प्राप्त हो रहा है। स्त्री, दलित, अल्पसंख्यक और आदिवासी की अस्मिता के प्रश्न एकाएक महत्त्वपूर्ण हो उठे हैं। समकालीन आदिवासी साहित्य में भारतीय पारम्परिक मूल्यों तथा उभरते अस्मिता-बोध की अनिवार्य और अनवरत टकराहट की अनुगूँज साहित्य में उमड़ पड़ी है।

वैसे आदिवासियों को अपनी अस्मिता का बोध तब हुआ जब उन्हें अंग्रेजों द्वारा किये दोहरे शोषण का शिकार होना पड़ा। इससे आर्थिक रूप से कंगाल होकर उनकी अस्मिता लुप्त होने का समय आया, तब आदिवासियों ने अपनी अस्मिता आन्दोलन को तेज किया। छोटा नागपुर क्षेत्र का कोल विद्रोह इसी का परिणाम था। रूपचन्द्र वर्मा के अनुसार, "इसे 1857 की महान क्रान्ति के पूर्व का प्रथम स्वतन्त्रता संग्राम कहा जा सकता है।"[7] ठीक इसी तरह मुण्डा विद्रोह भी आदिवासी अस्मिता के उदय में मील का पत्थर साबित होता है। पूर्वोत्तर में अंग्रेजों के समय से ही आदिवासी अस्मिता का आन्दोलन शुरू हो गया था। उत्तर-पूर्वी क्षेत्रों में आदिम जनजातियों में नागा, मिजो, खासी एवं त्रिपुरा जनजातियों ने अस्मिता आन्दोलन को तेज बनाया।

आधुनिकता के परिवेश ने जहाँ आस-पास के नाते-रिश्तों को कैंची लगाकर अपने में ही अभ्यस्त जीवन शैली को विकसित किया, वहीं उत्तर आधुनिक परिवेश ने व्यक्ति की संवेदना को ही सुखा दिया। जब इस बात का एहसास साहित्य को हुआ तब हम संवेदना की तलाश में पीछे मुड़ गये और हमें आदिवासी समाज मिला। सहजीवन को वरीयता देने वाला यह समाज हमें पिछड़ेपन की दल-दल में फँसा हुआ मिला। लेकिन इस तथ्य को स्वीकारना अनिवार्य है कि वह अपने भौतिक जीवन में पिछड़ा हुआ है, किन्तु उसका आत्मिक स्तर कई प्रगतिशील समाज से ऊँचा है। वह व्यक्तिवादी नहीं है, वह सामूहिक जिन्दगी जीता है। जबकि बाकी संस्कृतियाँ व्यक्तिवादी हैं यही है। दृष्टिकोण का अन्तर। हम कब्जा करना चाहते हैं और वे सहयोगपूर्वक जीना चाहते हैं। इसलिए आदिवासी मूल्यों से भी लैस है और असीम भी। हमारे वाङ्मय से कहीं बड़ा है उनका वाङ्मय और उनका लोक-साहित्य विशाल। यदि हम उसे अपने लोगों के बीच ले जाएँ तो न सिर्फ हमारे और उनके बीच एक दर्द का रिश्ता कायम होगा बल्कि हमारे अपने जीवन मूल्यों में भी सुधार होगा। हम भी उनकी मूल्यपरक जीवन शैली से रू-ब-रू होकर, दूसरों के लिए या दूसरों को साथ लेकर जीना सीखेंगे।[8] औद्योगिक क्रान्ति एवं वैश्वीकरण के चलते हम एक ओर मंगल ग्रह पर वास्तव्य करने की सोच रहे हैं, और इसके लिए प्रयास कर रहे हैं तो दूसरी ओर आदिवासियों को खुद के घर से बेघर, बेदखल कर रहे हैं। क्रान्ति जो सबको लेकर चलती है, अनछुए को छूती है, किन्तु यह कैसी क्रान्ति है जो भारतवर्ष के एक महत्त्वूपर्ण अंग को ही पिछड़ेपन के अन्धेरे में धकेलती रही है और उन्हें अनदेखा कर रही है। क्या इस स्थिति में क्रान्ति और ग्लोब्लाईजेशन की

नये सिरे से परिभाषा करना आवश्यंभावी नहीं है?

कहा जाता है कि यह धरती आदिवासियों की है और यही आदिवासी भारतीय सभ्यता, संस्कृति, साहित्य, दर्शन की मुख्यधारा से दूर रहे हैं। क्या इसे प्रगतिशील सभ्य समाज का लक्षण कहना चाहिए? आदिवासी समाज से हमारा परिचय लगभग नगण्य है। हमने उन्हें प्रायः बर्बर, जाहिल, पुरातन और असामाजिक तत्त्व मानकर उनसे दूरी बना रखी है। भूमंडलीकरण और उच्च तकनीकी के इस दौर में वैश्विक समाज का अगर कोई तबका विकास से नहीं जुड़ पा रहा है, तो वह आदिवासी है। आज लगभग 533 जनजातियाँ देश में पायी जाती हैं और ये अपने अधिकारों से वंचित हैं। लगभग 83 प्रतिशत आदिवासी लोग गरीबी की रेखा से नीचे अपना जीवन-यापन कर रहे हैं और 71 प्रतिशत लोग आज भी निरक्षर हैं। साथ ही ये जल जमीन, जंगल और अपने स्वतन्त्र अस्तित्व एवं अस्मिता की लड़ाई लड़ रहे हैं। आज भी शासन, व्यापारी, पूँजीपति, साहूकार, महाजनों, जमींदारों द्वारा आदिवासी समुदाय के भोलेपन का लाभ उठाकर उनका शोषण किया जा रहा है। सरकारी विकास योजनाओं के कारण आदिवासी क्षेत्रों का आर्थिक सन्तुलन बिगड़ गया है और वे अपने ही घर में विस्थापित होकर किसान से खेतिहार, मजदूर या बँधुआ बन जाने पर विवश हो गये हैं। आदिवासी यह नहीं जानते कि यह तथाकथित विकास किसके लिए हो रहा है? परन्तु वे यह अवश्य जानते हैं कि इस विकास के कारण उनका विनाश जरूर हो रहा है।[9] इसमें इस सत्य को नहीं नकारा जा सकता कि आदिवासियों की सम्पत्ति पर प्रगत समाज अपनी और अधिक भौतिक प्रगति कर रहा है।

निजीकरण ने बाजारवाद को बढ़ावा दिया और इसके दुष्प्रभाव आदिवासियों को भोगने पड़ रहे हैं। निजी संस्थानों में रोजगार घटा है। इसलिए निजी संस्थाओं में भी आरक्षण लागू होना चाहिए। निजीकरण से शिक्षा, दवाई आदि सभी चीजें महंगी हो गयी हैं। आदिवासियों के लिए नौकरी के अवसर भी कम होते जा रहे हैं। भूमंडलीकरण की मुख्य समस्या है कि यह केवल पूँजी को देश से बाहर जाने देता है, न कि श्रमिक वर्ग को। परिणामतः बेरोजगारी बढ़ी है। उनके पास जीविका का कोई विकल्प नहीं रहा, फलतः वे अपनी बात सुनाने के लिए बन्दूक उठाते हैं। उनकी धरती में कोयला है पर उन्हें कोयला चोर बनाया जा रहा है। जो चोरी से कोयले के ट्रक दिल्ली या नेपाल ले जाते हैं, उन्हें पकड़ा ही नहीं जाता। आदिवासी द्वारा चूल्हे में कोयला जलाने पर अपने ही घर में चोर बना दिया जाता है।[10]

देश के 72 प्रतिशत वनज और अन्य प्राकृतिक संसाधन, 90 प्रतिशत कोयला खदान और 80 प्रतिशत खनिज सम्पदा आदिवासी क्षेत्रों में ही हैं। इसके बावजूद आदिवासी समुदाय मुख्यधारा में नहीं है। विकास के नाम पर सरकार द्वारा उठाये गये कदमों में बड़े उद्योगों, बाँधों और विशाल विद्युत परियोजनाओं के निर्माण के साथ-साथ व्यापक उत्खनन, वनों की अन्धाधुन्ध कटाई और माल ढुलाई के लिए

नये-नये परिवहन मार्ग बनाने के कारण आदिवासियों के विस्थापन की समस्या और उनकी खराब होती आर्थिक दशा पर विभिन्न सरकारों द्वारा ध्यान नहीं दिया गया। हालाँकि स्वतन्त्रता के बाद सरकार द्वारा आदिवासी समुदाय के बहुमुखी विकास के लिए कई योजनाएँ शुरू की गयीं परन्तु वे योजनाएँ उन तक नहीं पहुँच पायीं। इन सब प्रयासों के बावजूद आदिवासियों की स्थिति में आशाजनक सुधार नहीं हुआ।[11] आदिवासियों ने धर्म परिवर्तन कर उच्च शिक्षा और सामाजिक समानाधिकारों के लिए प्रयास किये पर वहाँ भी उन्हें अपेक्षित सफलता नहीं मिली। क्योंकि धर्म-परिवर्तन भी कोई मुद्दा नहीं था। सभ्य समाज उन्हें कभी मनुष्य मानने के पक्ष में ही नहीं था।

आजादी के बाद भी आदिवासियों की स्थिति में कोई परिवर्तन नहीं आया, किन्तु बीसवीं शताब्दी के उत्तरार्ध में आदिवासी समाज को लेकर गम्भीर बहस साहित्य जगत में आरम्भ हो चुकी है। यह बहुत बड़ी बात है। विभिन्न नामांकित साहित्यिक पत्रिकाओं में विशेषांक के रूप में तथा आदिवासी चेतना को लेकर विशेष पत्रिकाएँ प्रकाशित हो रही हैं। उनके अस्तित्व, अस्मिता, स्वबोध, साहित्य, हक और अधिकार की लड़ाई को वाणी दी जा रही है। जंगल, जमीन, अपनी भाषा और संस्कृति को ही अपना विश्व मानने वाले आदिवासियों का नकारात्मक रूप से क्यों न हो प्रगत समाज से आये सम्पर्क ने उन्हें सजग बना दिया है। सदियों की शान्ति क्रान्ति के रूप में अब उमड़ने लगी है। वर्चस्ववादियों द्वारा बनायी परम्पराएँ एवं सीमाओं के बन्ध को सुरंग लग गयी है। विद्रोह की चेतना जड़वादी समझे जाने वाले आदिवासियों की शक्ति बन गयी है। उनमें अस्तित्व एवं अस्मिता बोध की लहर उन्हें नयी विचारधारा से रू-ब-रू करा रही है। वे नयी दृष्टि से अपने इतिहास और वर्तमान को परखने लगे हैं। ये बोध, विचार, चेतना दृष्टि एवं संवेदना उन्हें रचनात्मक लेखन की ओर प्रेरित कर रहे हैं। जीवन के अनेक पहलुओं से रू-ब-रू कराता आदिवासी लेखन संघर्ष, उल्लास और आक्रामकता का साहित्य है। छल-कपट, भेदभाव, ऊँच-नीच से दूर तथा सामाजिक न्याय के पक्षधर इस साहित्य का आधार आदिवासियों की संस्कृति, भाषा, इतिहास, भूगोल तथा उनके जीवन की अनेक समस्याएँ और प्रकृति के प्रति उनका गहरा लगाव है।[12] आजादी के पूर्व भी आदिवासी जन-जीवन से जुड़ा साहित्य लिखा गया परन्तु उसे आजादी के बाद ही सर्व स्वीकृति व प्रसिद्धि मिली। आज हिन्दी में आदिवासी जीवन से सम्बन्धित बहुत ही उच्च कोटि का साहित्य लिखा जा रहा है और इससे भारतीय समाज आदिवासी समाज के अनेकविध आयामों से परिचित हो रहा है।

समकालीन हिन्दी कहानी में आदिवासी समाज को लेकर जो कुछ लिखा गया है, उसका विषय और क्षेत्र दोनों ही काफी सीमित हैं। उनमें विकास की प्रक्रिया से टकराते आदिवासी समाज के जीवन संघर्ष का चित्रण है। हिन्दी के बहुत से कथाकारों ने आदिवासी जीवन को अपनी कहानी के केन्द्र में रखा है। इनमें राकेश

वत्स, संजीव, मनीषा राय, मेहरुन्निसा परवेज, राकेश कुमार सिंह आदि हैं। इनकी कहानियों ने आदिवासी समाज के शोषण, गरीबी, लाचारी, जीवन संघर्ष और अस्तित्व की लड़ाई को प्रकट किया है। राकेश वत्स की कहानी 'अवशेष' आदिवासी स्त्री के मान-सम्मान को लूटने की गाथा है। प्रगत समाज की दृष्टि में आदिवासी स्त्री मात्र मनोरंजन का साधन है। धूर्त लोग उसे शराब पीने के लिए कहते हैं, किन्तु आदिवासी स्त्री अपनी आत्मचेतना तथा अस्तित्व-बोध के प्रति सजग एवं सतर्क है, औरत बिफरकर चीखती है, "नाहि, हमारा मंगेतर को भान होगा तो वो तुम लोगन को कच्चा चबा डालेगा।"[13] यहाँ राकेश वत्स ने प्रगत समाज की गलत धारणा को तोड़ दिया है। उन्होंने आदिवासी के अपनी अस्मिता, सुरक्षा एवं मान-सम्मान के साथ जीने की चाह को प्रस्तुत किया है।

आरक्षण जैसी सुविधाएँ मूलधारा के समाज को चुभती हैं। आदिवासी समाज इसके द्वारा मुख्य धारा में आ भी जाता है तो उसे उपेक्षा का शिकार बनना पड़ता है। इसी तरह 'बेला एक्का लौट रही है। आदिवासी युवती की संघर्ष गाथा है। नौकरी ज्वाइन करने पर अधिकारी और चपरासी के लिए वह एक भद्दा मजाक बनी रहती है। "रानी बन जाओ नहीं तो हम रंडी बनाकर छोडेंगे।"[14] यह वाक्य पूर्ण कहानी की संवेदना को अंकित करता है। यह कहानी उस अस्मिता-संघर्ष को दर्शाती है जिसमें आदिवासी युवती पढ़-लिखकर मुख्य समाज में शामिल होने की चाहत रखती है किन्तु बर्बर प्रगत समाज उसके अस्तित्व को ही मिटाने पर उतारू होता है।

कहानीकार संजीव के 'पाँव तले की दूब' कहानी में सुदीप्त को स्वतन्त्र अस्मिता की लड़ाई में परास्त दिखाया है। अपने हक की लड़ाई वह जीतना चाहता है, किन्तु उसका विरोध प्रगत समाज के सन्मुख ढीला पड़ता है। अन्ततः वह आत्महत्या करने पर मजबूर होता है। कहानी में आदिवासी समाज की अस्मिता के सवाल को उनके जल, जंगल तथा जमीन से जोड़कर देखा गया है। पीटर पॉल एक्का की 'राजकुमारों के देश में', शंकर लाल मीणा की 'कहानी के बाहर की औरत', भागीरथ की 'जीवन का जहर', रसिक की 'जारी है लड़ाई अभी' आदि कहानियाँ आदिवासी अस्मिता से जुड़ी सभी समस्याओं का सार्थक चित्रण करती हैं।

हिन्दी उपन्यासों ने अधिक सामर्थ्य के साथ बड़े ही सशक्त ढंग से आदिवासी की अस्मिता एवं अस्तित्व का बखान किया है। रांगेय राघव, राजेन्द्र अवस्थी, संजीव, तेजिन्दर, मधु कांकरियाँ, मनमोहक पाठक, राकेश कुमार सिंह, हरिराम मीणा, श्री प्रकाश मिश्रा आदि ने जनजातीय अस्मिता के प्रश्न को व्यवस्थित ढंग से उठाया है। 'कब तक पुकारूँ' (1957), 'वरुण के बेटे', 'साँप और सीढ़ी', 'सागर, लहरें और मनुष्य', 'जंगल के फूल', 'जंगल', 'जाने कितनी आँखें', 'धर्म पुत्री सोमा', 'महासागर', 'अरण्य', 'कगार की आग', 'जंगल के आस-पास', 'वनतरी' आदि उपन्यास आदिवासी जीवन की विभिन्न अस्मिता के आयामों को उद्घाटित करते हैं।

सन् 1990 में प्रकाशित संजीव का 'धार' उपन्यास आदिवासी जीवन की गरिमा तथा उपलब्धियों को उजागर करता है। ''इसमें पूर्णतः नगर के कटे, अछूते क्षेत्र और विषय का उद्घाटन हुआ है। बिहार राज्य का सन्थाल परगना कोयले की गहरी खदानों के लिए मशहूर है। वहाँ के मजदूर अपने पेट की आग बुझाने के लिए जमीन के भीतर बड़ी-बड़ी गर्तों में कोयला निकालने के लिए चले जाते हैं। कभी-कभी यहीं पर करुण कहानियाँ बनती हैं। कभी खदानों की जमीन के धँसने या कभी पानी भर जाने के कारण दुर्घटनाएँ हुआ करती हैं। वहाँ की जमीन के उदर में दबी कहानियाँ खास करके श्रमजीवी, मजदूर लोगों की व्यथा कथा बन जाती है। ...संजीव ने उन्हीं लोगों की करुण व्यथा-कथा को व्यापक फलक पर 'धार' उपन्यास में परिभाषित किया है।'' मजदूर वर्ग का शोषण और संघर्षमय जीवन इसमें पूर्ण रूप से उभरा है। उपन्यास के पूर्वार्ध में आदिवासी जीवन और पूँजीपति वर्ग द्वारा किया जाने वाला अमानुषी शोषण चित्रित हुआ है, तो उत्तरार्ध में नयी चेतना, अधिकार बोध और संघर्ष की रचनात्मक पहल का अंकन हुआ है।

'डूब' उपन्यास अनेक समस्याओं तथा मूल्यों से टकराता तथा 'डूब' समस्या से जूझता उपन्यास है। वीरेन्द्र जैन का दूसरा उपन्यास 'पार' बुन्देलखण्ड अँचल के आदिवासी जीवन का दस्तावेज है। श्री प्रकाश मिश्र का 'जहाँ बाँस फूलते हैं', भगवानदास मोहरवाल का 'काला पहाड़', संजीव का 'जंगल जहाँ शुरू होता है', मैत्रेयी पुष्पा का 'अल्मा कबूतरी' आदि आदिवासी अस्मिता के प्रमुख उपन्यास हैं।

आदिवासियों के मानगढ़ इतिहास का अनूठा यथार्थ 'धूणी तपे तीर' नामक उपन्यास में मिलता है। हरिराम मीणा ने स्पष्ट किया है कि मनुष्य के हक की लड़ाई के इतिहास को मनुष्य विरोधी शोषक-शासकों ने दबाया है और उनके आश्रय में पलने वाले इतिहासकारों ने उनका साथ दिया है। मानगढ़ के आदिवासी-बलिदान पर यह उपन्यास केन्द्रित है।

हरिराम मीणा ने इतिहास के तथ्यों को खंगालते हुए आदिवासी अस्तित्व की संघर्ष गाथा कही है। ब्रिटिश साम्राज्य द्वारा भीलों तथा मीणों का शोषण, अन्याय तथा अत्याचार का यथार्थ अंकन यहाँ मिलता है। हीरा भजन्या तथा टंट्या भील अपने हक की लड़ाई लड़ते हैं।

समकालीन हिन्दी साहित्य की महत्त्वपूर्ण हस्ताक्षर, प्रख्यात रचनाकार रमणिका गुप्ता आदिवासी साहित्य चिन्तन में और आदिवासी साहित्य में आदिवासियों की समस्याओं, सांस्कृतिक, राजनीतिक व आर्थिक स्थितियों तथा उनकी जीवनशैली का होना आवश्यक मानती हैं। बड़े गौरव की बात है कि आज स्वयं आदिवासी तथा गैर-आदिवासी की हिन्दी साहित्य में मौजूदगी आदिवासी साहित्य की कड़ी को मजबूत बना रही है। आज के समकालीन साहित्य में उनका कहानी, कविता, उपन्यास, आत्मकथा, संस्मरण व पत्रकारिता के क्षेत्र में हस्तक्षेप बढ़ रहा है। आदिवासियों

को उनकी आस्थाओं, मिथकों, लोककथाओं, लोकगीतों व वीर गाथाओं का वाचिक साहित्य समृद्ध बन रहा है।

संक्षेप में, 1. तेजी से हो रहे विकास, भूमंडलीकरण और खुली अर्थव्यवस्था के विराट जबड़ों में फँसे आदिवासी अनेकानेक समस्याओं और चुनौतियों से घिरे हुए हैं। (उपरोक्त चिन्तन से), 2. भारतीय समाज के मुख्य प्रवाह/व्यवस्था में वे कहीं नहीं हैं और अगर दिखाई भी देते हैं तो उसके अस्तित्व को दोयम स्थान मिलता है। 3. आदिवासी क्षेत्र में जो वन हैं, कोयले और अन्य खनिज पदार्थों के स्रोत हैं, उनका छोटा-सा हिस्सा भी आदिवासियों को नहीं मिल रहा है। 4. आदिवासी क्षेत्रों में शिक्षा का प्रचार-प्रसार पूरी तरह से नहीं हुआ इसलिए वे सरकारी नौकरियों से भी वंचित रह गये हैं। 5. प्रगत समाज से भले ही उसका नकारात्मक सम्बन्ध स्थापित हुआ हो किन्तु इस तथ्य को नहीं नकारा जा सकता कि आदिवासी में अब अपने स्वत्व को लेकर चेतना जागृत हुई है। फलतः समकालीन रचनाकारों ने आदिवासी जीवन के विविध सन्दर्भों को बड़ी तन्मयता से चित्रित किया है। इनकी रचनाओं में आदिवासियों के शोषण-विस्थापन, स्त्री जीवन की विडम्बनाएँ, संस्कृति से कट जाने की पीड़ा आदि के साथ आदिवासी में पनप रहे विद्रोह की अभिव्यक्ति होने लगी।

हिन्दी उपन्यास तथा कहानी के अध्ययन-विश्लेषण के आधार पर कहा जा सकता है कि हिन्दी कथात्मक साहित्य में आदिवासी व्यक्ति के तनावों, दुखों, यातनाओं और इन सबके बीच उसकी अपनी अस्मिता व अस्तित्व को बनाये रखने की जद्दोजहद और जीवनी-शक्ति, भीड़ में अपनी अलग पहचान बनाने की इच्छा और विपरीत परिस्थितियों से जूझते हुए निरन्तर संघर्ष करने की ताकत को उजागर किया गया है।

हिन्दी कथा, उपन्यास, कविता आदि में आदिवासी अस्मिता के विभिन्न आयामों को रेखांकित किया गया है।

आदिवासियों के अस्तित्व एवं अस्मिता के लिए अपने अस्तित्व की समग्र उर्जा प्रदान करने वाले प्रख्यात समाज सेवी रमणिका गुप्ता, हरिराम मीणा, संजीव, मधु कांकरिया आदि उनके हक और अधिकारों की लड़ाई अविरत रूप से लड़ रहे हैं, इस विश्वास के साथ कि एक दिन आदिवासी, समाज के मुख्य प्रवाह में अपने अस्तित्व की मुहर जरूर लगाएगा। इस सम्भावना को अब अस्वीकारा नहीं जा सकता क्योंकि आदिवासी की अस्मिता सामुदायिक अस्मिता का रूप ले रही है।

सन्दर्भ

1. 'दस्तक', आदिवासी विशेषांक, पृ. 90
2. आलोचना, अप्रैल-जून, 1984, पृ. 47
3. वही
4. रसाल सिंह, बन्नाराम मीणा, आदिवासी अस्मिता वाया कथा-साहित्य, पृ 13

5. प्रो. बी.के. कलासवा, हिन्दी में आदिवासी जीवन केन्द्रित उपन्यासों का समीक्षात्मक अध्ययन, पृ. 173
6. विल किमणिका, समकालीन राजनीति (हिन्दी संस्करण) पृ. 100
7. रूपचन्द्र वर्मा, भारतीय जनजातियाँ, पृ. 46
8. डॉ. उषा कीर्ति राणावत, आदिवासी केन्द्रित हिन्दी साहित्य, पृ. 31
9. डॉ. शामराव राठोड़, साठोत्तरी हिन्दी उपन्यासों में आदिवासी जीवन, प्राक्कथन से
10. डॉ. उषा कीर्ति राणावत, आदिवासी केन्द्रित हिन्दी साहित्य, पृ 38
11. डॉ. शामराव राठोड, साठोत्तरी हिन्दी उपन्यासों में आदिवासी जीवन, प्राक्कथन से
12. सम्पा. रमणिका गुप्ता, आदिवासी साहित्य यात्रा, प्राक्कथन से
13. राकेश वत्स, अन्वेषण, क.सं. इन हालात में, पृ. 77
14. रसाल सिंह, बन्नाराम मीणा, आदिवासी अस्मिता वाया कथा-साहित्य, पृ 122

हिन्दी नाटकों में आदिवासी स्त्री

प्रा. प्रतिभा जावळे

साहित्य की अन्य विधाओं में से 'नाटक' सर्वाधिक सशक्त एवं प्रभावशाली विधा है। नाटक से पाठक तथा दर्शकों का रसास्वादन होता है। नाटक की उपादेयता इसी में है कि सामाज उसे देखकर अधिक से अधिक आनन्द प्राप्त कर सके। रंगमंच पर प्रस्तुति ही नाटक की सार्थकता है। नाटक की परिभाषा अनेक विद्वानों ने दी है, उनमें से एक महत्त्वपूर्ण विद्वान धनंजय लिखते हैं—'अवस्था के अनुकरण को नाटक कहा जाना चाहिए।' नाटक के उद्भव एवं विकास पर विचार करते समय भारतेन्दुयुगीन नाटक परम्परा को देखा गया है। भारतीय समाज में भारतीय लोक-नाट्य परम्परा को विश्लेषित किया गया है। नाटक लोकतान्त्रिक कला है अतः इसका महत्त्व सभी कलाओं से अधिक है। समाज जागृति का काम नाटक से अधिक प्रभावी होता है। इसलिए नाटक की कुछ ऐसी विशेषताएँ हैं जो साहित्य की किसी भी अन्य विधा में उपलब्ध नहीं होती। दृश्यत्व एक प्रमुख विशेषता है। इसके साथ नाटक के पात्र महत्त्वपूर्ण होते हैं और संवाद नाटक के प्राण होते हैं। रंगमंच नाटक की सार्थकता का केन्द्रबिन्दु है।

भारतेन्दु युग से शुरू नाट्य-साहित्य में आधुनिक काल में काफी परिवर्तन हुए हैं। सामाजिक समस्या से लेकर मनोविश्लेषणात्मक विषय नाटक के रहे हैं। दलित जीवन से जुड़ी समस्या नाटक में चित्रित होती दिखाई देती है। आदिवासियों के जीवन-यथार्थ पर नाटककारों ने प्रकाश डाला है। आदिवासियों से जुड़े नाटकों की चर्चा करने से पहले 'आदिवासी कौन हैं?' इसे विश्लेषित करना जरूरी है। एक सीधी सी व्याख्या आदिवासी की दी जाती है—पर्वत, पहाड़ियों, घने जंगलों से जो निर्वासित हुए वही आज आदिवासी कहलाए जाते हैं। डॉ. सिन्हर्स लिखते हैं कि "जिस समूह के सदस्य एक समान बोली भाषा बोलते हैं, संकट के समय तथा युद्ध जन्य परिस्थिति में एक साथ लड़ते हैं, ऐसे सरल भोले-भाले समूह को 'आदिवासी समाज' कहा जा सकता है।"[1] आदिवासी समाज को विभिन्न नामों से सम्बोधित किया जाता है। आदिवासियों में भील तथा पावरा जाति का उल्लेख मिलता है।

नाट्य रूप का विश्लेषण करते समय आदिवासियों का बखूबी चित्रण करने वाला नाटक 'नेफा की एक शाम' ज्ञानदेव अग्निहोत्री द्वारा लिखित सामने आता है। प्रमुख नाटक में मातई तथा शिकाकाई दोनों स्त्री पात्र हैं। आदिवासी समाज जंगल में रहता है। यह शिक्षा से दूर है लेकिन उसमें देश के प्रति प्रेम हमेशा रहता है। चीन द्वारा भारत पर किये गये आक्रमण की पार्श्वभूमि में लिखे प्रस्तुत नाटक में मातई का चरित्र एक आदर्श माँ के रूप में चित्रित होता है। वह देश सेवा के लिए अपने दोनों बेटों की कुर्बानी देती है। इस नाटक की दूसरी पात्र शिकाकाई है। उसने अपना पूरा परिवार चीन आक्रमण में खो दिया है। वह अपनी ही आँखों के सामने अपने पूरे परिवार की हत्या देखती है। इसलिए बदले की आग उसके मन में धधकती है। बड़े साहस से दुश्मनों की खबरें वह आदिवासी सरदार गोगो को देती है। उसमें एक विश्वास है। वह कहती है—"शिकाकाई इतनी आसानी से नहीं मरेगी देवल। मैं यह काम जरूर पूरा करूँगी?"[2] शिकाकाई के मन में भी देशप्रेम की भावना हमेशा रहती है।

विभु कुमार द्वारा लिखित 'हवाओं का विद्रोह' नाटक में लक्ष्मी आदिवासी पात्र है। इस नाटक लक्ष्मी की पढ़ने की इच्छा तथा उसके जीवन की घटनाएँ टुकड़ों में अभिव्यक्त हैं। लक्ष्मी नाटक के केन्द्र में है। शोषित, उपेक्षित, आदिवासियों की मर्म व्यथा को वोट समझने वाली सरकारी तन्त्र की कार्यशैली को नाटककार ने व्यावहारिक स्तर पर पकड़ा है। प्रस्तुत नाटक में आदिवासियों को हर सुविधा से वंचित रखकर सिर्फ वोट के लिए इस्तेमाल किया जा रहा है का चित्रण हुआ है।

प्रस्तुत कथन देखिए—"मुझे आश्चर्य होता है कि वोट देने के लिए दो-तीन किलोमीटर से ज्यादा दूर इन्हें न जाना पड़े इसकी चिन्ता रहती है, लेकिन उसे दो-तीन किलोमीटर के अन्दर नियमित रूप से नमक, तेल, बीज-खाद मिले इसकी चिन्ता नहीं है।"[3] राजनीति में सिर्फ आदिवासियों को वोट के लिए इस्तेमाल किया जाता है।

डॉ. शिवप्रसाद सिंह का 'घाटियाँ गूँजती हैं' नाटक सन् 1962 में हुए भारत-चीन संघर्ष से सम्बन्धित है। चीन का भारत पर आक्रमण इस नाटक का मूल आधार है क्यूला नामक आदिवासी नारी पात्र इसमें चित्रित है। वह जवान टूराँ की पत्नी है। क्यूला समझती है कि उसका पति राष्ट्रभक्त है और राष्ट्र की सेवा करने के लिए दो महीने से लापता है। अपने लापता पति की अत्यन्त विफल होकर वह प्रतीक्षा करती है। इस बीच देशद्रोही मुकुल तथा टुराँ बोमदिला आने का गुप्त मार्ग चीनियों को बता देते हैं। गुप्त मार्ग से आकर चीनी बोमदिला पर हमला करते हैं। बोमदिला की रक्षा के लिए भारतीय सैनिक साहस और शूरता से लड़ते हैं। एक दिन अपने पति की गद्दारी, धोखेबाजी का पता क्यूला को चल जाता है। वह यह हादसा बर्दाश्त नहीं कर पाती और उसमें ही पागल बन जाती है। ऐसे देशद्रोही पति के बच्चे की माँ बनना भी उसे स्वीकार नहीं है। रोते हुए अपने ससुर से कहती है—"मैं देशद्रोही

के बेटे की माँ होने वाली हूँ?"[4] और यह कहकर चिल्लाती हुई जंगलों में भागती रहती है। क्यूला को अपने पति की हत्या का दुख नहीं है। लेकिन वह देशद्रोही है, यह बर्दाश्त नहीं कर पाती। पति की देश के प्रति गद्दारी उसे पागल कर देती है। क्यूला का देशाभिमान प्रेम महान है।

'नेफा की एक शाम'—ज्ञानदेव अग्निहोत्री, 'घाटियाँ गूँजती हैं'—शिवप्रसाद सिंह तथा 'हवाओं का विद्रोह'—विभुकुमार नाटकों में चित्रित आदिवासी नारी पात्र में देशाभिमान नजर आता है। मातई, शिकाकाई, क्यूला अनपढ़ हैं, लेकिन धर्माचरण का पालन करते हुए दिखाई देती हैं। आदिवासी समाज में गरीबी तथा दरिद्रता होती है। नाटकों में नारी पात्र छोटा-व्यवसाय करते दिखाई देते हैं। भूखे रहते हैं लेकिन किसी से भीख नहीं माँगते हैं। मातई के घर का अनाज समाप्त हो गया है। वह अपने भूखे बेटे को तड़पता नहीं देख पाती है। अन्तिम क्षण में बेटे का सहारा बन जाती है।

निष्कर्षतः कहा जा सकता है कि आदिवासी समाज की अपनी अलग पहचान है। उनकी अपनी अलग संस्कृति है। विविधता में एकता ही उनकी पहचान है। जन्म से ही देशाभिमान उनमें पनपता है। प्रस्तुत नाटकों की आदिवासी नारी पात्रों की अपनी अलग दास्ताँ है। उनकी सहनशीलता नाटककारों ने बखूबी चित्रित की है। समाज में स्वतन्त्र अस्तित्व निर्माण में उनका छटपटाना स्वाभाविक है। आधुनिकता से आदिवासियों के जीवन में काफी परिवर्तन हुआ दिखाई देता है। आदिवासी जीवन, संस्कृति आदि के बारे में जानने की उत्सुकता हमेशा मन में रहती है।

सन्दर्भ

1. महाराष्ट्र की आदिवासी जमाती, डॉ. गोविन्द गारे, पृ. 02
2. नेफा की एक शाम, ज्ञानदेव अग्निहोत्री, पृ. 27
3. हवाओं का विद्रोह, विभु कुमार, पृ. 46
4. घाटियाँ गूँजती हैं, शिवप्रसाद सिंह, पृ. 107

आदिवासी संस्कृति

शेख जुबैरा फातिमा

आज हमारा भारत देश आर्थिक विकास के पथ पर तेजी से आगे बढ़ता जा रहा है। भारत एक बहुभाषिक देश है। यहाँ हर जाति, हर वर्ग के लोग रहते हैं। सभी वर्गें के चेहरे पर विकास की झलक देखी जा सकती है। किन्तु हमारे समाज में आज भी एक वर्ग ऐसा है, जो अपनी हजारों साल पुरानी परम्पराओं के साथ जी रहा है। यह वर्ग है—आदिवासी वर्ग। आज भी भारत के आदिवासी अपनी जंगली परिस्थितियों में जीवन यापन कर रहे हैं। आदिवासियों के सम्बन्ध में विभिन्न समाजशास्त्रियों ने उन्हें अलग-अलग नामों से पुकारा है। कुछ विद्वानों ने उन्हें आदिम जातियाँ भी कहा है। जनजाति स्वयं एक समाज भी होता है। जो अपने आप में परिपूर्ण होता है। आदिवासी एक सामान्य प्रकार का समूह है, जिसके सदस्य सामान्य बोली का प्रयोग करते हैं। उनकी अपनी विशिष्ट भाषा, संस्कृति, सामाजिक व आर्थिक व्यवस्था और परम्पराएँ होती हैं। आमतौर पर ऐसा समझा जाता है कि आदिवासियों में संस्कृति और सभ्यता जैसी कोई चीज नहीं होती। टायटलर ने सर्वप्रथम यह बताया, जनजातियों में किसी न किसी रूप में धर्म अवश्य माना जाता है। धर्म के विषय में उनकी स्थिर और निश्चित धारणा मानी जाती है। विभिन्न प्रकार के देवी-देवता को मानने तथा उनकी पूजा करने का कारण यह है, कि मानव उस प्रत्येक शक्ति को बड़ा मानता है, जो उसकी रक्षा करती है या जिससे वह डरता है।

हर समाज में पारिवारिक और सामाजिक खुशियाँ मनाने के लिए त्योहार मनाए जाते हैं। त्योहारों का बड़ा महत्त्व होता है। त्योहार मनाने का उद्देश्य देवताओं को प्रसन्न करना भी होता है। सभी आदिवासी समुदाय अपने-अपने देवताओं की पूजा और प्रार्थना करते हैं। इनके त्योहार मुख्य रूप से अमावस्या और पूर्णिमा को मनाए जाते हैं। देवताओं को अच्छे-अच्छे पकवानों का भोग लगाया जाता है। यहाँ कुछ प्रमुख देवी-देवताओं की चर्चा की जा रही है—

आँगा देव : यह मुड़िया आदिवासियों के सबसे बड़े देवता हैं। आँगा देव का मन्दिर गाँव की सीमा पर बनाया जाता है। मुड़िया आदिवासी लोग इस मन्दिर को

'मातागुडी' नाम से पुकारते हैं। मन्दिर के भीतर लोहे की संकाल में झूलते हुए आँगा देव की प्रतिमा स्थापित की जाती है। वर्ष में एक बार जात्रा तथा सेषा नामक त्योहार मनाया जाता है। इस त्योहार के अवसर पर आँगा देव की सवारी निकाली जाती है। आँगा देव की महादेव अथवा बड़ा देव के रूप में पूजा की जाती है। आँगा देव के बारे में एक कथा प्रचलित है।

प्राचीन काल में मुड़िया आदिवासी लोग अपना कामकाज छोड़ पूजा पाठ में लगे रहते थे। वहाँ के राजा ने सोचा, राज्य के सभी देवी-देवताओं को बहा दिया जाये। सभी देवी-देवताओं की प्रतिमा को नदी में बहा दिया गया। सभी देवी-देवता नदी की धारा में बहने लगे, लेकिन आँगा देव धारा से विपरीत बहकर वापस आ रहा है। लोगों ने राजा के पास जाकर घटना की जानकारी दी। राजा समझ गया कि देवी-देवता उससे अप्रसन्न हो गये। तब राजा भागा-भागा नदी के किनारे पहुँचा। उसने देखा, नदी की तह पर आँगा देव की प्रतिमा खड़ी हुई है।

डोकरा-डोकरी : मुड़िया जनजाति में डोकरा-डोकरी नाम के देवी-देवताओं की भी पूजा की जाती है। बहुत पहले मुड़ियाओं का एक छोटा-सा गाँव था। उस गाँव में मिटकी नाम की लड़की रहती थी। मिटकी के सात भाई थे। भाइयों ने मिटकी के विवाह के सम्बन्ध में यह सोच रखा था कि उसे ससुराल नहीं भेजेंगे। इसलिए सातों भाइयों ने ऐसा लड़का चुना जो घरजँवाई बनकर रहे। लड़के का नाम झिटकू था वह अनाथ था। इसलिए उसने घरजँवाई बनना स्वीकार कर लिया। एक दिन गुनिया नामक व्यक्ति ने सातों भाइयों से यह कहा, अगर वे अपने खेत में किसी मनुष्य की बलि दे देंगे, तो फसल अच्छी उगेगी। बहुत सोच-समझकर सातों भाई झिटकू को घुमाने के बहाने ले आये और उसकी बलि दी तथा उसके शरीर को मिट्टी में दबा दिया। झिटकू घर नहीं आया, तो मिटकी को उसकी चिन्ता सताने लगी। वह उसे ढूँढ़ने लगी। ढूँढ़ते-ढूँढ़ते वह खेत में जा पहुँची। सातों भाइयों ने झिटकू को जहाँ गाड़ा था, वह वहाँ जाकर रुक गयी। अचानक मिटकी को मिट्टी में उँगली दिखाई दी। उसने उँगली पकड़कर जैसे ही हिलाया, मिट्टी सरक गयी और झिटकू का मृत शरीर दिखाई दिया। मिटकी दुखी होकर गिर पड़ी और उसी क्षण उसकी भी मृत्यु हो गयी। गाँव के लोगों को जैसे ही यह घटना मालूम हुई तो मिटकी और झिटकू के आपसी प्रेम के प्रति श्रद्धा से भर उठे। धीरे-धीरे मिटकी और झिटकू को देवी-देवताओं की भाँति पूजा जाने लगा। लोग उन्हें डोकरा-डोकरी के नाम से पूजने लगे।

हिंगलाजिन माता : हिंगलाजिन माता भी मुड़िया आदिवासियों की प्रमुख देवी हैं। इस देवी को काली माता के समान माना जाता है। इस देवी को प्रतिमा में उसके एक हाथ में किले और दूसरे हाथ में रक्त से भरा पात्र लिए बनाया जाता है। इनके बारे में यह माना जाता है कि वह दुष्टों, दुखों और कष्टों से रक्षा करती है।

मावली माता : गोंड आदिवासी मावली माता की मातृदेवी के रूप में पूजा करते

हैं। प्रचलित मान्यता के अनुसार मावली माता वस्तर के दन्तेश्वरी देवी की बुआ हैं। इसी कारण यह दन्तेश्वरी देवी से भी बड़ी मानी जाती हैं। मावली माता की प्रतिमा झूले में बनाई जाती है, इस झूले को 'माता झूला' कहा जाता है।

बंजारन माता : मुड़िया तथा गोंड आदिवासियों में बंजारन माता देवी को माना जाता हैं बंजारन माता देवी की प्रतिमा को लहंगा तथा कानों में कुंडल पहनाये जाते है। इनके एक हाथ में मयूर पंख तथा दूसरे हाथ में पूजा की थाली होती है। इस देवी को वन देवी के रूप में पूजा जाता है।

भीमा देव : मुड़िया आदिवासियों का यह मानना है कि भीमा देव प्रसन्न रहे तो अधिक वर्षा होती है। भीमा देव के साथ हमेशा उनकी देवी की प्रतिमा बनायी जाती है।

पाट देव : पाट देव मुड़िया आदिवासियों के प्रमुख देवता हैं। इनका यह मानना है कि पाट देव यात्रा में जाने वाले लोगों की रक्षा करते हैं। तिमनार गाँव में एक विशालकाय नाग घूमा करता था। वहाँ के निवासी नाग के घूमने से भयभीत रहते थे। वहाँ के पुजारी ने गाँव वालों को समझाया कि यदि तुम पाटदेव की पूजा करोगे तो तुम्हें नागदेव के भय से मुक्ति मिल जाएगी। गाँव के लोगों ने पाट देव के प्रतीक के रूप में बेल की लकड़ी के दो खम्बों पर लकड़ी का आड़ा पाट रखकर पाट देव की पूजा की। जिससे नाग देव ने गाँव में घूमना बन्द कर दिया। तभी से मुड़िया आदिवासी पाट देव की पूजा अर्चना करने लगे।

ठाकुर देव : ठाकुर देव गोंड, बैगा जनजातियों के प्रमुख देवता हैं। ठाकुर देव की प्रतिमा की स्थापना गाँव की मुख्य जगह में झोंपड़ी बनाकर अथवा सरई के पेड़ के नीचे की जाती। यह माना जाता है कि ठाकुर देव ग्रामरक्षक देवता हैं।

मोती बरिहैया देव : यह देव सरगुजा क्षेत्र में रहने वाले आदिवासियों के एक ऐसे देवता हैं जो गाँव, खेत और पालतू पशु-पक्षियों की रक्षा करते हैं। बीमारी दूर करने के लिए इसी देव की पूजा की जाती है।

गरुड देव : सरगुजा क्षेत्र के आदिवासी गरुड पक्षी की देवता के रूप में पूजा करते हैं।

खप्पर माई : कोरकू आदिवासी चैत्र और कवार मास में छप्पर माई की मुखौटा मूर्ति बनाकर घर के आँगन में आधा गाड़ देते हैं। फिर मूर्ति के सिर पर छप्पर रखकर हवन किया जाता है। छप्पर माई सभी देवी शक्तियों का प्रतीक मानी जाती है। उसकी भक्ति में डूबने वाले भक्तों पर कभी वह स्वयं आ जाती हैं। वह एक प्रकार का भक्ति उन्माद होता है।

शीतल माता : इस देवी को रोग व्याधि की देवी कहा जाता है। यह आदिवासी समुदाय की सर्वसामान्य देवी हैं। चेचक अथवा छोटी माता जैसी बीमारियों को शान्त करने के लिए रोज जल से भरा लोटा रोगी के सिर से पैर तक घुमाया जाता है।

फिर शीतल माता की प्रतिमा पर उस लोटे के जल को चढ़ाया जाता है।

त्रिशूलधारी देवी : शहडोल क्षेत्र की आदिवासी जनजातियों में दशहरा पूर्व त्रिशूलधारी देवी की पूजा की जाने की परम्परा है। यह देवी सभी प्रकार के संकट, बीमारियों तथा बाधाओं से रक्षा करती है।

करमदेव : करमदेव पंडो करम तथा उराँव आदिवासियों के प्रमुख देवता हैं। करमदेव की प्रतिमा लकड़ी की बनाई जाती है। इस देवता को अच्छी फसल, पारिवारिक सुख और समृद्धि का देवता माना जाता है। प्रतिमा में उन्हें कदम के पेड़ के नीचे खड़ा दिखाया जाता है। वे अपने दोनों हाथों को सिर के ऊपर उठाकर कदम के पेड़ को पकड़े रहते हैं।

टांगीनाथ देव : यह सरगुजा क्षेत्र के आदिवासियों के प्रमुख देवता हैं। यह माना जाता है कि टांगीनाथ जंगल में गाँव की सीमा पर निवास करते हैं, ताकि जंगली जानवर तथा अन्य प्रकार के बाहरी संकटों से गाँव की रक्षा कर सकें। टांगीनाथ की प्रतिमा में उन्हें धोती पहने, गले में आभूषण, सिर पर कपड़ा पहने दिखाया जाता है। उनका एक हाथ आशीर्वाद देने की मुद्रा में रहता है। अपने दूसरे हाथ में वे टांगी (कुल्हाड़ी) रखे हुए होते हैं।

नागदेव : आदिकाल से लेकर अभी तक नागदेव की पूजा की जाती है। लगभग सभी जनजातियों के आदिवासी नाग देवता की पूजा करते हैं। इसका प्रमुख कारण यह है कि ये लोग आदिकाल से वनों में रहे हैं। वन भूमि में नागों की विविध प्रजातियाँ पाई जाती हैं। विषैले नागों के काटने से मृत्यु हो जाती है। जिसे आदिवासी नागदेव के नाराज होने का परिणाम मानते हैं। इसलिए नागदेव को प्रसन्न करने के लिए उसकी फनयुक्त मूर्ति बनाते हैं तथा पूजा करते हैं। नागदेव की मूर्तियाँ लकड़ी तथा पत्थर की बनाई जाती हैं।

सन्दर्भ

1. आदिवासी विकास से विस्थापन, सं. रमणिका गुप्ता
2. भारत के आदिवासी, प्रो. मधुसूदन त्रिपाठी

आदिवासी समाज की दास्तान 'चोट्टि मुण्डा और उसका तीर'

डॉ. दत्तात्रय येडले, प्रा. सुरेश मुंडे

आदिवासी समाज की विभिन्न समस्याओं की दास्तान 'चोट्टि मुण्डा और उसका तीर' उपन्यास में दर्ज की गयी है। इस उपन्यास में सन् 1930 से 1980 के बीच की घटनाओं का चित्रण है। इसमें बिहार राज्य के चाईबासा तथा पलामू जिले को चित्रित किया गया है। बदलती सामाजिक, राजनीतिक, सांस्कृतिक, आर्थिक तथा जंगल सम्बन्धी कानून आदि के परिणामस्वरूप आदिवासी मुण्डा समाज रोज नयी समस्याओं का सामना कर रहा है।

उपन्यास की कथा इस प्रकार है—आवास की असुविधा से पीड़ित मुण्डा जंगल में जहाँ भी रहते थे, वहाँ की जमीन के नीचे से अभ्रक, कोयला, सोने के कण या पत्थर के औजार जैसी वस्तुएँ मिलती थीं। वहाँ पर धीरे-धीरे अन्य लोगों की बस्ती बढ़ती गयी। लोग मुण्डाओं को वहाँ से निकाल देते थे। अपनी आजादी के लिए बिरसा मुण्डा ने अंग्रेज सरकार के विरुद्ध आन्दोलन किया था। किन्तु सरकार ने आन्दोलन को दबा दिया। धानी मुण्डा ने आन्दोलन में बिरसा का साथ दिया था। परिणामतः धानी को चाईबासा एवं राँची से निष्कासित किया गया। आदिवासियों का अस्त्र तीर कमान था। धानी मुण्डा तीर चलाने में निष्णात था। किन्तु सरकार ने उसे तीर-कमान हाथ में लेने को मना किया था।

चोट्टि मुण्डा के जिद्द पर अड़े रहने पर धानी ने उसे तीर चलाने की विद्या सिखायी। चोट्टि निरन्तर अभ्यास से तीर चलाने की कला में पारंगत बना था। कई मेलों की तीर प्रतियोगिताएँ जीतकर चोट्टि ने अनेक रुपये कमाये थे। आदिवासियों के तीर-कमान अस्त्र और इस कला को नष्ट करने हेतु दारोगा ने तीन साल तक उसके तीरकमान चलाने पर पाबन्दी लगायी थी। दारोगा का मानना था कि आदिवासी लोग अभ्यास के बिना तीर चलाने की कला भूल जाएँगे। किन्तु चोट्टि मुण्डा युवाओं को छुपके से तीर चलाने की विद्या सिखाता रहा। इस प्रकार चोट्टि ने तीर चलाने की विद्या जीवित रखी। धानी मुण्डा के बलोया और धनुष लेकर जेंजुड पहुँचने पर

दारोगा ने उसे गोली मार दी।

मुण्डा लोग बेगारी, कर्ज, मजूरी, गरीबी, जंगल और जमीन की समस्याओं से पीड़ित थे। मालिक लोग मुण्डाओं को कम उपजाऊ और पथरीली जमीन देते थे। आदिवासी द्वारा कड़ी मेहनत से बंजर जमीन उपजाऊ बनाने पर मालिक जमीन वापस ले लेते थे। आदिवासियों द्वारा जमीन खरीद लेने की बात गाँव के साहूकार, बनिया को अच्छी नहीं लगती। चोट्टि बंजर जमीन से परेशान होकर कहता है—''जमीन तो कमजोर बीमार बच्चा देने वाली औरत जैसी है।'' खेती में कम मजूरी निश्चित दिनों तक ही मिलती, जिस पर आदिवासियों का गुजारा नहीं होता था। मुण्डा औरतें बकरी, गाय चराती, जंगली वस्तुएँ बाजार में बेचती और घर चलाती थीं। परताप चड्ढा ईंट भट्टे के मजूरों को एक रुपया मजूरी देता, फिर भी तीरथनाथ उसे मजूरी रेट बढ़ाने नहीं देता। मुण्डा जंगल में पेड़ कटाई का काम करते तो कभी बॉक्साइट खानों में मजूरी करते थे। चोट्टि अन्य मुण्डाओं के साथ धनबाद तथा कोलियारी की कोयला खदानों में मजूरी का काम करता है। मजूरी का काम अनिश्चित दिनों के लिए एवं कम रेट पर होता था। अपनी गरीबी के बारे में हरमू कहता है—''धोती खरीदने को पैसे नहीं। मोटी धोती में काँछा लगाकर पहनते हैं, पैसे नहीं है कि वे काँसे की थाली में खाएँ, पाँव में जूते पहनकर घूमें।''

अशिक्षा के कारण आदिवासियों का कर्जदार होना सीधी बात थी। कागज पर एक अँगूठा-निशान लगाने से जन्म-मरण तक वे बेगार देते रहते थे। यह बात अंत्यज लोगों पर भी उसी तरह लागू होती थी। लाला बैजनाथ आदिवासी मुण्डाओं को खेत-खलिहान में काम पर रखकर पैसे देता था। वह उधार देता, सूद लेता और बेगार लेता था। धरम दुसाध कहता है—''मेरे परदादा ने उसके परदादा से टीप देकर सात पाई भुट्टा लिए थे। उसके लिए आज भी बेगार देते हैं।'' सन् 1975 में दारोगा ने आदिवासियों को 'बाण्डेड लेबर एक्ट' सम्बन्धी आर्डिनेंस पढ़कर बताया और बेगार प्रथा बन्दी की घोषणा की। किन्तु अज्ञानी, अशिक्षित आदिवासियों को लाभ नहीं हुआ। बेगार के खिलाफ चोट्टि में मुण्डाओं की मीटिंग में सभी ने बेगार का विरोध किया। युवा लीग के गुंडों ने मुण्डाओं के गाँव जला दिये और पुलिस खड़ी तमाशा देखती रही।

आदिवासी मुण्डा धर्मांतरण, फूट, व्यसन, रोग सम्बन्धी समस्याओं से बेहाल थे। मुण्डाओं में फूट डालने हेतु छगन को खुराकी कर्ज दिया जाता है, किन्तु चोट्टि को नहीं। तीरथनाथ अछूत मनीराम खत्री को मुण्डाओं से अलग करने के लिए उसे हिन्दू धर्म का बताकर मिल्कीयत नहीं लेता। साथ ही काँग्रेस सेक्रेटरी हरबंस ने तीरथनाथ से कहा—''आदिवासी और अछूत चोट्टि में इकट्ठे हैं। चालाकी से उनमें फूट डालना अच्छा होगा।'' आदिवासी दिनों-दिन व्यसन में डूब रहे थे। हरमू पहान यह कहता है—''मुण्डा मद में मरते हैं और रंगीन चीजें मोल लेते हैं। पहले मुण्डा

लोग इतनी मद नहीं पीते। तीज त्योहार पर बनाते थे, पीते थे। अब सरकार का ताड़ीखाना है, खरीदकर भी पीते हैं।''

अशिक्षा की वजह से मुण्डाओं को जगह-जगह फँसाया जाता था। तीरथनाथ आदिवासियों को घुन लगी मक्का अढाई सेर देकर दस सेर लिखता है। स्कूल का रिवाज मुण्डाओं में नहीं था। बच्चों को स्कूल में भेजने पर उन पर बहुत मार पड़ती। उस पर मास्टर कहता था—''तू पढ़कर क्या करेगा? जा जानवर चरा। स्कूल में मुण्डाओं के लड़कों को देखते ही भगा दिया जाता था।'' खिस्तान मिशन मुण्डाओं को धर्मांतरण करने की भावना से सुधार काम कर रहे थे। राजा के बेगार से छुटकारा पाने हेतु कुरमी के मुण्डाओं ने रात में गाँव छोड़कर मिशन में शरण ली थी। मिशन मुण्डाओं को लिखना-पढ़ना सिखाते थे। मुण्डाओं के जाने से मिशन का सुख खत्म होने लगा था।

नरसिंहगढ़ के राजा ने पुराण मुण्डा का घर हाथी के पैरों से रौंदा, उसका बेटा हाथी से दबकर मर गया। अब पंचायत की ताकत गौरमेन ने ली थी। मुण्डा अदालत की भाषा नहीं समझते थे। वकील मुकद्दमा चलाकर अपनी रोजी चलाता था। मुण्डाओं का वकील-पेशकार द्वारा अपनी चमड़ी उखाड़ लेने के डर से कानून-अदालत से विश्वास उठ गया। तीरथनाथ के लोग और मुण्डाओं में दंगा हुआ। इसमें कांस्टेबल को गोली लगी। हरमू मुण्डा पर मुद्दमा चलाकर उसे दो साल की सजा दी गयी। यह मामला आनन्द मेहतो ने अपने अखबार में छापा। कुछ ही दिनों में उसे ट्रकों के पहिए के नीचे कुचल दिया और अखबार कार्यालय में आग लगा दी। रोमियों ने कानासा में युवा लीग के लड़कों की मदद से पाँच मुण्डाओं को गोली दागकर मार दिया। एसडीओ ने अत्याचारी रोमियों के खूनी को पकड़ने हेतु चोट्टि में मेला बुलाया।

मुण्डा लोगों ने राजनीति के बदलते परिवेश को देखा और भोगा था। अपनी स्वाधीनता के लिए मुण्डाओं ने बिरसा के नेतृत्व में आन्दोलन किया किन्तु सरकार ने कई मुण्डाओं को मारकर आन्दोलन दबा दिया। सन् 1930 के आस-पास रेल डिब्बे में सफेद टोपी वाले काँग्रेसी दिखाई पड़ रहे थे। सन् 1942 के जन-आन्दोलन को मुण्डा लोग दिकुओं की लड़ाई समझकर दूर से देखते रहे थे। वर्ष 1972 के चुनावी कार्यक्रम में गरीबी हटाओ नारा, बेगार गैर कानूनी तथा कृषिऋण गैर कानूनी जैसे नारे गूँजे थे।

चुनाव की गन्दी राजनीति आरम्भ हुई थी। चुनाव में नोट के बदले वोट दिये जा रहे थे। चोट्टि वोट देने बूथ पर पहुँचा तो पहले ही वोट पड़े थे। सशस्त्र गुंडों ने लाठी लेकर वोट देने वालों को रोका था। जमींदार, मालिक, महाजन लोग सरकार का बल और भरोसा बने थे। पिछले चुनाव में वोट देने वालों को प्रति व्यक्ति दो रुपये के हिसाब से पैसे दिये थे। चोट्टि और छगन को नकद रुपये मिले थे। तीरथनाथ का ट्रक चुनाव में लगाया गया था। अर्जुन मुण्डा राजनीति को मुनाफे का व्यापार

समझता था। वह पाँच वर्ष में पचास हजार के पाँच लाख बनाने की बात सोचता है। सन् 1978 के चुनाव में जीतने वाले मेम्बर का भाई ठेकेदार था। उसने काम देकर बट्टा माँगा था।

मुण्डा मजदूरों से हफ्ता वसूली बढ़ती ही जा रही थी। ईंटे भट्टे का मालिक हरबंस मजूरों की मजूरी का हफ्ता माँगता है—"हफ्ता में चार आना काँटने पर मर्ह में डेढ़ सौ रुपये होते हैं। तीन महीने में काम होगा। इन तीन महीने में साढ़े चार सौ रुपये देने से इधर शान्ति रहेगी, काम पूरा होगा।" बट्टा वसूली का विरोध करने वाले मुण्डाओं के घर युवा लीग के गुंडों ने जला दिये और औरतों पर अत्याचार किया। बासमती उराँव के विरोध करने पर उसे बेइज्जत किया गया था। इस घटना को पुलिस सिर्फ देखती रही थी।

अँचल में बढ़ते अन्याय-अत्याचार के खिलाफ नक्सली प्रभाव बढ़ रहा था। नक्सल प्रमुख स्वरूप पढ़ा-लिखा दिकू लड़का था। वह कहता है—"मुझे पुलिस नक्सल कहती है, लेकिन मेरा उद्देश्य है कि जहाँ तक हो सके आदिवासियों के अधिकारों को देखना और उनकी रक्षा की कोशिश करना। हमारा लक्ष्य आदिवासियों के लिए एक अलग राज्य बनाना है। वहाँ कोई अत्याचार नहीं होगा।" नक्सलियों को पकड़ने हेतु पुलिस ने कई बार प्रयास किया किन्तु वे पुलिस को न मिले क्योंकि मुण्डा लोग नक्सली को मदद करते थे। नक्सली को पकड़ने हेतु अँचल में 'इयाड' लगाया गया था। अमलेश खुराना अँचल की समस्याओं पर समाधान पाने के लिए अनुसंधान का कार्य कर रहे थे। सरकार उनके सर्वे के आधार पर अँचल की उन्नति की योजना बनाने वाली थी। खुराना का मानना था कि भारत की गरीबी की जड़ खेती और उद्योग पर रहना है।

कुल मिलाकर अँचल में रहने वाले मुण्डा लोगों का जीवन सरकार, साहूकार तथा पुलिस व्यवस्था के अत्याचारों से भरा हुआ था। उनकी अशिक्षा, अरोग्य की असुविधा, गन्दी राजनीति, भ्रष्ट पुलिस व्यवस्था आदि कारणों से समस्याएँ बढ़ी हुई थी। 'चोट्टि मुण्डा और उसका तीर' उपन्यास में आदिवासी मुण्डाओं की विभिन्न समस्याओं को व्यक्त किया गया है।

'पहाड़ हिलने लगा है' में आदिवासी उत्थान

डॉ. शान्ताराम वळवी

21वीं सदी ने कई मायनों में विश्व मानव को विस्मित करके रख दिया है। वह अकल्पनीय बदलावों से हक्का-बक्का रहकर सशंक भाव से जीवन यापन करने पर मजबूर है। ऐसे में प्रकृति और मानव जीवन का सम्बन्ध असन्तुलित-सा बन गया है। प्रकृति जीवन की व्याख्या करने में सक्षम है, मानव नहीं। हाँ, वैज्ञानिक अनुसन्धानों में कुछ हद तक प्रकृति और सामाजिक जीवन विषयक अज्ञानों को दूर किया गया है। इससे नये मूल्य एवं व्यवहार स्थापित हुए हैं। ऐसी स्थिति में 'मनुष्य' को नैसर्गिक अधिकार स्वाभाविक रूप में प्राप्त हो जाते हैं। परन्तु वर्चस्ववादी स्वार्थी सामाजिक व्यवस्था इसे नकारती है। अतः ऐसी सामाजिक कुव्यवस्था को कड़ी चुनौती दी जाने लगी है और नैसर्गिक शाश्वत भावों और मूल्यों को केन्द्र में रखकर 'सभ्यता' की नयी परिभाषा बनने लगी है।

भारतीय आदिवासियों (मूल निवासी) की ऐतिहासिक पृष्ठभूमि बड़ी भयानक है। कभी यह समुदाय यहाँ का सर्वेसर्वा था। बाहरी लोगों के आक्रमण और आतंक से वह समतल उपजाऊ मैदानी भूभाग से क्षेत्रों में जा बसा। अपने अस्तित्व, अस्मिता और आत्माभिमान को सुरक्षित रखते हुए दूर-दराज के क्षेत्रों में अत्यन्त कष्टपूर्ण जीवन बिताता रहा। उसे मुख्य धारा में शामिल करने की अपेक्षा सतह पर फेंक दिया गया। उसे हाशिए पर धकेल दिया गया। प्राचीन तथा मध्ययुगीन भारतीय इतिहास के कुछ पन्नों में आदिवासी वीरों के पराक्रम के छींटे अस्पष्ट रूप में प्राप्त होते हैं। एकलव्य, शंबूक जैसे अद्वितीय मनीषियों को छल-कपट से समाप्त किया गया। परन्तु आधुनिक काल में आदिवासी वीरों के पराक्रम सुस्पष्ट आकार ग्रहण करके उभर रहे हैं। एकलव्य, शंबूक की वीरता की गाथाओं से आदिवासी समुदाय को प्रेरणा मिल रही है। आज भारतीय मूल निवासियों के अस्तित्व, अस्मिता, स्वाभिमान और मातृभूमि प्रेम की अकल्पनीय परन्तु यथार्थ गाथाएँ सामने आ रही हैं।

आज अनेक क्षेत्रों में आदिवासी योद्धा विजयी पताका लहराने में कामयाब हुए हैं। साहित्य के क्षेत्र में महाराष्ट्र के सातपुड़ा के वीर योद्धा वाहरू सोनवणे

अवतीर्ण होकर सम्पूर्ण भारतीय आदिवासियों को चैतन्यमय बनाने की कोशिश में लगे हैं। वाहरू सोनवणे का जन्म नर्मदा और तापी जैसी पवित्र नदियों के बीच की उपजाऊ जमीन नंदुरबार (महाराष्ट्र) शहादा तहसील के ग्राम श्रीखेड़ में 10 अगस्त, 1950 को हुआ। वे सातपुड़ा पर्वत और दोनों नदियों के रहस्यमयी कुदरती वातावरण में पले-बढ़े। मूलतः वे समाज सुधारक हैं। परन्तु कई गीतों, कविताओं, लेखों, भाषणों की कलात्मक अभिव्यक्ति से उन्हें मिट्टी के कलाकार कहा जा सकता है। सातपुड़ा और इसके इर्द-गिर्द क्षेत्र में लगभग 90 प्रतिशत से अधिक जनता आदिवासी समुदाय की है। उनकी जीवनव्यथा का हृदयद्रावक चित्रण वाहरू सोनवणे ने अपनी रचनाओं में किया है। उन्होंने जीवन को भोगा है, न कि देखा या सुना है। अतः उनकी रचनाओं में आँसू और पसीने के साथ-साथ नये सपने और नया रास्ता भी है। उनकी मराठी और भिलोरी बोली में लिखी कविताओं को श्री निशिकान्त ठाकर ने हिन्दी में अनुवाद किया है। 'पहाड़ हिलने लगा है' हिन्दी में रमाणिका फाउन्डेशन, शिल्पायन पब्लिशर्स एण्ड डिस्ट्रीब्यूटर्स, से सन् 2009 में प्रकाशित हुई है। इसे महाराष्ट्र में आदिवासी कविताओं का आगाज माना जा सकता है। इस काव्य-संग्रह की कविताओं में विद्रोह रूपी आग की लपटें भी हैं और समस्त भारतीय समाज को विवेकशील बनाकर आदिवासी समुदाय को नयी जीवन प्रेरणा देना का तत्त्व भी है। यही भाव रचना के प्राक्कथन में रमणिका गुप्ता ने व्यक्त किया है—"'पहाड़ हिलने लगा है' के पीछे एक दृष्टि है। पहाड़ जड़ होता है और जब वह हिलता है, तो बदलाव आता है। बहुत-सी रुकावटें टूट जाती हैं और बहुत कुछ नया घट जाता है। वह बदलाव पहाड़ में तो आता ही है, बल्कि उसके दूर-दूर तक का परिवेश और वातावरण भी इस बदलाव से बच नहीं सकता।" कवि मूलतः समाज सुधारक हैं। अतः आदिवासी समुदाय की पीड़ादायक अवस्था को बदलने के लिए उन्होंने पूरा जीवन समर्पित कर दिया है। अर्थात् उन्होंने आदिवासी समुदाय को जीवन के सपने दिखाए हैं और वे आज भी बदलाव से सपनों को सच करने के लिए वे अपनी सम्पूर्ण जीवन यात्रा को समर्पित को रहे हैं।

'पहाड़ हिलने लगा है' में इंसानियत को छील-छीलकर लहू-लुहान करके खाने वाली चमकती-दमकती व्यवस्था के सामने चुनौती है, ललकार है—पहाड़-सी छाती चौड़ी करके लड़ने वाले कवि की। नैसर्गिक न्याय की लड़ाई में कूद पड़ने की प्रेरणा वाहरू की समस्त कविताओं में है। पर यह लड़ाई इतनी आसान अथवा सरल नहीं है। इसके लिए व्यवस्था के अति सूक्ष्म रूप में बोये हुए काँटों को निकालकर फेंकना पड़ेगा। हरे-भरे जख्मों पर मरहम लगाना होगा, आँसुओं को पोंछना होगा, कराहने वालों को गरमाहट गोद में स्थान देना होगा। कवि के शब्दों में—

"राहों के काँटे खुलेआम चुभते हैं
जानते हैं सब कुछ, पर पिस-पिस कर खाते हैं" (पृ. 31)

ऐसी व्यवस्था यहाँ के आदिवासियों को रात की कालिखा में ही जीवन बिताने पर मजबूर करती है। 'अँधेरी रात में चाँद-सूरज नहीं दिखते, फिर कैसे दिखेगी आदमी की जीवन्त परछाईं।' मनुष्य के स्वतन्त्र अस्तित्व को नकारती व्यवस्था में आदिवासी डुबकिया खाता गुलामी की बाढ़ में बहता चला जा रहा है, यहाँ तक कि वह और आगे नहीं बह सकता। ऐसी स्थिति में कवि वाहरू 'कविता' के माध्यम से व्यवस्था को शेर के बच्चे की तरह गर्जना करते हैं–

"उबाऊ जिन्दगी को
तोड़ने की ताकत
तुझ में है
ताकत को तेज धार न हो
तो क्या मतलब" (पृ. 40)

इस कविता में आदिवासी बुद्धिजीवियों, नेतृत्व करने वाले युवकों को अस्मिता सुरक्षित रखते हुए शाश्वत विकास और नैसर्गिक न्याय के लिए एक मंच पर आने का आह्वान किया गया है। सामाजिक ऐक्य और विकास के मूल ढाँचे को जमीनी स्तर पर तलाशना और परियोजना निर्माण करना अति आवश्यक है।

इस समय आदिवासी समाज विकास की अन्धी दौड़ और मुख्य धारा से सतह पर ढकेला जा चुका है। व्यवस्था से घायल होकर वह कराह रहा है। उसका देह मधुमक्खियों के छत्ते की तरह, पहाड़ के छोर पर लटक रहा है और उसे फोटोग्राफर "हँसिये...ओ जी...हँसिये" कहकर कैमरे में बन्द कर रहा है। आदिवासी पर किये गये जख्म अत्यन्त बारीक एवं गहरे हैं, क्योंकि जिन्दगी भर उसने दुख झेले हैं, अन्याय सहे हैं। ऐसी पीड़ादायक स्थिति में वह अपने होठों पर मुस्कान कैसे ला सकता है? उसके मुख पर आनन्द और सुख की लालिमा के साथ तेज कैसे दिख सकता है? उसके चारों ओर गरीबी, अज्ञानता, दरिद्रता युगानुयुग पहरा दे रही है और गुलामी की बर्फीली ठंड में वह ठिठुर रहा है। यथा–

"घायल की गत घायल जाने
और न जाने कोय" (पृ. 56)

यही भाव कवि 'जख्म' कविता में कहते हैं–

"जख्म लिए जीता हूँ मैं
जख्म ही रखते हैं मुझे जिन्दा
इंसानियत की राह-जख्म ही दिखाते हैं मुझे" (पृ. 61)

हजारों वर्षों के घाव अब भी ताजे और गहरे हैं। बावजूद इसके कि किसी को दिखते नहीं हैं। क्योंकि ये केवल महसूस किये जा सकते हैं, पढ़े या सीखे नहीं जा सकते।

अब समय आ गया है इन जख्मों को दूर करने का। बहुत सह लिए जख्म, अब

बस। अतः जन-आन्दोलन के जरिए हमें सार्वभौमिक तथा सर्वस्वीकृत विवेकशील मार्ग पर चल पड़ना है। क्योंकि जन-आन्दोलन 'इंसानियत का स्रोत सतत विकसित करने वाला माध्यम है।' कवि ने लिखा है, कि–

''मिट्टी के कण से झर-झरकर
छोटे-बड़े झरनों को
जोड़ता, समा लेता है
प्रवाह-पहाड़ और चट्टानों को तोड़कर
बना लेता है राह अबड़-खाबड़ में
और....
समतल सागर की ओर
गतिशील होता है'' (पृ. 62)

कवि 'आदिवासी उत्थान' को लेकर क्रियाशील है। वह उद्वेलित हो उठा है। यह उत्थान तन-मन-धन तथा हृदय-मन-बुद्धि के एकत्व से सम्भव है। यहाँ व्यवस्था से खीझ व्यक्त हुई है। यह बदलाव का स्वर है। कवि क्रान्ति की भाषा बोलता है। कहीं विद्रोही तेवर हैं, तो कहीं गौतम बुद्ध की तरह शान्त-निश्चल भाव। वर्चस्ववादी चंगुल से बाहर निकलना ही सबसे बड़ी विजय है, पराक्रम है। तभी इंसानियत का गौरव होगा। इसीलिए कवि ने व्यवस्था की विडम्बना और आडम्बर से विद्रोही तान छेड़ दी है।

कवि को पूर्ण विश्वास है–'बदलाव' होगा। परन्तु यह बदलाव अज्ञान को दूर करके करना है, न कि अपघात से। अतः प्रचलित शिक्षा व्यवस्था को बदलना जरूरी है। कवि ने प्रचलित शिक्षा व्यवस्था का भांडा-फोड़ 'चड्डी' कविता में किया है।

''सारे बच्चे पहले ही पाठशाला पहुँच गये हैं
मास्टर जी ने तुझे बुलाने भेजा है
चल जल्दी से किसू ने कहा–
तन दिलपिया–'आता हूँ रे! हगने गया था इसलिए देर हो गयी
बेहिसाब जुएँ थी भाई–मेरी चड्डी में
हगते-हगते सबको मार डाला
फिर भी अंडे और छोटी जुएँ रह ही गयीं और
चड्डी भी पूरी मैली-कुचैली-फटी
फेंक देने की बात मन में आयी
लेकिन पहनने को दूसरी चड्डी नहीं थी न!'' (पृ. 72)

आदिवासी उत्थान हेतु शिक्षा व्यवस्था, रोजगार, सामाजिक विकास जैसे अप्रभावी और अनुपयुक्त योजनाओं का खरा रूप इस कविता में अभिव्यक्त हुआ है। ए.सी. रूम में बैठकर परियोजनाओं का डिजाइन करने वालों पर यह कविता जोर से

तमाचा/थप्पड़ मारती है और मूल समस्याओं को दूर करने की माँग करती है। यहाँ आदिवासियों की हृदयद्रावक पीड़ा पाठकों को अस्वस्थ कर देती है। इस संग्रह की कविताएँ हमें सोचने पर मजबूर कर देती हैं। अर्थात् आदिवासी समुदाय बदलाव की ओर तीव्रता से मार्गक्रमण कर रहा है। वहीं दूसरी ओर पत्थर को सिन्दूर लगाकर करोड़ों रुपये खर्च करने वाली व्यवस्था एवं आडम्बरपूर्ण मान्यताओं पर करारी चोट है, तीखा व्यंग्य है, विद्रोह है, इंसानियत की प्रतिष्ठापना है, बदलाव की माँग है और सरकारी योजना बनाने वालों की आँखों में तेल डालने की कोशिश है। अर्थात्

"...चंदन सा बदन, चंचल चितवन
धीरे-से तेरा ये मुस्कराना..." (पृ. 50)

का व्यवहार क्या मिट्टी से जुड़ा है? पसीने से तरबतर होकर कठोर परिश्रम करते मजदूरों, दलितों, आदिवासियों को सिसकियाँ और हिसकियाँ के अलावा मिलता क्या है? हँसी और आँसू प्रकृति के शाश्वत मूल्य हैं, परन्तु आँसू के अलावा यहाँ के मूल निवासियों को मिला क्या है? अज्ञान रूपी अन्धकार से, शोषण से, 'फटी हुई मैली-कुचैली गुदड़ी' से आदिवासी समुदाय बाहर निकलने की छटपटाहट कर रहा है। इस दृष्टि से मानवीय अस्तित्व, अस्मिता, स्वाभिमान, आत्मसम्मान, संस्कृति और सभ्यता को प्रतिष्ठापित करने के लिए 'पहाड़ हिलने लगा है' काव्य-संग्रह में आवाज बुलन्द हुई है, स्वर गूँजने लगा है—इस भूमि पर।

हिन्दी के आदिवासी उपन्यासों में नारी-विमर्श

डॉ. रेखा गाजरे, प्रा. प्रमोद चौधरी

परिवर्तनशीलता सृष्टि का नियम है। आज के युग में सभी क्षेत्रों में तेजी से परिवर्तन हो रहा है। उसी प्रकार साहित्य भी काल एवं समय के साथ बदलता जा रहा है। समय की माँग के अनुसार हिन्दी साहित्य की सभी विधाओं में अलग-अलग प्रकार के साहित्य की रचना हो रही है। कुछ साहित्य ऐसा है जिसमें आज की उन्नीसवीं शताब्दी में स्त्री-विमर्श, दलित-विमर्श का विकास हुआ। बाद में काल के अनुरूप आज यान्त्रिक एवं बाजारीकरण के युग में 'आदिवासी-विमर्श' का विकास दिन-ब-दिन होते हुए दिखाई दे रहा है। वास्तव में आदिवासी-विमर्श का चित्रण प्राचीन काल के साहित्य में भी दृष्टिगत होता है। परन्तु आज यह एक स्वतन्त्र विधा के रूप में विकसित हो रहा है। देश की अनेक भाषाओं के साहित्य में आदिवासी जनजीवन को लेकर लेखन किया जा रहा है। समकालीन हिन्दी साहित्य पर दृष्टि डालने के बाद यह ज्ञात होता है कि हिन्दी के उपन्यासों ने अपनी विकास यात्रा में कई पड़ाव डाले हैं। इसने तिलस्मी, ऐय्यारी उपन्यासों के युग से लेकर आज कथानक और नायक-विहीन तथा परिवेश प्रधान उपन्यास तक एक दीर्घ यात्रा तय की है। उपन्यास साहित्य की इस एक शतकीय कालान्तर में हिन्दी के आदिवासी जीवन सम्बन्धी उपन्यास की वास्तविक शुरुआत जगन्नाथ प्रसाद चतुर्वेदी के 'बसन्त मालती' उपन्यास से हुई। इसका प्रकाशन सन् 1899 में हुआ। तब से लेकर आज तक यह परम्परा आज भी जारी है।

भारतीय साहित्यकार आदिवासियों की सभ्यता, शोषण, विस्थापन, अस्मिता की पहचान, परम्परा, नारी विषयक दृष्टिकोण, सामाजिक, धार्मिक, राजनीतिक चेतना आदि पर सूक्ष्मता से दृष्टि डालने का प्रयास कर रहे हैं। जैसाकि आदिवासी साहित्य पर लेखन करने वाले लेखकों में प्रमुख रूप से हरिराम मीणा, श्रीप्रकाश मिश्र, रमणिका गुप्ता, संजीव, राकेश कुमार सिंह, मनमोहन पाठक, महाश्वेता देवी, निर्मला पुतुल, भगवानदास मोरवाल आदि अनगिनत लेखकों ने आदिवासियों की स्थिति पर प्रकाश डालने की कोशिश की है। हिन्दी की कवयित्री निर्मला पुतुल, भगवानदास

मोरवाल आदि अनगिनत लेखकों ने आदिवासियों की स्थिति पर प्रकाश डालने की कोशिश की है। हिन्दी की कवयित्री निर्मला पुतुल की कविताएँ अधिकतर आदिवासी स्त्री की संवेदना को परखती हैं। आधुनिक युग में भारतीय साहित्य में चित्रित आदिवासी नारी तथा आदिवासी समाज का आदर्शोन्मुख यथार्थवादी चित्रण दृष्टिगत होता है।

आज का बहुतांश साहित्य काल एवं समय के साथ आदिवासी, दलित एवं घुमन्तू जैसी जनजातियों के जीवन के यथार्थ को केन्द्र बना रहा है। भारतीय सभ्यता में आदिवासी समाज प्रकृति के सान्निध्य में अपना जीवन यापन करता आया है। भारत देश विविधता से भरा हुआ है। यहाँ अनेक जाति-धर्म व सम्प्रदायों के लोग रहते होते हुए भी इनमें एक इकाई देखी जा सकती है। ऐसे समान मानव समुदाय वाले देश में पुरुष की तुलना में नारी की सामाजिक स्थिति अत्यन्त दयनीय एवं गौण रही है। नारी की सामाजिक स्थिति सम्बन्धी हिन्दी साहित्य व्यापक फलक पर उपलब्ध होता है। हिन्दी के आदिवासी जीवन केन्द्रित उपन्यासकारों ने भारतीय आदिवासी नारी की परम्परागत एवं परिवर्तित स्थिति को अपने साहित्य में वाणी प्रदान की है।

यह एक निर्विवाद सत्य है कि भारत में नारी जीवन दुखी, पीड़ित एवं शोषित रहा है। इससे और भी भयानक परिस्थिति आदिवासी समाज की स्त्रियों की है। उनका आर्थिक व दैहिक शोषण होता है। इसका एक कारण यह है कि वे आर्थिक दृष्टि से विपन्न अवस्था में जीवन यापन कर रही हैं। बड़े दुर्भाग्य की बात है कि कुछ आदिवासी समाज में नारी को पैर की जूती के समान माना जाता है। विनल शंकर नागर के शब्दों में—"गोंड एवं करनट जनजातियों में नारी पर पुरुष का शासन रहता है। नारी को अपने जीवन यापन के लिए पुरुष का आश्रय लेना पड़ता है।"[1] अतः आदिवासी नारियों की स्थिति सामान्य नारी से भिन्न है। कुछ आदिवासी समाज के परिवार में नारी की अहम भूमिका होती है। अतः कुछ नारियाँ स्वच्छन्द जीवन जीती हैं। जबकि कुछ नारियाँ पारिवारिक और सामाजिक शोषण की शिकार होती हैं। वे उसे चुपचाप सहती हैं। उनका शोषण घर में पति के द्वारा और बाहर साहूकार, पुलिस, शासकीय अधिकारियों द्वारा होता है। कतिपय नारी ऐसी हैं जो अपने अस्तित्व एवं अस्मिता के प्रति जागृत हैं, साथ ही अन्याय व शोषण के विरुद्ध आवाज उठाती हैं। ये नारियाँ शोषकों के विरुद्ध दुर्गा अवतार धारण करती हैं। इतना होने के बावजूद भी अधिकांश आदिवासी स्त्रियाँ शोषित ही हैं। उनका आर्थिक एवं दैहिक शोषण होता है। अमरेन्द्र किशोर ने स्पष्ट शब्दों में लिखा है—"वे खेतों में मेहनत करती हैं, फिर भी उन्हें उचित मजदूरी नहीं मिलती। क्यों नहीं मिलती, यह गाँव के सारे भूपतियों को पता है। पूरी मजदूरी पाने के लिए इन मजदूरिनों को रात में भी अलग से परिश्रम करने पड़ते हैं। मतलब मालिक की इच्छाओं की पूर्ति किये बगैर पूरी मजदूरी कैसे मिल सकती है। ऐसा नहीं है कि जब तक कोई महिला

भू-स्वामी के खाट-खटियों पर नहीं बिछेगी, तब तक उन्हें पूरा पैसा नहीं मिलता।"[2]

आदिवासी क्षेत्र की स्त्रियाँ जहाँ एक ओर पुरुष द्वारा शोषित होती हैं वहाँ दूसरी ओर दबंग भी होती हैं। 'पिंजरे में पन्ना' उपन्यास की रम्या इसी प्रकार की दबंग स्त्री है। जब कोई बदमाश सैन्या पर अत्याचार करना चाहता है तब रम्या अपनी स्त्री-शक्ति का परिचय देते हुए उसे 'नीच' कहकर झापड़ लगाती है और अपनी गाड़ी में जाकर बैठ जाती है। उसे लग रहा था कि यह बदमाश क्रोधित होकर उस पर वार करेगा, परन्तु स्त्री के दुर्गा रूप को देखकर वह चला गया। इसी उपन्यास में एक ऐसी घटना घटित होती है कि पुलिस दीवी की माँ को कैद-कोठड़ी में बन्द करते हैं, उसकी आँखें भी फोड़ डालते हैं और उसे काटकर फेंक देते हैं। यह भयंकर प्रसंग पुलिस द्वारा आदिवासियों पर विशेषतः महिलाओं पर हो रहे अत्याचार का प्रमाण है। आदिवासी स्त्रियाँ जंगलों में रहती हैं। कठोर परिश्रम करती हैं और कभी-कभी नशा भी कर लेती हैं। आदिवासी समाज में नारी स्वछन्द होती हैं, यौन रूप से वे स्वतन्त्र हैं। सैन्या के शब्दों में—"मर्दों की सिट्टी-पिट्टी भुला देना आता है मुझे। मुल्की चौथा मोट्यार है मेरा, बियाह किया हुआ है। वैसे तो कौन गिनती रखे? तन को जब मौज आती है तो अपने आप खोज लेता है किसी को।"[3]

आदिवासी नारी मानसिक और शारीरिक रूप से शोषित है। आदिवासी स्त्रियों की विवशता का लाभ रायसाहब जैसे शोषक लेते हैं। राकेश वत्स के 'जंगल के आस-पास' में नारी शोषण के अनेक प्रसंग दृष्टिगत होते हैं। इस सन्दर्भ में उपन्यासकार ने लिखा है—"धार्मिक पाखण्डवाद ने भी आदमी को बैल तथा भेड़-बकरी बनाने में बहुत बड़ी भूमिका निभाई है। भला यह भी कोई किसी भी स्तर पर, बुद्धि द्वारा स्वीकार करने योग्य बात है कि जिस औरत के साथ बलात्कार हो उसे सबूत के रूप में अग्नि-परीक्षा देनी पड़ी। इससे बढ़कर रूढ़िवादिता और क्या हो सकती है?"[4] 'महर ठाकुरों का गाँव' उपन्यास में यह सच्चाई वर्णित की है कि आदिवासी महर ठाकुरों की स्त्रियाँ अथक परिश्रम कर पारिवारिक दायित्व को निभाती हैं। परन्तु इनका शोषण होता है। ये स्त्रियाँ अभिशप्त जीवन जीने के लिए विवश हैं। शिवप्रसाद सिंह के 'शैलूष' उपन्यास की विशेषता यह है कि इसमें नारी शोषण से अधिक नारी शक्ति का चित्रण किया गया है। उपन्यास में 'रूपा' निर्भय है। वह प्रतिदिन कमालपुर आती-जाती रहती है। इसलिए पुरुषों के स्वभाव से अच्छी तरह परिचित है। वह अनुभव करती है कि ये मर्द दुकहे बिना पूँछ के जानवर हैं इसलिए वह मर्दों को छुर्रे की नोंक पर नचाती है। अतः रूपा मर्दों का घमण्ड को तोड़ने की क्षमता रखती है। उपन्यास की नायिका सावित्री अन्य आदिवासी नारियों को अपने बचाव के सन्दर्भ में समझाती है। उसी के शब्दों में—"मैं तुम लोगों को शपथ दिला रही हूँ कि अगर तुम्हारी अस्मत पर आँच आये, जिसकी पूरी चिन्ता है मेरे मन में, तो तुम्हें दुश्मन पर इस तरह हमला करना होगा कि वह जान जाये कि जुड़ावन के

कबील में सिर्फ खूबसरती ही नहीं, खुद्दारी भी है। तुम लोग रात-दिन रूपा से छुर्रे चलाना सीखो... I''[5] इस प्रकार सावित्री के व्यक्तित्व से और उसके साहस के कारण सभी प्रभावित होते हैं।

सुरेश कुमार श्रीवास्तव के 'वनतरी' उपन्यास में नारी शोषण के कई प्रसंग चित्रित हुए हैं। जमींदार, ठाकुर, सरकारी अधिकारी, पुलिस सभी नारी का दैहिक शोषण करते हैं। अतः जब स्त्रियाँ अनेक प्रकार के अत्याचार सहती हैं तब उनमें बदले की भावना का निर्माण होना स्वाभाविक ही है। संजीव के उपन्यास 'धार' में आदिवासी नारी समाज पर हुए अत्याचारों का विस्तृत वर्णन मिलता है। प्रस्तुत उपन्यास की नायिका मैना का जेल में जेलर के द्वारा दैहिक शोषण किया जाता है। फलस्वरूप वह एक बच्चे की माँ बनती है। किन्तु जेलर अपने आपको बचाने के लिए सजा भोग रहे मंगर को उस बच्चे का पिता बनने के लिए विवश कर देता है। अतः सम्पूर्ण उपन्यास के केन्द्र में मैना है। उसी के माध्यम से नारी शक्ति का परिचय दिया गया है। इसी के सन्दर्भ में बी.के. कलासवा के विचार द्रष्टव्य हैं—''अपनी आदिवासी परम्परा की माटी से उपजी इस नारी में साहस, स्वाभिमान, सेवाभाव, अन्याय के खिलाफ संघर्ष, विद्रोह भावना जैसी कई विशेषताएँ मिलती हैं। अनुभव से बनी मैना क्रान्तिकारी क्रियाशक्ति बनकर लेखकीय विचारों को नये आयाम देती है।''[6] वीरेन्द्र जैन के 'पार' उपन्यास में डाकुओं के आतंक का वर्णन हुआ है, जो आदिवासी स्त्रियों पर अत्याचार करते रहते हैं। इसी कारण स्त्री कम और पुरुष ज्यादा बचे हैं। आदिवासी क्षेत्र में स्त्रियों का व्यापार होता है। मानो वे कोई बिकाऊ वस्तु हों। निर्मल साव वस्तुएँ बेचने से अधिक लड़कियों को बेचने का व्यवसाय पसन्द करता है। इसी क्षेत्र में मन्दिर के पुजारी भी आदिवासी स्त्रियों का शोषण करते हैं। जब अक्कल भगवान के दर्शन करने मन्दिर गयी तब कैलाश महाराज ने जबरदस्ती उसके साथ कुकर्म किया।

श्रीप्रकाश मिश्र के 'जहाँ बाँस फूलते हैं' उपन्यास की नारी सदैव पुरुष के यौन शोषण से व्यथित रही है। मैत्रेयी पुष्पा के 'अल्मा कबूतरी' उपन्यास में कबूतरा आदिवासी स्त्रियों पर इनके अपराधी होने के कारण पुलिस अत्यधिक जुल्म करती है। कबूतरा समाज में स्त्रियों का दर्जा अत्यन्त हीन है। यहाँ उन्हें पण्य माना जाता है। अतः उपन्यास लेखिका ने सम्पूर्ण उपन्यास में नारी की दशा और दिशा की ओर संकेत किया है।

इस प्रकार अनेक लेखकों ने आदिवासी स्त्रियों पर होने वाले अन्याय, अत्याचार का चित्रण सहज ढंग से रेखांकित किया है। जैसे कि राकेश कुमार सिंह ने 'पठार पर कोहरा' में, लेखिका शरद सिंह ने 'पिछले पन्ने की औरतें' उपन्यास में भगवानदास मोरवाल के 'रेत' उपन्यास में, तथा रणेन्द्र के 'ग्लोबल गाँव के देवता' आदि उपन्यासों में आदिवासी नारी के शोषण का चित्रण दृष्टिगत होता है।

संक्षेप में, यह स्पष्ट होता है कि आदिवासी केन्द्रित हिन्दी उपन्यासों में आदिवासी स्त्रियों का जीवन सन्तोषजनक नहीं है। इसके अनेक कारण हैं जैसे आर्थिक अभाव के कारण परिवार में संघर्ष होता रहता है, अन्धविश्वास के कारण परिवार शोषित होता है और इस आदिवासी समाज में स्त्रियों को कई बार दैहिक व्यापार करने के लिए विवश किया जाता है। आदिवासी समाज में पुरुषों का शराब पीना भी पारिवारिक अशान्ति का कारण है, जिसका प्रमाण 'काला पहाड़' उपन्यास में मिलता है।

मूलतः आदिवासी समाज घने जंगलों में, पहाड़ों की घाटियों में रहता है। अतएव यह समाज आधुनिक सभ्यता की धारा से कटा हुआ है। अज्ञानी एवं निरक्षर होने के कारण ये शासन, पुलिस व्यवस्था, राजनीति से बेखबर रहते हैं। इस प्रकार का चित्रण 'नीलोफर' उपन्यास में मिलता है। इस प्रकार कहा जा सकता है कि आदिवासी समाज की अनेक समस्याएँ हैं, इनमें प्रमुख रूप से दरिद्रता की समस्या दिखाई देती है। ये लोग आर्थिक अभाव में जीने के लिए विवश हैं। आदिवासी केन्द्रित उपन्यासों में आदिवासी समाज के रहन-सहन, उनकी गरीबी, अन्धविश्वास और शोषण का सर्वांगीण चित्रण हुआ है।

सन्दर्भ

1. समकालीन हिन्दी उपन्यासों में आदिवासी विमर्श, डॉ. शिवाजी देवरे, डॉ. मधु खराटे, पृ. 269
2. जंगल-जंग लूट मची है, अमरेन्द्र किशोर, पृ. 80
3. पिंजरे में पन्ना, मणि मधुकर, पृ. 63
4. जंगल के आस-पास, राकेश वत्स, पृ. 167
5. शैलूष, शिवप्रसाद सिंह, पृ. 78
6. हिन्दी में आदिवासी जीवन केन्द्रित उपन्यासों का समीक्षात्मक अध्ययन, पृ. 177

लेखक परिचय

1. **संजीव** : दिल्ली
2. **हरिराम मीण** : 31, शिवशक्ति, किंग्सरोड, अजमेर हाइवे, जयपुर
3. **डॉ. संजय नवले** : प्रोफेसर एवं अध्यक्ष हिन्दी विभाग, डॉ. बाबासाहेब आम्बेडकर मराठवाड़ा विश्वविद्यालय, औरंगाबाद
4. **डॉ. संजय राठोड** : हिन्दी विभाग, डॉ. बाबासाहेब आम्बेडकर मराठवाड़ा विश्वविद्यालय, औरंगाबाद
5. **डॉ. भगवान गव्हाडे** : हिन्दी विभाग, डॉ. बाबासाहेब आम्बेडकर मराठवाडा विश्वविद्यालय, औरंगाबाद
6. **डॉ. भारती गोरे** : हिन्दी विभाग, डॉ. बाबासाहेब आम्बेडकर मराठवाड़ा विश्वविद्यालय, औरंगाबाद
7. **डॉ. विशाला शर्मा** : चेतना कला वरिष्ठ महाविद्यालय, औरंगाबाद
8. **डॉ. हाशमबेग मिर्जा** : कला, वाणिज्य व विज्ञान महाविद्यालय, नळदुर्ग
9. **प्रा. संजय नाईनवाड** : एस.बी. झाडबुके महाविद्यालय, बार्शी
10. **डॉ. पांडुरंग महालिंगे** : रामानारायण रूइया महाविद्यालय, माटुंगा, मुम्बई
11. **डॉ. सुभाष राठोड** : कला, वाणिज्य, विज्ञान महाविद्यालय, नळदुर्ग
12. **डॉ. भाग्यश्री कोष्टी** : औरंगाबाद
13. **डॉ. राजश्री भामरे** : महात्मा गाँधी महाविद्यालय, अहमदपुर
14. **डॉ. आसाराम बेवले** : मोरेश्वर महाविद्यालय, भोकरदन, जालना
15. **डॉ. विनोद कुमार वायचळ 'वेदार्य'** : व्यंकटेश महाजन वरिष्ठ महाविद्यालय, उस्मानाबाद
16. **डॉ. विनोद जाधव** : मत्स्योदरी कला महाविद्यालय, तीर्थपुरी
17. **डॉ. ज्ञानेश्वर महाजन** : स्वामी विवेकानंद वरिष्ठ महाविद्यालय, मंठा
18. **डॉ. सुलक्षणा घुमरे** : देवगिरी महाविद्यालय, औरंगाबाद
19. **डॉ. शिवाजी सांगोळे** : मारेश्वर महाविद्यालय, भोकरदन
20. **डॉ. संजय कुमार शर्मा** : कला, वाणिज्य व विज्ञान महाविद्यालय, तलोदा, जिला नंदुरबार
21. **डॉ. मीरा निचळे** : औरंगाबाद

22. **प्रा. प्रतिभा जावळे :** तुळजाराम चतुरचंद महाविद्यालय, बारामती
23. **शेख जुबैरा फातिमा :** मौलाना आजाद महाविद्यालय, औरंगाबाद
24. **डॉ. दतात्रय येडले, प्रा. सुरेश मुंडे :** श्री सन्त सावता माळी ग्रामीण महाविद्यालय, फुलम्ब्री
25. **डॉ. शान्ताराम वळवी :** कला, वाणिज्य व विज्ञान महाविद्यालय, नांदगाव
26. **डॉ. रेखा गाजरे, प्रा. प्रमोद चौधरी :** भुसावळ कला, विज्ञान एवं पु. मों. नाहाटा वाणिज्य महाविद्यालय, भुसावळ

❐❐